DE

L'ACCENTUATION

DANS

LES LANGUES INDO-EUROPÉENNES

TANT ANCIENNES QUE MODERNES

DE L'IMPRIMERIE DE CRAPELET

RUE DE VAUGIRARD, 9

DE
L'ACCENTUATION

DANS

LES LANGUES INDO-EUROPÉENNES

TANT ANCIENNES QUE MODERNES

PAR

LOUIS BENLOEW

Accentus anima vocis.
DIOMÈDE

L. HACHETTE ET C⁰

LIBRAIRES DE L'UNIVERSITÉ ROYALE DE FRANCE

A PARIS | **A ALGER**

RUE PIERRE-SARRAZIN, N° 12 | RUE DE LA MARINE, N° 117
(Quartier de l'Ecole de Médecine) | (Librairie centrale de la Méditerranée)

JOUBERT, LIBRAIRE DE LA COUR DE CASSATION, RUE DES GRÈS, N° 14

1847

TABLE DES MATIÈRES.

Préface .... j
Notions préliminaires 1

PREMIÈRE PARTIE.

DE L'ACCENT DANS LES LANGUES SYNTHÉTIQUES.

CHAPITRE PREMIER.

INTRODUCTION.

Des éléments qui constituent le mot 5
De la langue comme expression *virtuelle* de la pensée 8
De l'élément matériel comme expression *virtuelle* de l'unité. 10
  1° Éléments phoniques. (Assimilation, Hiatus, Inflexion.) *id.*
  2° Éléments prosodiques. (Longues mécaniques, rhyth-
    miques, virtuelles, équilibre des syllabes.) 16

CHAPITRE II.

DE L'ACCENTUATION EN GÉNÉRAL.

Accent grammatical et oratoire 30
Accent pathétique 31
Accent métrique ou *thesis* 32
Accent syllabique 39
  Sa nature primitive .... *id.*

CHAPITRE III.

ACCENTUATION SANSCRITE.

Place de l'accent en sanscrit 44
Principe du dernier déterminant 45
Origine du circonflexe 50
Accent grave 54
Faiblesse et flexibilité de l'accentuation sanscrite 55
L'enclise 60

Effets du déplacement de l'accent sur le sens d'un mot.... 65
Résumé... . 68

CHAPITRE IV.

ACCENTUATION GRECQUE.

Caractéristique générale............................. 71
De l'accentuation des oxytons et des barytons.......... 76
Accentuation éolienne............................... 80
Accentuation dorienne............................... 83
Accentuation ionienne et attique 90
Critique du système de M. Göttling................... 93
Examen de l'accentuation hébraïque................... 94
Oxytons du dialecte attique.... 95
Accentuation du verbe............................... 98
Accentuation du nom..... 103
   Le substantif considéré comme un ancien adjectif...... id.
La déclinaison forte et la déclinaison faible............ . 105
Sur les trois degrés de dérivation 106
Déclinaison forte................................... 108
   Adjectifs.............. .... id.
   Substantifs 110
Déclinaison faible ou récente .... ,........ 113
   Adjectifs .... id.
   Adjectifs à terminaisons virtuelles , à forme pleine...... 117
   Substantifs 118
Opposition entre l'accentuation de l'adjectif et du substantif. 120
Contraste de deux significations exprimées dans le substantif
   par l'accent.................................... 121
Contraste de deux significations exprimées dans les adjectifs
   par l'accentuation............................... 123
De l'accentuation des cas devenus immobiles , autrement
   adverbes 124
Influences phoniques et prosodiques de la pénultième et de
   l'antépénultième sur l'accent du mot.. 128
Sur quelques paroxytons , restes de l'accentuation primitive. 135
Des mots composés................................. 139
Particules et enclise............................... 146
   Caractéristique .... id.
Classification des enclitiques........................ 149
Sur les enclitiques suffixes.......................... id.

Sur les enclitiques φημί et εἰμί.......................... 154
Proclitiques.. 155
Influence de la crase sur l'accentuation................. 156
Observations sur le principe et la nature de l'enclise....... 158
La quantité prosodique dans l'enclise.................... 160
Valeur prosodique des enclitiques en poésie et en prose.... 161
La quantité et l'accent en prose........................ 162
Résumé.. 165

CHAPITRE V.

ACCENTUATION LATINE.

Principes.. 167
Traces de l'ancienne accentuation latine................. 173
Redoublement et dédoublement de consonnes amenés par
   l'accent... 174
L'accent en latin a-t-il jamais pu allonger une voyelle brève ? 175
Abréviations par l'influence virtuelle de l'accent......... 178
   L'enclise... id.
Abréviations dans les désinences........................ 179
Abréviations à l'intérieur des mots...................... 181
Abréviations dans les poëtes comiques.................. id.
La langue latine n'a pas toujours été une langue fortement
   accentuée 188
Confusion de l'accent et de la *thesis*................... 189
La poésie nationale des Romains ; *versus saturnius* ; rôle
   qu'y jouent l'accent, la quantité et la *thesis*........... 191

DEUXIÈME PARTIE.

ROLE DE L'ACCENT DANS LA DÉCADENCE DES ANCIENS IDIOMES.

CHAPITRE PREMIER.

LES LANGUES DU NORD.

Radical accentué....................................... 196
Gradation des accents 199
Nature de l'accent teutonique.......................... 200
Rareté de l'aphérèse dans les langues du Nord........... 201

CHAPITRE II.

LANGUES MÉRIDIONALES.

Dialectes hindous. 202
Idiomes européens. 204
Accent et quantité. . . . . *id.*
Grec moderne. 105
Italien. Espagnol. Portugais. 207
Français 208
L'aphérèse dans les langues méridionales. 212
Grec moderne. 213
Italien. . . . . *id.*
Espagnol. 214
Portugais . . . . *id.*
Résumé. . . . . *id*

TROISIÈME PARTIE.

COMPARAISON DES LANGUES SYNTHÉTIQUES ET ANALYTIQUES PAR RAPPORT A L'ACCENTUATION.

CHAPITRE PREMIER.

Du nombre oratoire et de l'ordre des mots chez les anciens. 216
Effets matériels produits par des moyens virtuels dans la
   phrase des anciens. 217
Critique du système de M. Weil. 219
L'ordre naturel et le nombre oratoire. . . . . *id.*
Continuation du même sujet. 223
Influences prosodiques. . . . . *id.*
Historique du nombre oratoire. 227
Le nombre artificiel est-il toujours accompagné d'un style
   faux ?. 229
Remarques sur l'ordre des mots en latin. 231
Conclusion et résumé. 233

CHAPITRE II.

LANGUES MODERNES.

Ordre syntaxique et accent oratoire...................... 235
   Principes.. *id.*
Langue anglaise.... 245
Langue française... 247
Accent et quantité...................................... *id.*
Opposition entre la langue anglaise et la langue française... 250
Les langues méridionales modernes ont-elles gardé quelque
   chose de la liberté de la construction des langues an-
   ciennes?.. 252
Construction allemande................................ 254
   Sur la place de la copule en allemand 257
Jugement sur la langue allemande...................... 258
   En quoi elle diffère de la langue française............. *id.*

CHAPITRE III.

LA *THESIS* CHEZ LES ANCIENS ET CHEZ LES MODERNES.

Sur la *thesis* dans la poésie des anciens............. 260

CHAPITRE IV.

LA *THESIS* MODERNE.

Origine... 263
Syllabes fortes et syllabes faibles........................ 268
Poésie des langues méridionales........................ 269
   Italien...... .... *id.*
Considérations sur la versification française.............. 270
   Thesis et accent................................... *id.*
   Peut-on, en français, imiter les mètres des anciens et faire
      des vers blancs?................................. 273
   Du mouvement ascendant et du mouvement descendant du
      rhythme français................................. 280
   Des limites que la *thesis* apporte à l'accentuation........ 281
La versification des langues du Nord. 284

Prosodie 284

Hexamètres allemands et hexamètres grecs et latins 286

Quelques remarques sur l'action de la *thesis* en alle-
mand 288

Résumé 290

Versification anglaise 291

Conclusion 292

Propositions principales qui ont été soutenues dans ce traité. 293

ERRATUM.

Page 246, ligne 28, *au lieu de :* De même ; *lisez :* C'est ainsi que.

PRÉFACE.

Ce n'est ni au hasard ni à une prédilection particulière pour l'étude des parties arides de la grammaire que ce traité doit son origine. En retraçant l'histoire de l'accentuation, je me suis proposé un but plus élevé que ne paraît le promettre le sujet. J'ai été guidé par la conviction que les langues modernes ne diffèrent pas seulement de leurs aînées, les langues anciennes, par des faits extérieurs, comme la perte des terminaisons et une plus grande fixité dans l'ordre des mots, mais qu'elles doivent en différer aussi par leur organisme, par quelque loi plus cachée. Ici, comme partout, la forme implique le fond. Au milieu de la désorganisation des langues anciennes, au milieu de la révolution lente, mais continue, à laquelle aucune d'elles n'a échappé, et qui leur a imprimé à toutes, dans leur forme nouvelle, un caractère analogue, il faut qu'un principe éclate et qu'une règle profonde se fasse sentir. Pour trouver ce principe, qui embrasse tant de siècles et qui seul peut rendre compte du génie tout opposé de nos idiomes et de ceux de l'antiquité, il faut fouiller jusqu'aux entrailles des langues et y chercher leurs éléments constitutifs et éternels.

On sait que la langue la plus ancienne que nous connaissions, le sanscrit, se présente à nos yeux avec une

richesse de formes et une perfection grammaticale que
le grec même pourrait lui envier. Il fait l'admiration
des linguistes par la construction si méthodique de ses
mots, et nonobstant leur variété, par la régularité de ses
déclinaisons, de ses conjugaisons, de toutes ses formes
grammaticales si compliquées et pourtant si transpa-
rentes. Il nous offre un calque si fidèle de la pensée ou
plutôt de la sensibilité de l'homme, qu'il semble que
l'imprévu, que l'arbitraire, dont le rôle est si grand
dans les autres langues, en ait été exclu, et que la
nature, pour ainsi dire prise sur le fait, y soit passée
tout entière. D'où vient cette supériorité apparente du
sanscrit, en face de ce qu'on a voulu quelquefois appeler la détérioration, la corruption des autres langues?
Les anciens Hindous auraient-ils été doués de facultés
extraordinaires qui les plaçaient au-dessus des autres
peuples? Nullement. On peut dire au contraire que s'ils
ont créé leur langue c'est aveuglément, mais avec l'in-
faillibilité de l'instinct. Cette langue a été parfaite, pour
nous servir d'une expression de J.-J. Rousseau, comme
tout ce qui sort de la main de Dieu; elle peignait purement et simplement *l'objet* de la pensée humaine. Dans
les autres langues l'activité intelligente de l'homme
intervient; le *sujet* pensant se montre davantage, il
rompt cette union harmonieuse de la forme et de l'idée
instinctive. Ce nouvel élément a son représentant, surtout dans *l'accent ;* car c'est l'accent qui marque l'action
exercée sur le mot par l'intelligence de l'homme; à
mesure que les langues commencent à s'accentuer, elles
prennent conscience et connaissance d'elles-mêmes.
A leur berceau, et dans la première période de leur

croissance, leurs formes naissent et se développent avec la même nécessité que les branches et les feuilles d'un arbre, que les membres d'un enfant. La pensée et son signe plus particulier, l'*accent*, y sont déjà, mais seulement en germe, virtuellement. Ils seront les maîtres un jour, et la *forme* subira tôt ou tard leur loi en ne gardant plus qu'un rôle subordonné. C'est à cet éveil de la pensée, c'est à son triomphe final sur la langue, comme forme, comme pure œuvre de la nature, que nous nous proposons de faire assister nos lecteurs.

Dans les recherches qui suivront, les langues slaves, quoique, comme les langues teutoniques et celles du midi, elles fassent partie du groupe des langues indo-européennes, ont été écartées pour le moment. Non pas que l'accentuation si variée du lithuanien et du russe ne pût pas tenter la critique; mais le défaut de ressources et de conseils nous a fait reculer devant un pareil travail. Nous avons également renoncé à décrire dans ses détails la décomposition des langues anciennes par l'influence délétère de l'accent; il aurait fallu pour cela des volumes. Nous nous sommes contenté de donner en quelques pages les résultats généraux, résultats d'autant plus clairs et d'autant plus faciles à saisir, que les temps dans lesquels ils ont commencé à se produire sont plus rapprochés du nôtre. Mais si nous avons cru pouvoir être bref dès le moment où l'accent avait acquis la prépondérance, nous nous sommes fait une loi d'être explicite sur son origine, sa nature et sa première apparition dans la langue, questions entourées de nombreuses difficultés, sujettes à de fréquentes controverses et dont la solution est encore attendue.

Nous avons notamment essayé de donner pour la première fois une forme précise et scientifique aux extraits épars et un peu confus que M. Bóthlink[1] a compulsés des parties de l'ouvrage de Pânini, qui traitent de l'accentuation sanscrite, base et fondement de toutes les autres.

---

[1] Cet ouvrage a été mis entre mes mains par M. E. Burnouf, de l'Institut, dont les conseils bienveillants sont plus d'une fois venus à mon aide.

PREMIÈRE PARTIE

DE L'ACCENT DANS LES LANGUES SYNTHÉTIQUES

NOTIONS PRÉLIMINAIRES.

1. Nous considérons le mot comme un composé de deux éléments, l'un *matériel*, l'autre *immatériel* ou *virtuel*, qui constituent, pour ainsi dire, le corps et l'âme du mot.

2. L'élément *matériel* se divise lui-même en deux parties, dont l'une est la *qualité* des sons, et l'autre le *temps* que la voix humaine met à les prononcer.

3. C'est dans la différence des consonnes et des voyelles, dans la différence des consonnes entre elles (*c, p, t, s*), et dans la différence des voyelles entre elles (*a, i, u*), que consiste la *qualité des sons*. Nous lui avons donné le nom d'*élément phonique*.

4. Le temps que la voix humaine met à prononcer les sons, constitue leur *quantité prosodique*. Si l'observation de l'élément phonique nous fait envisager le mot comme un composé de consonnes et de voyelles, celle de la quantité nous y fait voir une série de *longues* et de *brèves*.

5. L'élément *immatériel* ou *virtuel* est l'*accent*. Il donne au mot son unité, et pour ainsi dire son cachet d'individualité. Nous l'appelons élément *virtuel*, parce qu'il a la *vertu* et la *puissance* d'organiser le mot, et de grouper ses éléments phoniques et prosodiques comme autour d'un centre.

L'objet de notre thèse est d'étudier l'action que ces deux éléments exercent l'un sur l'autre, c'est-à-dire de faire, en quelque sorte, la physiologie du langage.

6. Toute syllabe primitive est brève.

7. Nous appelons *longues mécaniques*, celles qui doivent leur origine à des faits extérieurs, comme à une contraction de deux brèves, ou à la compensation qu'amène nécessairement la suppression d'une ou de plusieurs consonnes.

8. Nous appelons *longues rhythmiques* celles qu'a produites un besoin d'harmonie, besoin qui se fait sentir chaque fois qu'un même mot contient un trop grand nombre de brèves, comme σοφώτερος pour σοφότερος, ἀγαθωσύνη pour ἀγαθοσύνη.

9. Nous appelons *longues virtuelles* celles qui sont le produit

1

d'une pensée, d'une idée nouvelle rendue d'une manière *inadé-quate* par la langue. C'est ainsi que, dans la conjugaison primitive, la longueur exprime souvent la prédominance du radical sur la terminaison (cp *vēdmi*, je sais, et *vĭdmas*, nous savons); d'autres fois elle marque la durée (φεύγω-ἔφῠγον), mais elle est surtout le signe de la *dérivation interne*, comme dans le sanscrit Καυντεγα, qui veut dire : rejeton de Κυντι[1].

10. Lorsque l'élément virtuel, à une certaine époque de la langue, se révèle par une élévation de la voix sur une des syllabes du mot, nous appelons cet élément *accent syllabique*.

11. Nous appelons le *dernier déterminant* d'un mot, la partie de ce mot, qui le détermine en dernier lieu, c'est-à-dire qui lui donne sa forme définitive. Ainsi dans ἄνθρωπος c'est l'idée exprimée par la première partie ἀνθρ, qui donne un sens particulier à l'idée beaucoup plus générale de ὤψ, vue. Dans ἰατήρ la syllabe τήρ détermine ce qu'il peut y avoir de vague dans la racine ἰα exprimant d'une manière générale l'idée de guérir.

12. Lorsque, dans la phrase, il s'est établi une sorte de hiérarchie entre les idées, et que la voix, pour la marquer d'une manière sensible, glisse sur les mots qui expriment les idées faibles, et fait ressortir, en appuyant, les mots qui contiennent les idées principales, ces derniers mots représentent pour nous autant d'*accents oratoires*. L'accent oratoire marque l'unité de la *phrase*, comme l'accent *syllabique* marque l'unité du *mot*.

13. L'*accent pathétique* n'est pas à proprement dire un accent; car l'accent rend une pensée; l'accent pathétique ne rend qu'un sentiment, qu'une affection de l'âme, comme la colère, la joie, l'étonnement; etc. Il se révèle par une certaine modulation de la voix, qui ne s'arrête que lorsque ce sentiment, cette affection ont cessé.

14. L'*accent métrique* ou la *thesis*[2] marque l'unité du vers.

---

[1] Il ne faut pas s'étonner que nous reconnaissions des longues *virtuelles*, et que nous semblons ainsi confondre l'élément prosodique avec l'élément *virtuel* même. On peut dire, en effet, que la langue dans son développement s'élève jusqu'à l'accent, et se spiritualise. La véritable matière (ὕλη), c'est l'élément *phonique*, les consonnes et les voyelles. L'élément prosodique a déjà une valeur plus abstraite et moins matérielle. Il résume les lettres, atomes du mot, en des unités supérieures, les syllabes, qui sont la *mesure* des lettres. Cette unité, cette mesure cependant n'est pas l'unité, la mesure absolue. Le mot n'y arrive que par l'accent.

[2] M. Boeckh, en s'appuyant sur l'autorité des anciens, et, à son exemple, M. Vincent, dans ses récentes recherches *sur le Rhythme et la Musique des Grecs*,

15. Le vers primitif, le vers des anciens, se compose, comme le mot, de deux éléments, l'un *matériel*, le *mètre*, l'autre *immatériel*, le *rhythme*.

16. Le *mètre* est une succession déterminée de *longues* et de *brèves* : il marque la durée du temps, la quantité des syllabes.

17. Le *rhythme* est une succession déterminée de *thesis* et d'*arsis*, ou de syllabes fortes et de syllabes faibles. Il fixe l'ordre des valeurs prosodiques, le mouvement du mètre, il l'*organise*, il lui confère sa *qualité* qui, sans le rhythme, lui manquait.

Les deux premières parties de ce traité renferment le développement historique de l'accentuation. Voici les différentes

ÉPOQUES DE L'ACCENTUATION :

I⁰ Partie. De l'accentuation dans les langues synthétiques.

Introduction : 1° De l'élément virtuel encore enveloppé dans la forme ou l'élément matériel.

2° Des différentes espèces d'accentuation.

Accentuation sanscrite. L'élément virtuel est encore extrêmement faible, mais tout à fait indépendant de l'élément prosodique ou de la quantité.

Accentuation grecque. L'élément virtuel se fortifie, mais il commence à subir l'influence de la quantité.

Accentuation latine. L'élément virtuel balance l'élément prosodique. Tous deux s'attirent et tendent à se confondre.

II⁰ Partie. De l'accentuation dans les langues analytiques.

La réunion de l'accent et de la quantité s'est opérée.

Dans les langues méridionales, la puissance désormais absolue du principe virtuel se fait sentir surtout par l'*aphérèse*.

Dans les langues du Nord, c'est l'*apocope* qui est plus fréquente.

---

ont signalé les premiers l'erreur de M. Hermann, qui donne à l'*arsis*, ou temps faible, le nom de temps fort, et à la *thesis*, ou temps fort, le nom de temps faible. L'étymologie des termes est la preuve la plus convaincante de cette erreur. Ἄρσις se disait du pied qu'on levait, et θέσις du pied qu'on posait pour marquer la mesure. Nous avons donc laissé à ces termes leur valeur primitive, quoique l'usage en Allemagne soit conforme depuis longtemps à la fausse nomenclature de M. Hermann. Traitant un sujet qui, jusqu'à présent, n'a pas encore été abordé par des Français, il importait d'en éloigner tout ce qui pouvait contribuer à accréditer une erreur.

IIIe Partie. Elle contient la comparaison des langues synthétiques et analytiques par rapport à l'accentuation.

A. Principe d'unité en prose.

    a. Le nombre oratoire et l'ordre naturel chez les anciens.

    b. L'accent oratoire et l'ordre logique chez les modernes.

B. Principe d'unité en poésie.

    a. *Thesis* des anciens.

    b. *Thesis* des modernes.

DE
L'ACCENTUATION

DANS

LES LANGUES INDO-EUROPÉENNES

TANT ANCIENNES QUE MODERNES.

CHAPITRE PREMIER.

INTRODUCTION.

DES ÉLÉMENTS QUI CONSTITUENT LE MOT.

§ 1. Plus nous remontons vers l'origine des langues, plus nous trouvons leur organisation grammaticale riche de formes, plus leurs racines sont *revêtues*, d'après une expression pittoresque de M. Grimm [1], d'un entourage de préfixes et de suffixes (par exemple : impermœabilitas, pertransi*v*imus) [2]. Il est évident, néanmoins, qu'il a dû y avoir un temps où l'homme, moins avancé, n'avait pas encore combiné systématiquement les éléments du mot et de la phrase. Les racines, ces thèmes que souvent nous découvrons aujourd'hui avec tant de peine, devaient être les seuls sons articulés, espèce d'interjections monosyllabiques, propres à devenir, suivant le besoin, soit des noms, soit des verbes, *déterminables* à l'infini, et renfermant tous les germes de la parole et de la pensée humaine [3]. Il n'est pas pro-

---

[1] Grimm, *Deutsche Grammatik*, II, p. 5.

[2] Chansselle, *Formation des mots latins*, p. 5, 6.

[3] Göttling, *Bemerkungen über die Sprache der Botocuden, in des Prinzen von Neuwied Reise nach Brasilien*, II, p. 317.

˙bable cependant qu'aucune langue soit restée longtemps dans cet état, et, quoique chez quelques peuples,
les idées et leurs signes, les mots, se développent d'une
manière plus logique, tandis qu'elles suivent, chez
d'autres, tous les caprices de l'imagination [1], tous les
mots de toutes les langues actuellement existantes paraissent être déjà le résultat d'une certaine civilisation,
et n'emprunter presque rien à ces essais primitifs et
informes de la voix humaine [2].

Les thèmes, ou racines monosyllabiques, dans les
langues indo-européennes, peuvent être divisées en
deux classes : celles qui donnent naissance aux verbes,
aux substantifs et aux adjectifs, et celles d'où dérivent
les pronoms, les prépositions, les conjonctions. A de
rares exceptions près, tous les mots d'une langue étant
dérivés [3], ils résultent de la combinaison de deux racines
de la même espèce ou d'espèce différente. Les pronoms
mêmes, quoique, de leur nature, ils se rapprochent le
plus de l'interjection, paraissent avoir été très-souvent
composés avec d'autres pronoms [4]. Nous découvrons
donc dans des mots réputés simples, comme λύω, τιμή,
λύκος, deux éléments; l'un qui exprime l'élément principal de l'idée, mais d'une manière vague (λυ, τι, λυκ),
l'autre (ω, μη, ο-ς), qui n'exprime qu'une circonstance

---

[1] W. de Humboldt, *Sur la nature des formes grammaticales et
sur le génie de la langue chinoise;* Paris, 1827. Cp. Grimm, III,
p. 345.

[2] Schmitthenner, *Ursprachlehre,* p. 24.

[3] Bopp, *Vergleichende Grammatik,* p. 106.

[4] Il est vrai qu'on a voulu inférer de l'organisation de la langue
chinoise, qui n'a, comme on sait, que des monosyllabes dont la
signification se détermine d'après l'ordre seul, que ce peuple s'est
arrêté à cet état primitif. Mais, comme le fait très-bien remarquer
Becker (*Organism der Sprache,* p. 18, 19), rien ne prouve que la
forme actuelle de cette langue ait été la même de tous les temps.

accessoire et secondaire; tous deux réunis seulement forment le mot, signe de l'idée elle-même.

Ces éléments primitifs ont eux-mêmes une constitution *phonique*, qui a sa nécessité; ils sont composés de consonnes et de voyelles, et en général d'une consonne qui précède, et d'une voyelle qui suit. La consonne, ayant plus de fixité que la voyelle, est devenue l'expression de l'idée principale, la voyelle n'en détermine que les modifications diverses. Il y a donc dans le *thème* le même rapport entre consonne et voyelle qu'il y a dans le mot entre idée principale et accessoire[1]. Mais aussitôt que le mot se constitue, nous y voyons apparaître un nouvel élément de formation; il ne renferme pas seulement des différences d'idées et des différences phoniques, il renferme aussi une différence de *quantité prosodique* dans le poids des syllabes. C'est un fait avéré que la voyelle radicale de toute racine primitive est brève, et tout mot ayant une voyelle radicale longue par cela seul n'est pas un mot primitif, mais *dérivé*[2]. Cependant dans les thèmes même la voyelle peut à peine être appelée brève, attendu que pour eux la syllabe longue n'existe pas encore; mais certainement cette voyelle a dû être plutôt brève que longue[3]. Ce n'est que lorsque le poids des syllabes se détermine par leur action réciproque, qu'il fait naître cette sorte d'équilibre, d'où résulte l'unité du mot; et même, pour que ce résultat devienne possible, il faut qu'un principe nouveau fixe les limites dans lesquelles l'attraction mutuelle doit avoir lieu; sans ce principe nous aurions une série sans fin de longues et de brèves qui ne suffiraient jamais pour

---

[1] Bergmann, *Poèmes islandais*, p. 380 sqq.

[2] Grimm, I, p. 32. Chansselle, *Traité de la formation des mots dans la langue latine*, p. 14.

[3] Bergmann, *Théorie de la quantité prosodique*, p. 14.

constituer le mot. Ce principe c'est *l'accent*. L'accent, en effet, ramasse et réunit toutes ces variétés éparses d'idées, de sons, de quantité, les groupe et les resserre autour de lui, les fond ensemble et les jette comme dans un moule dont le mot sort organisé et vivant. L'accent est donc véritablement l'âme du mot[1]; il réside, il est vrai, de préférence dans une de ses parties, mais il anime toutes les autres de sa chaleur vitale. Si donc les mots sont les signes des idées, si l'accent est le souffle organisateur du mot, aussi nécessaire à ce dernier que l'âme au corps, traiter des accents ce sera donc traiter, à un certain point de vue, de l'organisation et du développement des idées humaines.

§ 2. De la langue comme expression *virtuelle* de la pensée.

La langue étant composée de sons ne peut reproduire d'une manière adéquate que des sons. Mais pour arriver à ce résultat, il n'est pas besoin du langage humain; une pie, un perroquet, l'écho même s'acquitteraient tout aussi bien de cette fonction. Le langage humain, *comme tel*, s'efforce de rendre par le son, chose *matérielle*, la pensée, chose *immatérielle*, son prototype dont elle peut approcher toujours sans jamais l'atteindre. Cet effort, ce travail de la langue, pour faire franchir à la forme la distance toujours incommensurable qui la sépare de la pensée, c'est ce que nous appellerons d'un mot nouveau la tendance *virtuelle* de la langue. A l'origine, lorsque les organes de l'homme étaient encore très-flexibles, son langage présentait le calque fidèle des phénomènes de sa sensibilité. Les nombreuses onomatopées des anciens idiomes en font foi. Forme et pensée, malgré l'abime qui les sépare, ne faisaient qu'un.

---

[1] Diomedes, lib II, *De accentibus et punctis*, p. 96. Haganoæ, per Johannem Secerium, M. D. XXVI.

Le rôle de l'élément virtuel ne commence à devenir important que dès le moment où cette union cesse, et que la forme ne sait plus suffire à l'expression des nuances de plus en plus nombreuses de la pensée. C'est alors que, médiateur puissant, l'élément virtuel lie ensemble les deux extrêmes qui tendent à se fuir de plus en plus : la pensée toujours plus dégagée, toujours plus indépendante, et la forme, dont la chaleur vitale va s'éteignant. Ce médiateur, ce lien, c'est l'*accent, matériel* encore par rapport à la pensée, déjà *immatériel* par rapport à la forme (élément matériel).

Si l'on considère dans le mot la forme comme expression adéquate de la pensée, c'est donc à la condition que l'accent lui soit inhérent. La forme est de sa nature quelque chose de purement *atomistique*, pour ainsi dire ; elle est incapable par elle-même de constituer une unité. L'accent lui est donc nécessaire pour s'organiser, et son développement progressif est peut-être le point le plus essentiel dans l'histoire de la langue. Ce n'est que d'une manière relative que l'on peut considérer la forme comme antérieure à l'élément virtuel ; en réalité ils ont toujours dû coexister et se pénétrer l'un l'autre. Seulement, comme l'accent dans les premiers temps n'est pas encore assez sensible, c'est la forme qui est toujours en scène, qui, toute matérielle qu'elle est, tend à une certaine unité par une force qui paraît lui être propre, et ainsi, en se spiritualisant, pour ainsi dire, ouvre les voies à l'accent, dont elle devient le véritable précurseur. Quelquefois même dans un état plus avancé de la langue, pourvu qu'elle n'ait pas perdu toute flexibilité, la forme peut concourir avec l'accent à exprimer l'unité du mot (voyez le chapitre sur l'inflexion) Cela posé, avant d'en venir à l'origine de l'accent même, il paraît utile de traiter rapidement de la tendance virtuelle *de la*

forme, qui est à nos yeux une accentuation enveloppée,
comparable au point noir de l'œuf, qui a existé avant de
poindre. C'est qu'en effet tous les changements, toutes
les modifications *phoniques* des consonnes et voyelles,
tout cet équilibre de longues et de brèves ne s'établissent
qu'en vue de l'unité. Seulement les premières traces de
cette unité et ses vagues contours se laissent à peine
saisir dans la nuit des temps et du langage primitif.

De l'élément matériel comme expression *virtuelle* de l'unité.

1° Éléments phoniques.

(Assimilation, Hiatus, Inflexion.)

§ 3. Suivant que l'unité du mot est plus ou moins
forte, les sons articulés se rapprocheront plus ou moins
les uns des autres en vertu d'un principe d'assimilation
d'autant plus faible à l'origine que l'influence de
l'accent se fera moins sentir. Mais quelque faible
qu'elle soit, la fin d'un mot et le commencement du
mot qui le suit se trouveront nécessairement dans des
rapports moins intimes que les parties intégrantes du
mot même. Si nous voyons par conséquent dans les
langues primitives la fin d'un mot exercer sur le commencement d'un autre, et *vice versa,* une influence
phonique et assimilatrice, il ne faudrait pas en conclure
que ces langues fussent les plus fortement accentuées.
Au contraire, comme l'accent est le signe de l'unité
absolue du mot, s'il ne peut pas empêcher que deux
mots, c'est-à-dire deux idées ne se joignent, comme
s'ils n'en formaient plus qu'un seul, il faudra en conclure : ou que l'accent réside plutôt dans l'unité de la
phrase entière, ou que l'idée n'est pas encore parvenue
à donner au mot une forme assez arrêtée, c'est-à-dire
que dans une telle langue les influences phoniques et
matérielles dominent les influences logiques.

Les langues *algonquines* de l'Amérique du Nord, comme presque toutes celles de l'Amérique (la langue des Othomis peut être exceptée) composent leurs idées, en formant de leurs phrases un seul mot, et mettent l'accent toujours sur la dernière syllabe de la phrase ou du mot, puisque les deux choses sont identiques. Elles jettent cette syllabe en avant avec force, d'une manière que Duponceau compare, dans le commandement de l'exercice militaire à un « Portez armes. » Il y aurait une sorte de préparation sur les syllabes précédentes [1].

Le *sanscrit*, qui a un système *phonique* très-développé, sait suffire à la fois aux nombreuses exigences de l'assimilation, et garder cependant une grande fermeté dans la formation des mots. Jamais il n'admet l'*hiatus* dans leur intérieur, et rarement même en prose, à leur fin [2]. Pour assimiler la fin d'un mot, terminé par une consonne avec le commencement d'un autre, il ne recule pas devant les changements en apparence les plus violents. C'est ainsi qu'on dit *tal lunati* (*hoc secat*) pour *tat lunati, vedabhun na' sti* pour *vedabhudh na asti* (*vedorum non peritus est*). Il se change à la fin des mots, tantôt en *t* cérébral, tantôt, avant des mots qui commencent par *d* dental, en *k*. Quant à *s'* et *sh* (*s*) ils subissent les mêmes changements; on dira *vit* pour *vis'* (*intrans*), *dik* pour *dis'* (*zona*), etc. [3]. Qu'on essaye d'appliquer le même système d'assimilation dans nos

---

[1] *Mémoire sur le système grammatical des langues de quelques nations indiennes de l'Amérique du Nord*, par P.-Et. Duponceau; Paris, 1838 ; p. 106.

[2] Bopp, *Krit. Gramm. der Sanscritasprache*, p. 22 sqq. — L'hiatus est permis après des interjections qui se terminent par une voyelle, après les désinences *i̇, ū, ē,* du duel, après le pluriel du pronom démonstratif *amī* (ceux-ci) et dans deux autres désinences mutilées (*ŏ* pour *as* et *a* pour *aj*, en *vana* pour *vanaj asīt*).

[3] Bopp, *ibid.,* p. 29, 34.

langues modernes, où les mots ont une forme et une valeur bien plus indépendante, et on verra naître la confusion la plus ridicule. Qui comprendrait, par exemple, en allemand *mal leuchtet* pour *matt leuchtet* (éclaire faiblement), *verban nicht* pour *verbat nicht* (ne défendit pas), etc., etc.?

De l'autre côté, le sanscrit a, dans l'intérieur des mots, plus de paires de consonnes compatibles que le latin et le grec, où le système phonique est déjà plus amolli; il admet, par exemple, *ts, pm,* etc. [1]; on dira donc *a-taut-sït* (*cruciavit*), tandis que le latin, en pareil cas, ne pouvait plus dire *claud-sit* (*claudo*) qu'il adoucissait en *clausit*. De même des formes comme τέτυπ-μαι τέτριϐ-μαι πέπειθ-μαι, étaient devenues intolérables au grec; et entraîné par la force d'une assimilation, qui empiétait sur les droits du radical, il disait τέτυμμαι, τέτριμμαι, πέπεισμαι. Ce résultat paraît déjà être dû à l'influence croissante de l'accentuation, qui, comme elle tend à rapprocher les différents éléments du mot, tend aussi à le séparer davantage des autres. On dira donc en latin *scala* pour *scadela*, *stella* pour *sterla*, *succedere* pour *subcedere*, *appellare* pour *adpellare*; mais on dira *sub cœlo, ad portum, lavabant lintea, per libidinem.* Il est cependant prouvé, par d'anciennes inscriptions, qu'en grec, par exemple, un ν final s'assimile, tantôt aux labiales, tantôt aux gutturales qui suivent [2]. En voici un exemple : ἐπὶ τάμ βόλλαν καὶ δᾶμομ, μετὰ τὸγ χρηματισμόν, ou bien ἐτάγησαμ

---

[1] Bergmann, *Théorie de la quantité prosodique*, p. 22. Bopp, *Vergleichende Grammatik*, p. 93 sqq.

[2] Hermann, *De emendanda rat. grammat. gr.*, p. 11 sqq. — On sait que les mots grecs, par un autre amollissement de la langue, ne peuvent se terminer qu'en ρ, ς, ν, quelquefois κ, ou en une des voyelles.

πέντε ou ἐγ βασιλέως [1]. Mais les siècles suivants ne connaissaient plus cette précieuse mobilité de la prononciation des consonnes à la fin des mots, et Hermann fait
remarquer avec justesse que Denys d'Halicarnasse [2] a tort
de blâmer le vers de Pindare, ἐπί τε κλυτὰν πέμπετε χάριν,
θεοί, et Thucydide, quand il dit : τὸν πόλεμον τῶν Πελοπον-
νησίων καὶ Ἀθηναίων. Toutes les difficultés de prononciation qu'il y croit voir, disparaissent dès qu'on lit, comme
sans doute on ne lisait plus de son temps, ἐπί τε κλυτὰμ
πέμπετε, etc., et τὸμ πόλεμον τῶμ Πελοποννησίωγ καὶ Ἀθηναίων.

En latin, les exemples paraissent plus rares ; on peut
citer, si l'on veut *imprimis*, *impræsentiarum* pour *in
primis*, etc.; mais ceux que cite Schneider [3], *effertis*
pour *et fertis* et *Efulciniæ* pour *et Fulciniæ* sont sujets
à plus d'un doute.

§ 4. Le principe qui bannit l'hiatus du sanscrit a été
observé dans les langues anciennes, quoiqu'avec moins
de sévérité. Le latin qui, sur ce point, comme sur
tant d'autres, se rapproche davantage du type primitif,
l'admet très-souvent à l'intérieur des mots. Les Grecs,
les Ioniens et les poëtes épiques surtout, paraissent
même l'avoir recherché, tant il est fréquent chez eux.
En revanche, il a été évité avec un grand soin à la
fin des mots. D'où vient, demandera-t-on, cette contradiction apparente ? C'est que l'hiatus doit très-
souvent son origine au retranchement de certaines
consonnes devenues incompatibles avec le génie si
changeant des langues ; par exemple, du digamma
(F) ou du σ. Il devenait alors très-souvent dangereux de
réunir les deux voyelles, soit par contraction, soit
même par synérèse, à cause de la valeur, qui s'attachait

---

[1] Pott, *Etymol. Forschungen*, I, p. 80, 81 ; II, p. 64.
[2] Περὶ συνθ. ὀνομάτων, chap. XXII.
[3] Schneider, *Elementarlehre der lateinischen Sprache*, p. 507.

à ces voyelles distinctes, que leur réunion aurait effacée ;
par exemple, *reus*, *coalesco*, les nombreux adjectifs
en *ius* et *eus* (*argentum*, *argenteum*), ἀήρ (ἀFήρ),
δάϊος (δάFιος) δέω (δέFω), etc., etc. Il faut ajouter à
cette influence du principe logique, qui tend à conserver la valeur, non-seulement des mots, mais aussi
des lettres, celle de l'accent proprement dit, au moyen
duquel on glisse plus rapidement sur un hiatus de l'intérieur du mot. A la fin des mots, la règle pouvait
être observée plus facilement, parce que la perte de
la dernière voyelle, qui finit le mot, et qui n'étant
qu'une terminaison, ne fait qu'y ajouter une idée accessoire, et même celle de la voyelle qui le commence,
ne le rend pas pour cela méconnaissable; et on obéit
d'autant plus facilement aux lois de l'euphonie, qu'on
ne compromet pas le sens. Aussi cet hiatus a-t-il été
évité avec soin, à quelques exceptions près [1], par les
meilleurs poètes et même par les meilleurs orateurs
athéniens. Les Romains, à cet égard, n'étaient guère
moins sévères, et du temps de Cicéron, on se moquait
impitoyablement des discours de Caton, des vers de
Nævius et d'Ennius, *qui, ut versum facerent, sæpe
hiabant* (Cic., *Orat.*, c. XLIV, § 150) [2].

Les anciens dialectes teutoniques, dans lesquels l'accentuation n'avait pas encore le développement qu'elle
a pris depuis, étaient doués presque de la même sensibilité que le sanscrit, quant à leurs éléments phoniques. C'est ainsi qu'on dit en moyen haut allemand : *eit*
(serment), *wip* (femme), *tac* (jour)[3], mais au génitif
eides, *wibes*, *tages*; les prétérits *truoc* (je trompais),
luot (je chargeais), *gruop* (je creusais) y adoucissent

---

[1] Kuehner, *Ausführliche Grammat. der griech. Sprache*, I, p. 36.
[2] Schneider, *Elementarlehre der latein. Sprache*, p. 165 sqq.
[3] Bopp, *Vergleichende Grammatik*, p. 89 sqq.

leur consonne finale dans les formes du pluriel : *truogen,
gruoben, luoden*. Le gothique dit *gaf* (je donnais),
mais conserve le *b* primitif dans *gēbum* (nous donnions);
les noms *hlaibs, thiubs* y changent le même *b* à l'accusatif, où il n'est plus protégé par la liquide, en sa
ténue respective, *hlaif, thiuf*. Chez Notker, nous découvrons la loi opposée : c'est la lettre initiale qui subit
l'influence de la consonne qui la précède, qui devient
moyenne après une voyelle ou une liquide, et ténue
après une autre ténue. Par exemple : *ih pin* (je suis),
mais *ih ne bin* (je ne suis pas), *mit Kot* (avec Dieu), mais
minan Got (mon Dieu). L'hiatus, en revanche, qui dans
la poésie moderne des Allemands est admis partout où
le mètre le permet, se rencontre déjà dans les anciens
dialectes beaucoup plus fréquemment qu'en grec et en
latin [1]. A notre avis, une plus grande indépendance des
mots et une accentuation plus énergique ont seules pu
amener un pareil résultat.

§ 5. Nous ne pouvons passer outre sans mentionner un
phénomène de langues plus récentes, appelé l'*inflexion*,
et qui ne paraît être autre chose qu'une sorte d'assimilation de voyelles. Elle ne se trouve pas dans les langues primitives, telles que le sanscrit et le gothique.
Elle se fait jour, quand la langue ayant perdu la conscience claire des éléments qui composent le mot devenu plus un, pour ainsi dire, sous l'influence de l'accent, s'efforce de réaliser encore davantage cette unité
de l'idée par l'unité de la forme. L'assimilation de plus
en plus forte qui rapproche les consonnes a saisi en
même temps les voyelles. Le singulier phénomène que
M. Grimm a signalé le premier dans l'ancien haut
allemand, M. Burnouf l'a découvert dans le zend; et
si des formes comme *pilidi* (*bild*, image) de *piladi*,

---

[1] Grimm, I, p. 26 sqq.

imberbis, *inimicus*, de *imbarbis*, *inamicus* pouvaient laisser des doutes dans quelques esprits, ils disparaîtront à la vue des exemples palpables que le zend nous fournit : *pa + i + tis* =scr. *patis* (πόσις, *dominus*), *ma + i + dia* =scr. *madjas* (lat. *medius*), *ta + u + runa* =scr. *taruna* (jeune homme) [1].

2° Eléments prosodiques.

(Longues mécaniques, rhythmiques, virtuelles, équilibre des syllabes.)

§ 6. L'influence virtuelle de la quantité est précédée par des faits d'une nature toute matérielle, et, si l'on peut dire, *mécanique*. La brève étant la voyelle primitive, les premières longues devaient peut-être leur origine à la *contraction* [2].

On peut distinguer différentes espèces de contractions : 1° contraction ou *fusion simple*, par exemple, *cogito* (*coagito*), *nōn* (*ne unum*), τιμῶσι (τιμάουσι), etc. 2° Contraction après élision de consonne : *nemo* (*ne homo*), *ditior* (*divitior*). 3° Contraction par synérèse, par exemple : *deīnde* = *deïnde*, *genva* = *genua*, *abjetis* = *abietis*. 4° Contraction après vocalisation d'une consonne, par exemple : *aufero* (pour *abfero*, à moins que *au* ne soit scr. *awa*), *major* = *magior*, λέγουσι = λέγοντι, ποῦς = πόδς. Ce dernier genre de contraction est désigné ordinairement par le nom de *compensation*; par exemple : *mās* = *mars*, *pār* = *pars* (gen. *măris*, *păris*), *anās* = *anats* (gen. *ănătis*), πρειγευτάνς (forme crétoise) = πρειγευτάς, scr. *vrikān* = *vrikans* (*lupos*) [3]. Comme ces exemples renferment ce qui a été appelé quelquefois une *position latente*, nous sommes amené naturellement à parler de la longueur par *position pa-*

---

[1] Grimm, I, p. 555 (Dritte Ausgabe, Göttingen, 1840).

[2] Bergmann, *Théorie de la quantité prosodique*, p. 18.

[3] Bopp, *Vggl. Gramm.*, p 273.

tente ; par exemple : *lectus* (*lĕgĭtus*), *facultas* (*facu-litas*), *trabs* (*trabis*)[1]. Nous n'entrerons pas dans tous les détails prosodiques que présentent les diverses combinaisons de lettres qu'on appelle *compatibles*, et qui sont en si petit nombre en latin. Nous ferons seulement remarquer que la syllabe brève est tolérée à la fin d'un mot, si les deux consonnes appartiennent seulement au mot suivant ; par exemple : *pŏnĭte spes* (Virg.), *rēgĭa sceptra*[2] ; ou dans certains cas même à l'intérieur du mot[3] ; par exemple : τέχνον, ἀριθμός, etc. Mais lorsque de deux consonnes l'une termine un mot, et l'autre commence le mot qui suit, la dernière syllabe du premier est nécessairement longue ; par exemple dans : ἐρὶς μεγάλη, λέγουσιν πάντες. La raison en est sans doute que la voix s'arrête naturellement plus là où deux idées, où deux accents viennent s'entrechoquer ; et quoiqu'il lui doive coûter quelque effort pour glisser même sur deux consonnes qui commencent (*Anlaut*), elle y est cependant aidée par la force entraînante qu'exerce sur elle l'unité du mot qui suit.

La langue, qui aspire à se diversifier, en diminuant le nombre de ses brèves primitives, donne à certaines consonnes la puissance d'allonger la voyelle qui les précède. Telles sont non-seulement les consonnes doubles *z*, *x*, *ps* (ψ), mais aussi dans certains cas les liquides et les sifflantes[3], qui de leur nature ayant le son plus fort, se redoublent presque imperceptiblement ; ainsi : ἰσόρροπος, αὐτόσσυτος. Les voyelles *i* et *u* (*ou*) deviennent longues en sanscrit à la fin d'un mot, quand elles sont suivies d'un *r* ou d'un de ses remplaçants[4] ; par exemple : *gĭr*,

---

[1] Bergmann, p. 19. Chansselle, p. 9-25.

[2] Bergmann, p. 23. Spitzner, *Griech. Prosodik*, p. 9.

[3] Spitzner, *ibid.*, p. 11.

[4] Bopp, *Krit. Gramm. der Sanscritaspr.*, § 73, a.

discours, pour *gĭr ;* *dhūr*, *timon*, pour *dhŭr* (acc. *gĭ-ram, dhŭram*). La longueur de l'*o* dans le génitif pluriel de la deuxième déclinaison latine (*lupōrum*) parait avoir un motif analogue. Les sons épais de *m*, *v* et *p* ont eu peut-être la force d'allonger un *a* ou un *e* précédents, à en juger d'après la première personne singulier, duel et pluriel du présent de la première et de la dixième conjugaison sanscrite. Que l'on compare *bhō-dāmi* (je sais) à *bōdhăsi*, *bōdhăti* (tu sais, il sait), *bōdhāmas* (duel) à *bōdhăthas*, *bōdhătas*; *bodhāmas*, (pluriel) à *bōdhătha*. De même *c'ōrayāmi*, etc. On serait peut-être tenté d'attribuer cet allongement de la voyelle à la grande énergie avec laquelle la première personne aurait coutume de parler d'elle-même dans la langue toute neuve d'un peuple primitif, si la terminaison *ēbam* (*lĕgēbam* pour *lĕgĕbam*) ne venait pas confirmer notre opinion [1]. Quelques savants ont voulu y retrouver une dernière trace de l'augment. (*lege+ebam=*ἔφυν [2]). D'autres soutiendraient, peut-être avec plus de raison, que les Romains aimaient, dans le verbe surtout, à mettre l'accent sur la syllabe radicale ; n'ayant pu arriver jusqu'à elle, arrêtés qu'ils étaient par le poids de la syllabe finale, ils auraient laissé tomber la voix sur la pénultième et l'auraient allongée pour équilibrer le mot.

§ 7. *Longues rhythmiques.* Tous ces moyens qu'employait la langue pour créer des syllabes longues, malgré l'extrême bon vouloir des poëtes épiques auxquels la *thesis* fournissait un excellent expédient [3], ne devaient pas lui suffire. Cette suite rapide de brèves, recherchée quelquefois par les poëtes lyriques et par

---

[1] Bopp, *Vggl Gramm.*, p. 768.

[2] Benary, *Römische Lautlehre*, p. 29.

[3] Spitzner, *l. citato;* Thiersch, *Griech. Schulgrammatik*, p. 128-130.

Euripide dans les chœurs, devait, en prose, être souvent d'un effet désagréable, surtout dans l'intérieur du
même mot; car lorsque plusieurs se suivaient, l'inconvénient n'était plus tout à fait le même, la voix ayant le
temps de s'arrêter et de prendre haleine. Aussi trou-
vons-nous dans les langues anciennes des exemples manifestes de cette tendance de la langue à corriger la
monotonie qui résultait pour elle d'une suite de plus de
trois brèves. La langue latine trouva même ce nombre
trop grand, et des formes comme *legerĭmus, amāverĭmus, audīverĭmus* à côté de *legerĭmus, audīverĭmus amāverĭmus*[1], prouvent ses efforts pour établir au
moins un équilibre entre les brèves et les longues
lorsqu'elle ne pouvait assurer la prédominance à ces
dernières. En grec, les adjectifs en ος, dont la pénultième est brève, l'allongent au comparatif et au superlatif où deux autres brèves (τερος, τατος) viennent se
joindre au radical (σοφός, σοφώτερος — καθαρός, καθαρώ-
τατος[2].) Les nominatifs singuliers et pluriels masculins
paraissent avoir donné l'impulsion aux autres cas et
genres. Les substantifs qui ont la désinence -σύνη, quand
ils dérivent d'adjectifs en ος, à pénultième brève,
allongent la dernière de l'adjectif qui devient l'antépénultième du substantif, par exemple ἀγαθός, ἀγαθωσύνη[3]. Des mots, surtout des adjectifs composés, changent, lorsque leur seconde partie commence par ἄ, ε, ο,
ces voyelles en η et ω, par exemple κατήγορος pour κατ-
άγορος, δυςήλατος (ἐλαύνω), ἀνώμοτος (ὄμνυμι)[4]. Nous croyons
que le nombre des brèves est pour beaucoup dans ce
changement, même lorsque la seconde partie de l'adjectif dérive d'un substantif, par exemple εὐήνεμος (ἄνε-

---

[1] Bergmann, *Théorie de la quantité prosodique*, p. 48.
[2] Buttmann, *Griechische Schulgrammatik*; 1824, p. 87.
[3] *Ibid.*, p. 268.
[4] *Ibid.*, p. 280.

μος) ἀνώνυμος (ὄνομα), quoique nous ne nous dissimulions pas qu'on peut déjà y reconnaître le principe de la *dérivation* (v. les chap. suivants). La longueur de l'$\bar{α}$ accentué dans τριάκοντα, τεσσαράκοντα paraît avoir été amenée par la jonction des deux éléments qui forment le mot [1], si l'on ne préfère pas y voir la *compensation* d'une nasale retranchée (cp. *decem*, sanscrit *panc'an*, πέντε, etc.)

§ 8. *Longues virtuelles.* Nous entrons maintenant dans un autre ordre de faits, plus important que celui dont nous venons de parler, et qui donnera la mesure de la profonde influence qu'exerce dans la langue la quantité prosodique. Nous voulons parler des précurseurs immédiats de l'accent, du *guna* et du *wriddhi*. En sanscrit, les terminaisons faibles du singulier, dans le verbe (*mi, si, ti* et *m, s, t*) permettent, à cause de leur faiblesse même, à la voyelle du radical, de se renforcer [2], tandis que les terminaisons plus fortes du duel et du pluriel (*mas, thas, tas, mas, tha, nti*) forcent cette même voyelle de conserver sa brièveté primitive. Ce renforcement s'opère par l'insertion d'un *a* devant l'*i*, l'*u* ou la voyelle *ri* [3] de la racine, et alors est appelé *guna* par les grammairiens, et *wriddhi* lorsque ces voyelles ainsi renforcées ont besoin d'un renforcement ultérieur [4]. Le *wriddhi* se présente ainsi comme la seconde puissance du *guna* [5].

---

[1] Benfey, *Griech. Wurzellexicon*, II, p. 215.

[2] Bopp, *Krit. Gramm. der Sanscr.*, p. 181. Bopp, *Vggl. Gr.*, p. 713.

[3] *Krit. Gramm.*, p. 1, 10.

[4] Bopp, *Krit. Gramm.*, p. 20.

[5] On pourrait se demander comment il se fait que le renforcement de la voyelle ne s'opère pas tout simplement en l'allongeant; qu'*i*, au lieu de devenir *ê* et puis *aï*, qu'*ŭ*, au lieu de devenir *ô* et puis *aou*, ne se changent pas tout simplement en *ī* et *ū*, comme *ă* se change en effet en *ā* (*wriddhi*). La raison en paraît être celle-ci : Il

Cette règle trouve une pleine application dans la voyelle radicale des verbes de la deuxième et de la troisième classe, par exemple √ *wid* (cl. II), présent *wēdmi* (= *wa + i + dmi*), *je sais*; pluriel *widmas*, ἴδμες, *nous savons*: √ *bhi* (cl. III), présent *bibhēmi*, *je crains*; pluriel *bibhimas*, *nous craignons*. Dans la cinquième et dans la huitième classes ce changement ne porte plus sur la voyelle radicale, mais sur la syllabe formative (*nu*, *u*), plus rapprochée des terminaisons; par exemple √ *ap*, présent *apnōmi*, *j'atteins* (*apiscor*), pluriel *apnŭmas*, *nous atteignons*: √ *tan*, présent *tanōmi*, *j'étends*, pluriel *tanŭmas*, *nous étendons* (τάνυμες). La neuvième classe affaiblit la syllabe formative en ī, et la septième intercale un *a* après l'*n* devant les terminaisons faibles, par exemple: √ *pri* (all. *freien*), présent *prināmi*, *j'aime*, pluriel *prinīmas*, *nous aimons* (*a* a plus de poids qu'*i* [1];) √ *bhid* (*fido, findo*), présent *bhinadmi*, *je fends*, *bhindmas*, *nous fendons*.

Le grec présente le même phénomène, tantôt dans des limites plus restreintes, tantôt sur une plus large échelle. C'est ainsi que nous avons δίδωμι, δίδωσι, δίδωτι, et, au pluriel, δίδομεν, δίδοτε, etc. (sanscrit *dadāmi*, plu-

---

y avait au commencement trois voyelles naturellement brèves, *a*, *i*, *u*, *ĕ* et *ŏ* n'étant qu'*i* et *a* dégénérés (Grimm, *Vocalism.*, p. 39, 579). De ces trois voyelles, celle qui dominait dans la langue était *a*. *A* est la voyelle primordiale, qui se forme en ouvrant seulement la bouche; c'est à la fois la plus naturelle et la plus noble; *i* et *u* en peuvent être considérés même comme des modifications plus récentes. *I* touche aux consonnes par le *j*, *u* par le *w*. *A* est donc la voyelle par excellence, la voyelle κατ' ἐξοχήν, le fond et la source du *vocalisme* entier. Quoi de plus simple donc que la langue, dans le besoin où elle était de former des diphthongues, ait choisi pour atteindre ce but la voyelle qui, à ses yeux, représentait toutes les autres?

[1] Bopp, *Vorrede zu seiner krit. Gramm. der Sanscritaspr.*, p. viij.

riel, *dadmas, dattha, dadati*)[1] ; de même à l'imparfait ἐδίδων, pluriel, ἐδίδομεν, à l'aoriste 2, ἔδων, ἔδομεν. A la neuvième conjugaison sanscrite répondent des verbes, comme πέρνᾱμι, πέρνᾰμες ; à la seconde, εἶμι, *je vais, j'irai* (sanscrit *émi*), pluriel ἴμες (sanscrit *imas*) ; à la cinquième et huitième classes, στόρνῡμι, pluriel, στόρνῠμες. Nous voyons qu'ici, comme ailleurs, le *guna* du sanscrit a été remplacé par un simple allongement de voyelle. Dans le parfait 2 l'influence des terminaisons n'existe plus en grec, si nous en exceptons le seul οἶδα, pluriel, ἴδμεν, qui n'en est que plus important[2]. Décidément, les degrés de brièveté et de longueur que Denys d'Halicarnasse croyait distinguer dans les syllabes (comme lorsqu'il dit que ρο était plus long qu'ο, et τρο que ρο), ne sont pas une chimère ; et les peuples primitifs avaient certainement les organes assez délicats pour apprécier encore la différence de poids des terminaisons μι et μες, etc. Seulement, n'oublions pas qu'ici, comme partout, la forme enveloppe une pensée, et que dans μες il n'y a pas uniquement une lettre, mais aussi une idée de plus (celle du pluriel).

On a cru retrouver le *guna* dans les huitième et neuvième conjugaisons gothiques, qui se reproduisent avec une étonnante identité dans le grec et le sanscrit, et dont les formules sont[3] :

	PRÉS.	PRET. SING.	PRÉT. PLUR.
VIII.	*ei.*	*ai.*	*i.*
X.	*iu.*	*au.*	*u.*

---

[1] Le retranchement de la voyelle radicale au duel et au pluriel du présent de *dadāmi* est dû à la double influence du redoublement et des terminaisons fortes. La forme *dadati*, pour *dadanti*, a des analogies dans les formes grecques : τετράφαται, κικρύφαται.

[2] Bopp, *Vgl. Gramm.*, p. 694–713.

[3] Pott, I, p. 17.

Il se trouve incontestablement en sanscrit, par exemple √ *bhid*, parfait 2 *bibhēda*, pluriel *bibhidima* (nous fendîmes); √ *bhug'* (courber), parfait 2, *bubhōg'a*, pluriel *bubhug'ima* (nous pliâmes); mais dans les formes grecques ἔλιπον, λείπω, λέλοιπα — ἤλυθον, ἐλεύθω, εἰλήλουθα, — ἔφυγον, φεύγω, πέφευγα (Grimm aimerait mieux πέφουγα ou πέφαυγα), le renforcement de la voyelle, qui se maintient dans toutes les personnes du singulier, duel et pluriel, prend une valeur de plus en plus virtuelle. Il paraît évident, malgré les dénégations de M. Bopp, que l'aoriste 2 [1], en conservant la brièveté de la voyelle, veut exprimer la *rapidité* de l'action; que la voyelle renforcée au présent marque la *durée* et la *stabilité*, que l'imparfait ajoute l'idée du passé en prenant l'augment; que le parfait 2, enfin, dans des formes comme πέποιθα (ἔ-πιθ-ον, πείθ-ω), λέλοιπα ne paraît modifier la voyelle radicale d'une manière toute particulière que pour donner un cachet plus distinct à la pensée qu'il représente. En gothique aussi, le *guna* paraît avoir pris de bonne heure une tendance tout à fait virtuelle, et c'est avec raison que Grimm y reconnaît moins une modification phonique qu'un changement profond et significatif de la voyelle radicale qu'il appelle *déflexion* (*Ablaut* [2]). Cette déflexion sert à distinguer, non-seulement le présent et l'imparfait, mais aussi le singulier de l'imparfait et le pluriel du même temps, ex. : *binda* (je lie), *band* (je liais), *bundum* (nous liions); *beita* (je mords), *bait* (je mordais), pluriel *bitum*; *biuga* (je plie), imparfait *baug* (je pliais), *bugum* (nous pliions). La perte du redoublement, la mutilation des terminaisons et une sorte de concentration dans les formes, témoignent,

---

[1] Bopp, *Vgl. Gr.*, p. 142. Pott, I, p. 60.
[2] Grimm, *Vocalismus*, p. 569-579.

dans les langues teutoniques, de la haute antiquité du principe virtuel.

Mais le sanscrit même fournit déjà de nombreux exemples de l'application de ce principe. Un mode, que les grammairiens hindous appellent *lēt* [1], et qui, pour le sens et pour la forme, se rapproche du subjonctif grec, rend le vague, l'incertitude de la pensée par un simple allongement de voyelle dans l'actif comme dans le passif (*ja*, syllabe caractéristique du passif, devient *jā*; *ja*, n'est autre chose que la √*ja*, *aller*, cp. *amatum* ιϱι; un *ē* final devient *ai*); par exemple, *patati* (il tombe), *patāti*, πέτεται, πέτηται; *grahjantē* (ils sont pris), *grahjantaï*. Ce mode a en outre ceci de commun avec le subjonctif grec, que comme lui il supprime l'augment dans les deux aoristes; par exemple, *patām*, *prac'ōdajāt* de √$\overline{c\,ud}$ + la prép. *pra*.

On a remarqué [2] que les féminins ont en général, et dans le sanscrit en particulier, une grande répugnance à se terminer par une consonne. En revanche, ils ont envahi, à eux seuls, les voyelles longues, de sorte qu'il n'y a presque pas de masculins et moins encore de neutres qui se terminent, comme eux, en *ā*, *ī*, *ū*.

Quant au *guna*, c'est surtout en marquant la dérivation *interne*, qu'il paraît atteindre toute sa force virtuelle. C'est ainsi qu'un rejeton de *Kunti* s'appellera *Kauntēja*; le fils de la fille (*duhitri*), *dauhitra* [3]. Cette règle, cependant, n'est rien moins que générale; des recherches particulières ont démontré que ce sont surtout les suffixes commençant par une voyelle, qui amènent le renforcement de la voyelle radicale. Le nombre des suffixes, commençant par une consonne,

---

[1] Bopp, *Krit. Gramm.*, p. 288.

[2] Pott, II, p. 402.

[3] Bopp, *Krit. Grammat. d. Sanscritaspr.*, p. 20 et 318.

qui produisent le même résultat, est relativement peu considérable [1]. En revanche, il y en a quelques-uns parmi les premiers qui font exception : ceux dont le poids et l'étendue sont assez grands pour balancer le radical, par exemple, *elima* [2] ; ou ceux qui, originairement substantifs, sont descendus au rôle d'une simple terminaison, par exemple, *kag'a, kalpa, c'ana, c'ara* [3] ; même les désinences du comparatif et superlatif *tama, tamām, tara, tarām*, etc. Bopp, qui, cette fois d'accord avec Grimm, ne veut reconnaitre, dans le *guna*, qu'une modification phonique, est cependant forcé d'admettre que le suffixe *ja*, qui forme le participe passé futur, quand il est précédé d'une racine terminée par la voyelle *u* et *ū*, prend le *wriddhi*, au lieu du *guna*, pour exprimer d'une manière plus marquée, *la nécessité* [4].

§ 9. Plus est grand le nombre des éléments dont les mots sont composés, et moins les phénomènes que nous avons désignés sous les noms de *guna* et *wriddhi*, peuvent se faire jour. En effet, l'unité de la pensée parait alors exiger que chaque élément se resserre autant que possible, et retranche, ce qu'on pourrait appeler son superflu. (Cp. en latin tibi*cen*, armi*ger*, pau*per*. — Pott, II, p. 481. — Præ*ses*, etc.; en grec παραπλήξ, αἰγίλιψ, ἐπίτεξ). C'est sur ce principe que se fonde évidemment la différence des terminaisons plus pleines du présent, du futur, du parfait, et de celles de l'imparfait, de l'aoriste, du potentiel, du précatif, du conditionnel qui sont plus écourtées. Voici le tableau de ces terminaisons [5] :

---

[1] Pott, II, p. 668.
[2] Bopp, *Krit. Gramm.*, p. 325.
[3] *Id., ibid.*, p. 327.
[4] *Id., ibid.*, p. 284.
[5] *Id., ibid.*, p. 146, 150.

	PRÉS. FUT.	IMPARF. AOR.
	mi.	*am.*
	si.	*s.*
	ti.	*t.*
Duel ,	*was.*	*wa.*
Plur.,	*mas.*	*ma.*
	anti.	*an.*

La seconde personne du duel et du pluriel a dans le premier ordre *th* (*a*), qui a plus de poids que le simple *t*(*a*) du second. Le parfait a eu primitivement les mêmes terminaisons que le présent, comme le prouve encore la 3ᵉ personne du pluriel en grec τετύφασι (dor. τετύφαντι). Mais en grec, comme en sanscrit, la syllabe qui renferme le redoublement, a trop pesé sur les terminaisons, pour que celles-ci se soient maintenues longtemps; en même temps que ce redoublement, établissant une distinction suffisante entre le parfait et les autres temps, rendait moins nécessaire l'intégrité des formes, qui désignent les nombres et les personnes dans le présent et le futur. C'est ainsi que *wa* et *ma* ont remplacé *was* et *mas*, tandis que dans l'*atmanepadam* (*le moyen*), les formes *wahē*, *mahē*, qui n'appartiennent qu'au premier ordre, sont restées; mais au duel *thus* et *tus* se sont substitués à *thas* et *tas*, terminaisons plus pesantes [1]. Mais c'est la 3ᵉ personne du pluriel qui,

---

[1] D'après les recherches savantes de M. Bopp , *a* est la plus pesante des trois voyelles primitives , *i* la plus légère , *u* tient le milieu (*Vorrede zur krit. Grammat. der Sanscritasprache*, p. viii). C'est ainsi que √ *dis'* forme au présent *dis'atas* (δείχνυτον), au parfait *dedis'atus* (δεδείχατον), qu'en gothique *haitam* (*appellamur*) et *haitand* (*appellantur*), la première et la troisième pers. du plur. au présent , ont une terminaison plus effacée au prétérit : *haihaitum, haihaituth, haihaitun.* Si la deuxième pers. plur. prés. est *haitith* (*appellamini*) au lieu de *haitath*, je crois y reconnaître l'influence virtuelle de l'*allocution*, sens que cette seconde personne paraît quelquefois partager avec l'impératif et le vocatif.

en sanscrit, a subi la plus forte mutilation, au lieu de *anti*, elle a *us* (*bibhidus* pour *bibhidanti*). Cependant les deux formes sont originairement identiques, comme le prouve encore le potentiel du zend, *baraᴊ èn* (φέροιεν) *puissent-ils porter* [1]. Il résulte également de ce que nous venons de dire, que les formes écourtées des deux aoristes et de l'imparfait, doivent leur origine à l'augment *a* (grec ε) qui, comme tel, a pesé de toute son influence virtuelle sur le reste du mot [2].

---

[1] Bopp, *Krit. Grammat. d. Sanscritaspr.*, p. 147.

[2] On comprend que l'augm. α ait pu quelquefois exercer sur les terminaisons des mots une influence plus énergique que le redoublement même qui présente cependant une plus grande masse. La circonstance que bon nombre de verbes ont le redoublement déjà au présent (τίθημι, ἴστημι pour στίστημι, δίδωμι, etc.); que tous les verbes intensifs et désidératifs l'ont en sanscrit, par exemple : *tututs, bôbhug'a, sâsakja;* surtout que les désinences du parfait, malgré l'état mutilé où elles se trouvent, ont été originairement identiques avec celles du présent, prouve que le redoublement en soi n'exprime pas l'idée du passé, mais ajoute seulement de la force au thème primitif. C'est ainsi qu'on a pu l'employer plus tard pour exprimer une action présente à nos yeux, il est vrai, mais entièrement accomplie, dans le sens d'un *présent fermé*, selon l'expression de la grammaire allemande, et bien plus tard encore dans le sens d'un aoriste (cependant c'est dans ce sens surtout qu'on le trouve en sanscrit, Bopp, *Vergl. Sprachlehre*, p. 746). Le génie de la langue, pour désigner un véritable passé, paraît avoir eu recours, déjà dans les temps les plus reculés, à l'augment *a* (grec ε), qui très-certainement se rattache, ainsi que l'α privatif, à un antique pronom *ana* (*ille*), qui, suivant qu'il subissait l'aphérèse ou l'apocope, devait présenter les formes α, αν, νη, *na* (sanscr.), *ne, in* (latin), etc. (Benfey, II, p. 49). Cette découverte ingénieuse est due à la sagacité de M. Bopp; il l'a défendue dans ces derniers temps d'une manière victorieuse contre l'assertion de M. Pott qui n'a voulu voir dans l'augment qu'un affaiblissement du redoublement (Bopp, *Vergl. Gramm.*, p. 781 sqq.). W. de Humboldt, avec la même pénétration, avait déjà assigné la même ori-

Cette influence virtuelle se manifeste d'une manière toute particulière dans la déclinaison, mais cette fois non plus par le préfixe, mais par la désinence. M. Bopp distingue des *cas forts* et des *cas faibles*, quelquefois même des *cas moyens*. Les *cas forts* sont, selon lui, les nom., acc., voc. du sing., les nom., acc., voc. du duel, les nom. et voc. du plur. (pour les neutres, il faut ajouter l'acc. plur.). Tous les autres cas seraient des *cas faibles*. Lorsqu'il y a lieu de distinguer des *cas moyens*, ce seraient ceux parmi les *cas faibles* dont la terminaison commence par une consonne (dat. abl. instrum. duel et plur. *bhjām*, *bhis*, *bhjas* et le locat. pl. *su*). Nous ne pouvons donner à ce système notre entière adhésion : 1° parce que les soi-disant *cas forts* commencent par des voyelles, comme les cas faibles ; 2° parce que dans sa terminologie, M. Bopp nous paraît avoir confondu les cas avec la forme du thème. Les cas les plus forts ne sont pas ceux qui permettent au thème de rester dans toute son intégrité ; ce seront pour nous les plus faibles ; ceux, au contraire, qui forcent le thème d'adopter la forme la plus resserrée nous paraîtront être les plus forts. Les nom., acc., voc., ne pouvant être considérés comme des cas proprement dits, l'influence de leurs terminaisons a dû être à peu près nulle; mais il en a dû être autrement des cas qui modifiaient plus profondément le sens du thème. Les terminaisons des cas ne sont autre chose que des prépositions agglutinées au thème, dont la forme affaiblie et effacée par le temps n'est pas toujours en rapport avec leur valeur intrinsèque (cp. *bhis*, *bhjas*, gr. φι avec le préfixe *abhi*, loc. *i*=*in*, ἐν. Dat. *ē*, *āi*=*abhi* par syncope,

---

gine au mot *na* , qui, dans les langues *tagale* et *tongue* , donne au verbe le sens d'un prétérit.

¹ Pott , II , p. 621.

identique avec le dat. gr. en *i*, etc.). C'est donc évidemment pour faire ressortir davantage ces terminaisons,
et pour empêcher qu'elles ne soient absorbées par le
corps du mot, que la langue leur a donné une valeur
virtuelle [1] qui supplée à leur peu d'étendue. Dans les cas
moyens, où les terminaisons ont une forme plus large
et ressortent d'elles-mêmes, l'influence virtuelle sera
moins grande. Nous verrons plus tard quelque chose
de semblable en grec, seulement cette langue, où domine un peu moins l'influence de la quantité, aura
surtout recours à l'accent pour exprimer des rapports
analogues.

M. Bopp, qui combat assez volontiers le principe
virtuel dans le sanscrit surtout, en a cependant reconnu les effets dans les terminaisons de l'impératif. Sa
première personne réunit à la forme la plus étendue
du thème [2] la terminaison la plus forte, pour exprimer d'une manière plus sensible l'action de réfléchir,
de méditer; par exemple, *dwēchāni, dwēchāwa,
dwēchāma* de *dwich*, (haïr) [3], tandis que la seconde
personne singulier ajoute une terminaison faible (*dhi,
hi*) à la forme du thème la plus simple, pour marquer
ainsi la rapidité et l'énergie du commandement; par
exemple, *addhi*, de *ad*, manger. La terminaison tombe
même entièrement après les verbes qui insèrent *a, ā,
ja, nu* et *u* après le radical (cp. δίδοθι, τίθετι, etc., avec
λέγε, τύπτε, δείχνῡ = δείχνυθι); mais quand *u* est précédé
de deux consonnes, la terminaison *hi* est maintenue;
par exemple, *āpnuhi* de *āp = apiscor*. D'après la règle
primitive, un radical plus étendu aurait été une raison
de plus pour abréger la terminaison.

---

[1] Pott, II, p. 649.

[2] On lui donne le *guna* et on y ajoute *ā*.

[3] Bopp, *Krit. Grammat. der Sanscritaspr.*, p. 156.

Nous terminons cette série de faits, qui pourrait être étendue encore, par une remarque sur le vocatif. Comme celui-ci est au substantif, ce que l'impératif est au verbe, il doit présenter, et présente réellement des faits semblables. Primitivement il se formait, en retranchant le signe du nominatif (le pronom s|a|), et en offrant le radical tout nu; plus tard, sous l'influence du principe virtuel, il abrégea, la plupart du temps, la voyelle de la terminaison; par exemple, πάτερ, Αἶαν, δαῖμον, θύγατερ, λύκε, abrégé de λύκο [1]. Le sanscrit, cependant n'est pas fidèle à cette règle; il abrége, il est vrai, la voyelle des féminins polysyllabes en *ī* et *ū*; mais les radicaux en *ĭ* et *ŭ*, prennent en général le *guna*. Ici, le gothique et le lithuanien se rencontrent avec le sanscrit; exemple : goth. *sunau*, fils (radical *sunu*), lithuan. *sunaù*, répondent exactement au sanscrit *sunō*. Il paraît, en effet, comme le fait très-bien remarquer M. Bopp, que la langue, dans l'un, comme dans l'autre cas, voulait donner plus de force à l'allocution; seulement elle paraît avoir substitué peu à peu le procédé virtuel au procédé plus ancien de l'allongement.

CHAPITRE II.

DE L'ACCENTUATION EN GÉNÉRAL.

ACCENT GRAMMATICAL ET ORATOIRE.

§ 10. L'accent étant, en quelque sorte, l'élément immatériel du mot, et se présentant quelquefois sous des formes peu saisissables, il n'est pas étrange qu'il ait été souvent confondu avec des phénomènes semblables, il est vrai, mais non identiques. Telles sont l'accentuation de la phrase et l'accentuation métrique (*thesis*). Car de même qu'il y a dans chaque mot une syllabe sur laquelle porte principalement l'effort de la voix, de même il *peut y avoir* dans chaque phrase un

---

[1] Bopp, *Vggl. Gramm.*, p. 234.

ou plusieurs mots qui se distinguent des autres par le plus ou moins
d'énergie que l'on met à les prononcer. Cette hiérarchie des syllabes, pour ainsi dire, aussi bien que celle des mots ont été également désignées par le nom d'accentuation. Combinées, elles
expriment l'organisme de la période; prises isolément, elles ont dans
le développement des langues une valeur bien distincte, quoiqu'à
l'origine, si l'on considère que le mot a été, selon toute apparence,
le germe de la phrase, elles aient pu être identiques. L'accentuation
de la phrase naît de l'importance relative des idées représentées par
les mots. C'est pourquoi les pronoms, les particules, les conjonctions,
quelques adverbes qui n'expriment pas les idées mêmes, mais seulement leurs rapports, ne peuvent avoir l'accent tonique. La voix
glisse sur eux avec plus de rapidité et les énonce avec moins d'efforts. Comme on n'a pas eu toujours soin de bien marquer les limites
qui séparent l'accent syllabique de l'accent de la phrase, on a cru
retrouver des enclitiques et des proclitiques dans le vers français :

> *Le* jour *n'est* pas *plus* pur *que le* fond *de mon* cœur,

ou dans la prononciation vulgaire de l'allemand : *d'r Vater, d's
Kind;* dans le grec moderne : ἰς Νίχαιαν ou σ Νίχαιαν, ἰς τήνπολιν
(Isnik, Stamboul) [1], au lieu d'y voir simplement les idées secondaires comme effacées par les idées principales. Une erreur pareille
paraît avoir amené les grammairiens indous (Pânini surtout) à croire
qu'un vocatif ou qu'un verbe non composé, quand ils ne sont pas
placés au commencement de la phrase ou de l'hémistiche, perdent
leur accent [2]. Il est pourtant évident qu'il ne peut être question
ici de l'accent syllabique, mais bien de celui de la phrase.

Cet accent, qui se pose sur le verbe de préférence au sujet, sur
le complément de préférence au verbe, sur le second complément de préférence au premier, et qu'on appelle d'un nom spécial,
accent *grammatical*, est cependant sujet à *l'inversion*, et alors il
devient accent *oratoire*, chaque mot de la phrase pouvant devenir
le mot principal, le mot accentué. Par exemple : Ce n'est pas *parce
que*, mais *quoique*. C'est *moi* qui l'ai fait, etc., etc.

ACCENT PATHÉTIQUE.

§ 11. A côté de l'accent de la phrase il y a une modulation de la

---

[1] Egger et Galusky, *Méthode de l'accentuation grecque*, p. 102.
[2] Boethlink, *Erster Versuch über den Accent im Sanscrit;* Pe-
tersburg, 1843.

voix qui a reçu aussi le nom d'accent. Elle ne concerne plus les syllabes d'un même mot ni les mots d'une même phrase, mais elle caractérise la phrase même. Il est évident que nous ne prononçons pas du même son une proposition conditionnelle et une proposition causale ; que si le ton monte et est, pour ainsi dire, suspendu dans la première, il descend lentement et gravement dans la seconde. Par exemple : *Oui, s'il avait voulu réfléchir*, et *car il avait réfléchi*. Surtout nous prononçons différemment des mots renfermant ou une prière, ou un ordre, ou une question. Notre voix, par exemple, subira une modification, suivant que ces mots : *Tu iras*, exprimeront ou une action à venir, ou un commandement, ou un doute ; sans parler de l'interrogation, qui peut aussi revêtir cette forme (*tu iras* pour *iras-tu ?*). Cette modulation de la voix peut reproduire toutes les sensations, toutes les impressions de l'âme humaine : la colère, la douleur, la joie, etc., et c'est à cause de cette faculté qu'on l'a nommée *accentuation pathétique*.

ACCENT MÉTRIQUE OU *THESIS*.

§ 12. Mais une accentuation bien plus importante, et qui plus d'une fois a donné lieu à de grandes confusions, est celle de la *thesis métrique*. Comme des savants du premier ordre [1] ont avancé des opinions différentes sur sa nature, il sera nécessaire de l'éclaircir de notre point de vue, dussions-nous quelquefois nous trouver en opposition avec de si illustres autorités. La *thesis* a ceci de commun avec l'accent, que comme lui elle exprime l'unité d'un tout composé de plusieurs membres ; mais si l'accent syllabique exprime l'unité du mot, l'accent oratoire celle de la phrase, la *thesis* n'exprime plus l'unité d'une idée, mais seulement l'unité métrique du vers. Le vers, en effet, se trouve constitué par deux éléments, par le mètre d'un côté, c'est-à-dire par des syllabes longues et brèves, ayant une valeur absolue, alternant régulièrement et d'une manière conforme aux principes du beau ; et de l'autre par le rhythme, le régulateur du mètre, qui a une valeur relative et n'est autre chose qu'une suite de *thesis* et d'*arsis*, c'est-à-dire de syllabes fortes et de syllabes faibles. Mais, pour détruire cette distinction du rhythme et du mètre, on peut nous objecter que, dans le cas où plusieurs vers seraient composés d'un certain nombre de pieds métriques, identiquement les mêmes, et qui n'admettraient aucune espèce de permutation, le rhythme se trouvant partout d'accord avec les longues et les

---

[1] MM. Aug. Bœckh et Godef. Hermann

brèves, c'est-à-dire les rapports prosodiques du mètre, le rhythme,
dis-je, serait tout à fait inutile et ne pourrait plus être considéré
comme élément constitutif du vers, mais seulement comme une res-
source, si le vers voulait être moins monotone et plus varié.
A cette objection il y a deux réponses : 1° Il ne faut pas oublier
qu'une suite de longues et de brèves, quelque régulière qu'elle soit,
ne peut jamais constituer un vers sans ce lien intime qui les classe,
les divise et les rapporte les unes aux autres ; que sans ce lien,
qui, du reste, s'établit tout naturellement, nous n'avons plus
qu'un amas de valeurs prosodiques auxquelles le hasard a permis
de se répéter dans un ordre régulier, sans aucune indication pour
arrêter ou suspendre la voix, la hausser ou la baisser, accélérer sa
marche, etc. Ce lien même est le rhythme, ou plutôt la *thesis*,
car l'*arsis* est au vers ce que l'accent grave, qu'on ne marque pas,
est au mot. 2° Quand nous avons lu un certain nombre d'hexamètres, nous avons pris l'habitude de prononcer avec une certaine
énergie la longue qui commence chacun des pieds. La voix s'est
tellement familiarisée avec le cadre du vers (qui, du reste, n'est
pas autre chose que son rhythme), qu'elle portera cette même énergie quelquefois même sur une syllabe qui ne sera pas longue. Ainsi,
dans ce vers de Virgile : *Omnia vincit amór*, la voix se porte nécessairement sur *or*, entraînée qu'elle est par l'ensemble du rhythme.
Si le mot suivant eût commencé par une consonne, le mètre était
sauf; mais comme la *thesis* ici se trouve renforcée par la césure,
laquelle amène toujours une légère suspension de la voix, le poëte se
croit en droit de continuer : *et nos cedamus amori*. Supposons une
suite d'anapestes tout à fait réguliers ou seulement entremêlés de
spondées, subitement coupés par des dactyles métriques, comme
dans ces vers de Sophocle :

Σὲ δ' ὅταν πληγὴ Διὸς ἢ ζαμενὴς
λόγος ἐκ Δαναῶν κακόθρους ἐπιβῇ,
μέγαν ὄκνον ἔχω καὶ πεφόβημαι.

Ce qui maintient, ce qui rétablit l'unité du système, c'est le
rhythme, car ce dernier, au lieu d'appuyer sur la longue, comme
il aurait fait dans un mètre dactylique, glisse rapidement sur elle et
porte ses efforts d'abord sur la première brève, et puis, avec plus
d'énergie encore, sur la seconde[1], ainsi : —◡◡. Si nous ajoutons

____

[1] Munk, *Handbuch der Metrik*, Glogau und Leipzig; 1834,
p. 8, 9.

à cette circonstance d'autres faits aussi connus et plus importants peut-être, comme celui de l'ïambe et du trochée remplacés par l'anapeste et le dactyle irrationnels[1], ou même l'ïambe par le dactyle, le trochée par l'anapeste, de manière que non-seulement l'ordre des longues et des brèves se trouve interverti, mais encore leur valeur prosodique manifestement altérée, on pourrait croire un instant que le rhythme est le maître absolu du vers, et que la quantité n'est qu'une matière inerte dont il se sert à son gré. Ce serait cependant une grave erreur; car, dans les langues anciennes surtout, c'est bien la quantité qui domine, non-seulement en poésie, mais encore en prose, au point que M. Godef. Hermann[2] a cru pouvoir identifier la *thesis* avec la longue, comme principe fondamental et générateur de la métrique entière. Ce qui prête à cette théorie un haut degré de vraisemblance, c'est que c'est, en vérité, surtout sur les longues que la *thesis* se porte. L'ïambe ◡ ˊ est véritablement l'opposé du trochée ˊ ◡; et même, si l'on adoptait la manière de voir de M. Hermann, qui fait naître le rhythme ïambique du rhythme trochaïque auquel on aurait ôté d'abord sa première syllabe longue, génératrice de toutes les autres brèves et longues[3], l'effet que produiraient sur nos oreilles ces deux rhythmes ne serait pas un effet analogue, mais diamétralement opposé, l'un ayant dans son mouvement ascendant quelque chose de vif et de vigoureux, l'autre étant, par un mouvement contraire, plutôt propre à exprimer des sensations molles et tristes. Enfin il est de toute impossibilité d'imaginer un mètre quelconque dont la valeur prosodique *in thesi* soit beaucoup moindre que celle *in arsi*, comme serait celui-ci : ◡—. Mais de l'autre côté on ne peut se dissimuler que ce rôle qu'assigne M. Hermann à la longue est souvent renversé; que la longue se trouve très-souvent *in arsi*, tandis que l'on trouve deux brèves *in thesi* jamais une seule, car le mètre ◡◡ est aussi impossible que ◡◡◡); enfin cet axiome, que la longue et la *thesis* sont identiques,

---

[1] L'ïambe pouvant être remplacé par le spondée dans les pieds impairs, et le trochée dans les pieds pairs, et ce spondée pouvant être changé à son tour contre un anapeste ou un dactyle, ces derniers sont appelés *irrationnels*, parce que, de fait, ils représentent seulement un ïambe ou un trochée, et que leur longue n'équivaut pas à une véritable longue, ni leurs brèves à de véritables brèves.

[2] *Elementa doctrinæ metricæ*, I, cap. ii, iii, p. 6-17.

[3] C'est l'opinion de M. Hermann.

ne peut être pour nous d'aucune utilité dans des vers dont la marche est ou accélérée par la dissolution des longues en brèves, ou ralentie par la contraction des brèves en longues. Par exemple :

Τάδε τὰ ἴα, τάδε τὰ ῥόδα, etc

Et ·   *Illi inter sese magná vi bráchia tóllunt.*

Si le sens général et les vers qui précèdent ne nous éclairaient pas sur la véritable nature du mètre, nous pourrions prendre cet hexamètre dactylique pour un trimètre anapestique ; nous voulons dire que la valeur prosodique des pieds ne s'y opposerait pas. Il faudrait lire alors :

Illi inter sése mágna vi brachiá tollúnt.

Si nous ne nous trompons pas, plusieurs conséquences résultent de ce qui vient d'être dit : d'abord que le rhythme ne détermine pas d'une manière absolue le mètre ; en second lieu, quoique la *thesis* diffère de la longue, en pratique, pour trouver des *thesis*, il faut surtout faire attention aux longues ; enfin, quoique, dans la constitution du vers, le mètre et le rhythme soient également nécessaires, cependant on peut dire avec justesse que le rhythme élève le mètre en s'y unissant. Déterminer le rhythme revient donc tout simplement à fixer le rapport numérique entre les syllabes *in arsi* et les syllabes *in thesi* ; chose très-facile dans les mètres simples, tels que sont le *scnarius*, l'hexamètre, tous les genres de trochées, etc. Mais comme dans des mètres plus variés cette recherche peut quelquefois présenter des difficultés sérieuses et conduire à des résultats contestables, il ne sera peut-être pas hors de propos d'entrer un peu plus avant dans les rapports de réciprocité de l'*arsis* et de la *thesis*.

§ 13. Comme il est impossible, ainsi que nous le prouverons plus tard, qu'il y ait dans le même mot deux syllabes également accentuées, et comme il y a rarement deux syllabes également brèves et longues, de même il est impossible que deux syllabes qui se suivent soient également *in thesi* ou également *in arsi*. Comme le *pyrrhique* (ῠῠ ou ῠ́ῠ) et le *spondée* (´ __ou__ ´), le *tribraque* (ῠ́ῠῠ, ῠῠ́ῠ, ῠῠῠ́) ou le *molosse* (´__ __, __ ´ __, __ __ ´) et leurs composés ne sont que des pieds abstraits qui ne peuvent jamais constituer le rhythme, le rhythme n'a que deux manières d'être, il sera ou *ascendant* (*ïambe* ῠ ´) ou *descendant* (trochée ´ ῠ). Comme dans l'iambe, le mouvement d'ascension existe aussi dans l'*anapeste*, ῠῠ ´, mais il y est plus gradué, la première syllabe étant *in arsi* par rapport à la seconde, la seconde étant *in arsi* par rapport à la troisième, mais *in thesi* par rapport à la première. Dans le dactyle, les rapports des syllabes sont inverses. L'unité du rhythme qui existe encore dans l'anapeste et le dactyle, grâce à l'équilibre que forment entre elles l'*arsis* et la *thesis*, ne peut plus se maintenir dans le *bacchius* (υ‿ ′), le *palimbacchius* ‿ ′υ et le *creticus* ′υ′. Car dans le *bacchius* la première longue *in thesi*, par rapport à la brève, a trop de poids pour être *in arsi* par rapport à la seconde longue ; pour le *palimbacchius*, c'est l'inconvénient contraire qui a lieu ; dans le *creticus*, quelque forte que soit la *thesis* qui portera sur la première longue, il faudra toujours admettre une plus faible sur la seconde, ou, si le mouvement est ascendant et que la *thesis* porte sur la seconde, la première aura toujours trop de poids par rapport à la brève, pour n'avoir pas elle-même une *thesis*. Ces rhythmes sont donc beaucoup plus imparfaits que ceux du dactyle et de l'anapeste, et à plus forte raison que ceux de l'iambe et du trochée.

§ 14. Les rapports de la *thesis* et de l'*arsis* étant ainsi posés, c'est en vertu du principe de la *thesis*, qui n'est autre que le principe même de l'unité du vers, qu'il est permis pour les vers ïambiques de mettre des spondées dans les pieds impairs, et pour les vers trochaïques, dans les pieds pairs. Un ïambe et un trochée étant des membres trop exigus pour former, ajoutés un à un, des vers d'une certaine longueur, le rhythme, toujours dans l'intérêt de l'unité, les réunit deux à deux, ou, comme on dit habituellement, les mesure par *dipodies*. Cet accouplement des pieds ne leur ôte pas leur caractère primitif, et n'efface pas leurs *thesis* ; seulement, comme l'ïambe a un mouvement ascendant, dans l'intérêt de l'unité que poursuit le rhythme, toute la force de la voix tombera sur la seconde *thesis* (l'accentuation de M. Hermann υ′υ_ est erronée), le premier pied étant *in arsi* par rapport au second υ_υ′. Par la même raison le rhythme trochaïque, ayant un mouvement descendant, concentrera toute l'énergie de la voix sur la première *thesis*, énergie qui ira s'affaiblissant sur la seconde : ′υ_υ. Comme l'énergie de la *thesis* est toujours en raison de la faiblesse de l'*arsis*, là où la *thesis* perd de son énergie, l'*arsis* se relève et ressort davantage. C'est pour cela que, dans le mètre ïambique, la voix, glissant rapidement sur le premier pied qui est *in arsi*, supporte le *spondée* qu'elle ne pourrait supporter dans le second ; et dans le mètre trochaïque, où elle a dépensé toute sa force sur la *thesis* du premier pied qui est *in thesi*, elle admet le spondée dans le second qui est *in arsi*. Le mètre ïambique, tant qu'il conservait toute sa pureté, comme dans les poésies d'Archiloque et des premiers ïambographes, paraît avoir été mesuré

par monopodies, accentuation qui devait convenir admirablement
àl'esprit satirique qui les animait [1].

Ce principe d'unité paraît même pouvoir être appliqué au rapport
des dipodies du vers entre elles ; car la dernière des trois dipodies
du *senarius* paraît tellement être *in thesi* par rapport aux deux précédentes, que c'est elle qui admet le moins de permutations, et que
les Romains, qui envisageaient ce vers comme une *hexapodie*, la
considéraient comme la seule où le spondée ne pût pas être admis.
Quant au mètre trochaïque, comme il est dans la nature de la voix
humaine de monter plutôt que de descendre, l'unité du rhythme ne
peut pas être atteinte si complétement, et dans le tétramètre, le plus
usité des vers trochaïques, la voix est forcée de s'arrêter déjà, après
la seconde dipodie, à une *diérèse*, pour pouvoir prendre un nouvel
élan. — On mesure par dipodies aussi les *anapestes*, parce que la
voix, qui aime à monter, arrive avec la plus grande facilité d'une
arsis de deux brèves à la longue, et qu'il est facile, tant est grande
la facilité du mouvement, d'enfermer deux pieds dans une unité
rhythmique. Mais il en est tout autrement du rhythme dactylique ;
comme la voix n'aime pas à descendre, et que la seconde brève *in
arsi* s'efforce déjà de se relever et de s'affranchir de la dépendance de
la *thesis*, celle-ci a besoin de concentrer sa force contre l'*arsis*. Toute
son énergie y passe, et elle est forcée de recommencer les mêmes
efforts à chaque nouveau pied, sans pouvoir atteindre une unité
plus parfaite.

Cette unité, que la *thesis* dactylique obtient encore avec tant de
peine, ne peut être atteinte par le péan (*primus* ∪∪∪‿́ *quartus*
‿́∪∪∪), qui ne doit plus être considéré comme un pied rhythmique,
et qu'Aristote (*Rhet.*, l. III, cap. viii), et après lui, Harris [2] recommandent pour le *cantus obscurior* de la prose. Denys d'Halicarnasse (Περὶ συνθέσεως, cap. xviii) y ajoute encore le *creticus*, le
spondée, le *bacchius* et le *palimbacchius,* comme les plus propres à
former ce que les anciens appelaient *oratio numerosa*. En effet, des
poëmes d'une certaine longueur, composés de pareils pieds, seraient dépourvus d'entrain, d'harmonie et de tout principe d'unité.

---

[1] Munk, *Metrik der Griechen und Römer*, p. 36. — Quintilien,
vers la fin de son chapitre *De compositione*, lib. IX, cap. iv, cite
deux vers ïambiques qui gagneront à être mesurés par monopodies :

> *Quis hoc potest videre? quis potest pati?*
> *Nisi impudicus et vorax, et aleo?*

[2] *Philological inquiries* ; London, 1781, p. 90.

§ 15. Les anciens déjà ont entrevu la différence qui existe entre le mètre et le rhythme, ce dernier étant quelque chose de plus général, applicable non-seulement à la parole humaine, mais à toutes les actions qui tombent dans le temps[1]. Ils ont parfaitement compris que le rhythme, en même temps qu'il régularise le mètre, violentait (βιάζεται) souvent la quantité des syllabes, tandis que la prose leur laissait leur valeur prosodique naturelle[2]; mais ils ont été muets sur un point très-important, à savoir, comment on pourrait concilier avec une *thesis*, déjà si souvent en lutte avec le mètre, une accentuation qui, d'après les témoignages authentiques des meilleurs grammairiens, était en opposition avec l'une et avec l'autre[3]. Vossius (*De cantu et viribus rhythmi*) trancha la question à la façon d'Alexandre, en prétendant que les accents devaient régulièrement coïncider avec les *thesis* du mètre, que par conséquent le vers d'Homère :

Ἠέλιος δ' ἀνόρουσε λιπὼν περικαλλέα λίμνην,

devait s'accentuer de la manière suivante :

Ἡελιός δ' ἀνοροῦσε λιπῶν περικάλλεα λίμνην.

A cela, il n'y aurait rien à répondre que de citer les autorités qui démentent le plus formellement cette singulière théorie, mais il n'est pas besoin d'aller si loin. Car, d'après Vossius, il y aurait non-seulement une foule de mots à deux accents, comme le mot ἠέλιός, mais encore un nombre au moins aussi grand de mots qui n'auront pas d'accent du tout, tels que : πόρος, τάχος, τόνος, μέμονα, etc., se trouvant, la plupart du temps, placés de façon que la *thesis* rhythmique ne tombe pas sur eux. Or, les auteurs les plus éminents de l'antiquité, tels que Cicéron (*Orat.*, cap. xviii), Quintilien (I, cap. v), Denys d'Halicarnasse (*De compos. verborum,* cap. xi), déclarent, en termes clairs et précis, que tout mot a un accent, et jamais plus d'un. Vossius prétendrait-il, au contraire, au lieu de déterminer l'accent par la quantité, soumettre cette dernière aux caprices de l'accent, et déclarer longue chaque syllabe qui en serait frappée? Que fera-t-il alors des nombreux mots pyrrhiques, tribraques, etc., des langues grecque et latine, dont la quantité est

---

[1] Longin, *Fragm.*, III, p. 162; édit. Pearce.

[2] Aristoxène, p. 18; édit. Meibom.

[3] Voyez à cet égard Foster, *An essay on accent and quantity*, London, 1820; et Liscov, *Aussprache des Griechischen.*

déterminée d'une manière absolue? les transformerait-il en trochées,
en ïambes, en dactyles, en anapestes? — Laissons là ces rêveries
de la Renaissance, que le bon sens d'un siècle plus éclairé et plus
érudit a repoussées depuis longtemps. La *thesis* n'étant pas un élément inhérent aux mots, mais seulement aux vers, il est impossible que la voix l'exprime de la même manière que l'accent syllabique; car, comme chaque mot a son accent, et que la *thesis*,
suivant la situation du mot dans le vers, peut tomber indifféremment sur toutes ses syllabes, on pourrait avoir, et on aurait souvent,
dans cette hypothèse, deux accents sur deux syllabes voisines du
même mot; ce qui non-seulement est un contre-sens d'après les autorités déjà citées, mais serait en outre un sujet continuel de la plus
ridicule confusion. Mais, puisque de l'autre côté il est démontré
que la *thesis* n'est pas identique avec la longue, que très-souvent
son énergie tient lieu de longueur à la brève, qu'elle peut déprimer jusqu'au rang d'une brève une longue douteuse (par exemple :
ποιεῖν, δείλαιος [1]), sans cependant que ni la brève ni la longue changent véritablement leur nature ; car sans cela on ne dirait pas,
on ne sentirait pas, que la *thesis* violente le mètre ; il reste
à dire que la *thesis* est un certain effort, ou coup de la voix, qui
ne tient ni à la durée des syllabes, ni à l'élévation des sons, et qui
est en poésie, ce que l'accent oratoire est en prose, la partie lumi-
neuse du vers ou du discours.

ACCENT SYLLABIQUE.

Sa nature primitive.

§ 16. Cet accent étant essentiellement différent de la
quantité prosodique qui consiste dans la durée, de l'accent pathétique qui est une certaine modulation, de l'accent oratoire qui est un effort, un appui ou un coup de
la voix, et de la *thesis*, qui est ce même effort, mais portant seulement sur une syllabe, au lieu de porter sur le
mot entier : il ne peut plus lui rester d'autre caractère
que l'élévation et la chute de la voix, c'est-à-dire l'élé-

---

[1] Spitzner, *Griechische Prosodik*, p. 6, 7.

ment musical [1]. C'est ici, cependaut, qu'il faut établir
une distinction; les rapports de cet accent et de la
quantité prosodique ayant changé dans le cours des
siècles, la nature *matérielle* de l'accent a dû en être
gravement affectée, et quoiqu'on puisse dire que toute
accentuation, même la nôtre, tombe dans le domaine
de la musique, et, à ce titre, pourrait être notée; il
n'en est pas moins vrai que celle des Grecs est plus
particulièrement musicale. Il ne faudrait pourtant pas
tomber dans l'excès contraire, et s'imaginer que le
langage des Grecs était un chant perpétuel, semblable ou à peu près au récitatif de nos opéras. Aristoxène et Denys d'Halicarnasse, après lui, nous disent
que le discours et la musique ont les mêmes éléments
pour base, mais que celle-ci se sert d'un nombre infiniment plus grand de sons, que celui-là [2]. Si le fameux
passage de ce dernier s'applique en effet aux notes de
l'accent syllabique (διαλέκτου μέλος), celui-ci aurait pu
monter jusqu'à la hauteur d'une *quinte,* hauteur à
laquelle, certes, n'atteint plus notre accentuation actuelle. Que si l'on objecte que le degré du son ne peut
pas être déterminé par le nombre de syllabes qui séparent l'accent de la fin du mot, comme cela a lieu en
grec, nous répondrons, que telle n'a pas été la nature
primitive de l'accent, que dans l'origine, il obéissait
surtout aux lois de la pensée logique. Son but, son essence étant surtout d'exprimer l'unité d'une idée, on
pourrait appeler, et on l'a fait, *thesis logique* la syllabe accentuée et celles qui la précèdent, et *arsis logique*
celles qui la suivent [3]. Mais cette *arsis* et cette *thesis* ne

---

[1] Ceci est prouvé surtout par l'étymologie du mot *accentus* (*ac-
cinere*) et le terme grec προςῳδία.

[2] Denys d'Halic., Περὶ συνθ., cap. ii. Aristoxène, *loco citato.*

[3] Priscien, *De accentibus,* edit. Basil.; 1545, p. 836.

doivent pas être confondues avec l'*arsis* et la *thesis* véritables, erreur qui paraît avoir été commise par les illustres philologues Bœckh [1] et Hermann, qui prétendent que les accents grecs dans les mots polysyllabiques ne marquent que la dernière *thesis*, et qu'il y avait d'autres *thesis* et autant d'autres accents qui ne se marquaient pas. Il s'ensuivrait nécessairement que des monosyllabes seraient tantôt *in thesi*, tantôt *in arsi* (l'*arsis* et la *thesis* étant corrélatives, et une seule syllabe ne pouvant jamais constituer ni l'une ni l'autre). Lorsqu'ils seraient *in arsi*, ils devraient perdre l'accent : or, cela est impossible, car il faut que chaque mot ait son accent, comme signe d'une idée. Les enclitiques même *rejettent* leur accent, mais n'en sont pas dépourvues. Cependant il y a *thesis* et *arsis* dans les idées, comme dans les mots, certains mots ayant une grande valeur, d'autres en ayant moins. Mais c'est là l'accent oratoire, et non pas celui dont nous parlons. En outre, admettre des accents secondaires à côté de l'accent principal, de l'*accent aigu*, dans le même mot, paraît non-seulement contraire au témoignage formel de Cicéron, de Quintilien, de Denys, et des grammairiens, mais impossible aussi à cause de la constitution du mot primitif. Dans celui-ci, l'élément de la quantité prédominait, et l'accent, comme principe d'unité a dû s'y faire sentir faiblement. Il n'est pas vraisemblable non plus qu'il ait pu se montrer sur plusieurs points à la fois. S'il en eût été ainsi, aurait-il échappé à la subtilité minutieuse des anciens grammairiens ? Certes, des mots comme : *Missverstaéndnisse* (malentendus), *Lobgesáng* (hymne), etc., n'existaient pas dans ces âges si éloignés de nous. C'est une quantité particulière surtout au génie des langues

---

[1] *Cours de métrique*, 1836.

teutoniques modernes, de classer dans les mots composés les idées d'après leur valeur respective, et de
leur donner un accent en rapport avec cette valeur.
Quelle règle, du reste, trouver, pour déterminer la
place de ces accents secondaires dans des mots tels
que : Ἀλκιβιάδης, καταστρατοπεδευσάμενος ? Frappera-t-il
les syllabes longues, et faut-il supposer que ces syllabes
ont été prononcées avec une certaine élévation de la
voix? Mais qui ne voit qu'alors les brèves, prises entre
les deux accents, auraient été bien vite éliminées?
L'accent affectera-t-il les brèves comme les longues?
mais de ce grand nombre de longues, de brèves, de
syllabes accentuées, qui se croisent et se combattent,
auxquelles en poésie il faudrait encore ajouter la *thesis*
métrique, ne sortirait-il pas la confusion la plus
étrange? Il est évident que, dans cette théorie, on a
été induit en erreur par les syllabes fortes, faibles et
moyennes (*betonte, tonlose, mitteltonige Sylben*) de
la langue allemande [1], tandis que le passage de Priscien,
qui admet dans les mots polysyllabiques une seule *arsis*
et une seule *thesis*, nous conduit à celle qui peut expliquer les faits les plus complexes de l'accentuation ancienne. Dans la partie du mot, qui est *in thesi*, c'est-à-
dire dans celle qui précède l'accent, la voix s'élève; dans
celle qui le suit, elle redescend graduellement. Ce qui
vient à l'appui de ce que nous avançons, est qu'en
sanscrit, la syllabe qui suit la syllabe accentuée reçoit le
circonflexe musical [2], qu'il ne faut pas confondre avec le

---

[1] Grimm, *Deutsche Grammatik*, I, p. 50.

[2] Böthlink, *Ueber den Accent im Sanscrit;* Petersb., 1843,
§§ 70, 71, 72. Pânini, lib. VIII. — Il paraîtrait, d'après Böthlink, qu'ils notaient souvent toutes les syllabes qui suivaient la syllabe accentuée. Dans cette circonstance, ils donnaient le circonflexe
à la première syllabe, sur laquelle la voix commençait à descendre,
et l'accent grave à la seconde. Mais si la voix devait descendre au-

circonflexe logique, comme l'ont fait les grammairiens hindous. Les syllabes qui suivent celle qui est surmontée d'un circonflexe, se prononcent encore plus bas [1], il y en a même qui se prononcent plus bas que l'*accent grave*.

L'assertion, que l'accent aigu (ὀξύς, *acutus*), allonge la syllabe qu'il frappe, perd toute valeur dès que sa nature purement musicale est démontrée. On peut même dire que cet accent, comme l'indique son nom, avait quelque chose de très-rapide, pénétrant et incisif, qui devait plutôt faire paraître la syllabe frappée plus brève [2].

Si l'on veut savoir quelle place occupe dans une langue l'accentuation, on n'a qu'à observer le développement de la quantité. Si donc, en sanscrit, nous trouvons que $\bar{a}$, $\bar{\imath}$, $\bar{u}$ longs ont leur signe particulier et distinct de $\breve{a}$, $\breve{\imath}$, $\breve{u}$ brefs, que *e*, *o* nous sont désignés comme étant toujours longs; si en grec nous ne rencontrons plus que deux voyelles ε, et ο, qui distinguent la longueur de la brièveté (η et ω), tandis que α, ι, υ sont regardés comme douteux : si en latin, toute distinction extérieure entre les voyelles longues et brèves disparaît, nous en conclurons hardiment, que les nuances les plus délicates de la quantité sont encore observées en sanscrit, que cette sensibilité de la langue a déjà souffert en grec des atteintes du principe virtuel, et qu'en latin les deux principes se font équilibre. Voici donc la marche de l'accentuation toute tracée : il importe seulement de savoir, comment, partie de si faibles commencements, elle a pu arriver de progrès en progrès à dominer le système grammatical de tant de langues [3].

---

dessous de l'accent grave sur une troisième syllabe, ils ne marquaient plus cette dernière nuance.

[1] Böthlink, *Ueber den Accent im Sanscrit;* § 72.

[2] Foster, *An essay on accent and quantity*, avec le témoignage concordant des anciens sur le mot ὀξύς, p. 145-147.

[3] Grimm, I, p. 594.

CHAPITRE III.

ACCENTUATION SANSCRITE.

Place de l'accent en sanscrit.

§ 17. Comme l'élément virtuel et la quantité sont originairement deux principes entièrement distincts l'un de l'autre, l'accent, signe de ce qu'il y a de plus insaisissable dans la pensée, a dû être aussi entièrement indépendant des valeurs prosodiques. C'est ce qu'un savant célèbre [1] avait déjà supposé depuis long-temps, et ce que les faits sont venus maintenant confirmer. En sanscrit l'accent a une signification purement logique [2], et il porte sur toute syllabe que la pensée veut mettre en évidence et faire ressortir du reste du mot, *quelle que soit sa distance du commencement ou de la fin de celui-ci.*

Le sanscrit a, comme le grec, trois accents, qu'il nomme et qu'il marque autrement, mais qui ont une valeur semblable [3]. L'accent aigu se trouve assez souvent sur la sixième ou même la huitième à partir de la fin, par exemple *gángárisaptasama*, le circonflexe sur l'antépénultième, même quand les deux dernières sont longues, par exemple *sauwîjādhām.* Le vocatif a l'ac-

---

[1] Wilhelm v. Humboldt, *Einleitung zur Kawisprache*, § 16, p. 176.

[2] Non pas dans le sens que M. Becker attribue à cette expression, qui, chez lui, implique prédominance de la racine sur les autres parties du mot, (*Ausführliche deutsche Grammat.*, I, § 17-21,) et que nous avons adopté nous-mêmes pour une accentuation en partie opposée à l'accentuation sanscrite.

[3] Le nom de l'accent aigu est *udătta*, son signe ⊤ (la lettre *u*, la première de *udātta*); celui de l'accent grave *anădatta*, son signe une ligne verticale au-dessous de la voyelle qui en est affectée; celui du circonflexe *swarita*, qu'on marque par un trait perpendiculaire au-dessus. Bōthlink, *Ueber den Acc. im Sanscrit;* § 1 sqq

cent régulièrement sur la première syllabe du mot,
quelle que soit la longueur de celui-ci [1]. Toutes les
formes du verbe qui sont composées avec l'augment ou
avec une préposition, ont l'accent sur l'augment et
sur la préposition, par exemple *ábhōdam*, *ác'ikchip
sacham*, *prákaṛōti*, etc. Dans des verbes composés avec
des prépositions, l'allemand et le lithuanien [2] lui ont
conservé cette place antique, par exemple *Vórsichtig-
keit*, lithuanien *pásakoti*, *pérsimainyti*, etc. Mais d'un
autre côté, dans les déclinaisons, conjugaisons, et dans
les dérivés, l'accent porte aussi souvent sur les désinences que sur la racine [3].

Principe du dernier déterminant.

§ 18. Comme la quantité ne détermine en rien (dans le
sanscrit au moins) la place de l'accent, il devient ur-
gent de chercher une règle qui puisse nous guider à
travers le labyrinthe d'oxytons, de paroxytons, de proparoxytons, etc., etc., d'une langue où l'immense variété des formes paraît laisser beaucoup à l'arbitraire.
Les premiers hommes, en combinant leurs premiers
mots, paraissent avoir élevé leur voix sur la partie,
sur l'idée qui frappait leur esprit en dernier lieu ; ainsi,
dans les formes augmentées du verbe c'était l'augment,
dans les formes composées avec des prépositions c'était
la préposition qui devait attirer l'accent. *Bhódāmi* (je
sais) suivant l'opinion de M. Burnouf, aura l'accent
sur l'*o*, parce que cette voyelle est le *guna* de l'*u*, et
que le *guna* paraît la dernière modification que le mot
a subie ; tandis que *tutámi* (je tourmente), est accentué
sur *a*, c'est-à-dire sur la pénultième, parce que cette

---

[1] Böthlink, *Ueber den Accent im Sanscrit ;* § 9, *ib.*

[2] Mielcke (Chr. Gottl.), *Lithauische Sprachlehre ;* Königsberg,
1800, p. 14.

[3] Böthlink, *Ueber den Accent im Sanscrit ;* § 5.

voyelle paraît avoir été le dernier élément dans la formation naturelle du mot ($\sqrt{}$ *tut*). Mais l'application de cette règle sera-t-elle encore possible dans les désinences des substantifs et des verbes, et l'attention des hommes du premier temps s'est-elle portée de préférence sur la racine qui renferme l'idée principale ou sur les désinences qu'on peut regarder comme ses derniers déterminants? S'il y a eu ici de bonne heure des hésitations et des incertitudes dans la langue, il faut attribuer cette circonstance à l'unité plus intime que la racine est appelée à former avec les *suffixes* qu'avec les *préfixes*, et que par conséquent le dernier déterminant, c'est-à-dire la désinence y est plus effacée. Aussi les syllabes qui suivent le *frappé* (*Tactsylbe*) seront-elles soumises plus tard à une règle métrique très-rigoureuse, tandis que celles qui le précèdent pourront être indifféremment longues ou brèves[1].

Suivant que l'unité est plus ou moins intime, elle s'exprime par des moyens phoniques différents. L'unité la moins forte que nous rencontrions est celle des mots *composés;* aussi leurs parties s'adaptent-elles les unes aux autres d'après les mêmes lois qui modifient la fin et le commencement des mots *séparés*[2]. Ils gardent aussi quelquefois leur double accentuation, surtout quand ils appartiennent à la classe des *dwandwa*[3], et particulièrement quand plusieurs noms de dieux se joignent ensemble. C'est ainsi que le mot *indrawrihaspáti* a trois accents[4]. Certains infinitifs du dialecte des

---

[1] Humboldt, *Einleitung zur Kawisprache*, § 14, p. 142.

[2] Humboldt, *ibid.*, p. 155, 156.

[3] Ces composés ne forment qu'un aggrégat de deux mots coordonnés. Par exemple : *matapitarau*, mère et père (Bopp, *Krit. Gramm. d. Sanskritaspr*, p. 335).

[4] Böthlink, *Ueber den Accent im Sanscrit;* § 1.

Vedas sont dans le même cas, par exemple *kártawai* (*facere*), *hártawai* (*prehendere*). Les prépositions, en se joignant à leurs verbes, suivent la loi des composés en général.

Nous entrons maintenant dans la série des mots qui ne sont plus, à proprement parler, des composés, et où le principe du dernier déterminant peut être plus aisément méconnu. Distinguons entre ces mots trois classes, suivant les degrés mêmes de l'unité de leurs éléments : 1° ceux qui sont formés avec les suffixes *taddhita*, c'est-à-dire des désinences attachées à des mots qui existent déjà dans la langue ; 2° les mots *kridanta*, qui sont formés par des suffixes agglutinés à des racines, c'est-à-dire à des mots qui ne font pas encore partie de la langue parlée ; 3" les formes grammaticales du verbe et du substantif. Dans ces trois classes de mots les éléments s'adaptent les uns aux autres, d'après les règles qui modifient les consonnes et les voyelles à *l'intérieur* des mots, tout au contraire de ce que nous venons de voir pour les mots composés.

Un autre signe visible de leur unité est le *guna*, et sa seconde puissance le *wriddhi* (voyez plus haut) ; aussi ne manquent-ils pas d'attirer l'accent sur eux, et ceci nous explique pourquoi les terminaisons faibles des verbes ne sont jamais accentuées. Il n'en est pas de même de la plupart de celles qui ont un poids trop considérable pour provoquer un *guna* dans la racine. Un très-grand nombre de verbes accentuent ces dernières ; seulement cet accent porte sur la pénultième quand la terminaison a deux syllabes. Mais dans la majorité des verbes le principe logique, proprement dit (voyez notre note, page 44), l'a emporté, et les désinences y sont, comme dans le verbe en grec, dépourvues d'accentuation [1].

---

[1] Ces verbes sont ceux qui ne se conjuguent qu'à l'*atmanepa-*

En revanche, la plupart des participes (classe n° 2),
même ceux du présent en *ant* (gr. -ων) et en *mana*
(-μενος) sont oxytons. C'est qu'en effet la langue
comprend que ce sont les désinences de ces participes qui modifient profondément le sens de la racine,
comme elle sent aussi, de l'autre côté, que dans les comparatifs et les superlatifs la valeur logique proprement
dite de l'adjectif n'est pas changée, et qu'il faut conserver l'accent sur la même syllabe où le positif l'avait,
par exemple *kriwnás, kriwnátaras, kriwnátamas* [1].
De tels mots ne sont oxytons que lorsque leur signification a changé, et que la langue a oublié qu'ils
étaient anciennement des degrés de comparaison, par
exemple *ēkatará* (ἑκάτερος), *ēkatamá, uttamá*, etc.

Quant aux substantifs, il va sans dire qu'à la longue
l'accent a fini par se fixer sur la racine et qu'alors il y
reste à tous les cas et dans tous les nombres. Mais dans
les monosyllabes et polysyllabes oxytons, l'accent ne
s'est porté sur le radical que dans les cas forts (selon
nous *cas faibles*), et il est resté sur la terminaison dans
les cas faibles qui commencent par une voyelle (selon

---

dam (*moyen*), et ceux qui, se terminant par une consonne, sont
marqués à la fin par un *a* dans le *Dhatupatha*. L'autre classe, qui
est la moins nombreuse, comprend tous les autres verbes. Böthlink,
§ 32, Westergaard, *Radices sanscriticæ*, Kopenhagen. On voit
que le plus grand arbitraire a présidé à cette marche de la langue,
qui tendait de plus en plus à ôter aux désinences toute signification. — La terminaison de la troisième pers. plur. parf. *atmanepadam* (*moyen*), *iré*, a toujours l'accent sur la dernière à cause de
la force virtuelle qu'a conservée cette forme mutilée. Böthlink,
§ 35.

[1] Les terminaisons *ijans* et *ichta* (ιων, ιστος) du comparatif et du
superlatif, qui sont paroxytons, paraissent avoir eu primitivement
une signification indépendante trop forte pour qu'ils aient pu rejeter leur accent sur l'adjectif.

nous *cas forts*)[1]. Les oxytons paraissent donc avoir
conservé plus longtemps la règle primitive, non-seulement au nominatif, qui se rapproche le plus du thème,
mais encore dans ceux des cas qui suppléent à l'exiguité
de leur forme par l'énergie virtuelle de leur signification[2]. Le thème *mati* (μῆτις, *mens*) nous servira
d'exemple.

	SINGULIER.		PLURIEL.		DUEL.
Nom.	*matis.*	Nom.	*matájas.*	Nom. acc.	*matī .*
Voc.	*máte.*	Voc.	*mátajas.*	Voc.	*mátī.*
Acc.	*matim.*	Acc.	*matis.*	I. dat. abl.	*matíbhjām.*
Instr.	*matjá.*	Inst.	*matíbhis.*	Gén. loc.	*matjŭ's.*
Dat.	*matjé, matjaí.*	Dat. abl.	*matíbhjas.*		
Abl. gén.	*matés, matjás.*	Gén.	*matínām.*		
Loc.	*mataí, matjám.*	Loc.	*matíchou.*		

Les monosyllabes ne gardent l'accent sur le radical
que dans les cas forts[3], par exemple thème, *wac'* (*vox*) :

	SINGULIER.		PLURIEL.		DUEL.
Nom voc.	*wā'k.*	Nom. voc.	*wā'c'as.*	Nom. voc.	*wā'c'aï.*
Acc.	*wā'c'am.*	Acc.		Acc.	
Instr.	*wāc'á.*	Instr.	*wāgbhís.*	Instr.	*wāgbhjám.*
Dat.	*wāc'é.*	Dat. abl.	*wāgbhjás.*	Dat. abl.	
Abl. gén.	*wāc'ás.*	Gén.	*wāc'ám.*	Gén.	*wāc'ós.*
Loc.	*wāc'í.*	Loc.	*wākchoú.*	Loc.	

Mais ici comme ailleurs les incertitudes ne manquent
pas. Dans *nar* (ἀνήρ, *vir*) les terminaisons qui commencent par *bh* ou *s* peuvent être ou ne pas être accentuées[4]. De même dans un oxyton composé de plusieurs
mots, faiblement liés ensemble, l'accent peut être
placé aussi bien sur la syllabe radicale que sur la
terminaison ; on dira *paramawā'c'a* ou *paramawāc'á*,

---

[1] Böthlink, §§ 8, 9 sqq.

[2] *Ibid.*, § 11.

[3] *Ibid.*, § 13.

[4] *Ibid.*, p. 9.

paramawā́c'c, ou *paramawāc'é*. Il paraît que la force virtuelle des *cas forts* (selon Bopp *cas faibles*) ne suffit plus pour résister à celle de la racine doublée du poids que lui donne le premier membre du mot.

Il est donc vraisemblable qu'à l'origine l'accentuation était plutôt ascendante à cause de cette disposition des hommes primitifs à être frappés de la dernière sensation. Le principe du dernier déterminant prédominait partout, même dans les mots composés qui, par leur nature, devaient souvent admettre l'accentuation descendante. Cette dernière ne put acquérir de la force dans les mots primitifs que par la comparaison des différentes idées qui y entraient.

Origine du circonflexe.

§ 19. Le circonflexe *svarita* (περισπωμένη), est bien, si l'on veut, une combinaison de l'accent aigu qui précède, et de l'accent grave qui suit; mais dans cette combinaison chacun des éléments s'est modifié. Car supposer, comme l'a fait Scoppa [1], d'accord avec Duclos, que le circonflexe, après être monté d'une quinte, redescende d'une autre quinte sur la même syllabe, ne paraît conciliable, ni avec le temps qu'on pouvait mettre à prononcer une voyelle même longue, ni avec les autres conditions de l'accentuation ancienne. Cette assertion serait encore admissible pour le cas où le circonflexe tomberait sur la dernière syllabe du mot; mais si c'est la pénultième, ou comme cela pourrait être en sanscrit, l'antépénultième, etc., de quel son prononcerait-on ces syllabes qui suivent le frappé, si la voix est déjà descendue autant qu'elle était montée? Cette seule circonstance que l'accent aigu, en grec, peut avoir deux syllabes après lui, tandis que le circonflexe n'en supporte plus

---

[1] Scoppa, *Des vrais principes de la versification*, I, p. 122.

qu'une seule [1], nous prouve que le circonflexe diffère de l'aigu, non-seulement par le son, mais encore par le temps, et qu'en dehors de la question purement musicale, il y a une question de quantité prosodique. Ce qui parait sûr, c'est que le circonflexe n'est pas primitif [2], d'abord parce que la syllabe longue, le *sine qua non* de son existence, ne l'est pas; puis parce que là, même, où les lois de l'accentuation et de la quantité réunies paraissent exiger le circonflexe, la langue a souvent préféré l'accent aigu, par exemple ναίχι, ἐπείπερ, ὥςτε, sanscrit *wā c'as*. On objectera que si ces mots étaient vraiment composés, ils devraient certainement avoir le circonflexe; mais qu'ils ne le sont pas encore, qu'ils sont seulement près de le devenir, et que le premier mot garde son accent fortifié par celui de l'enclitique. Nous répondrons que tous les mots de la langue se sont formés de la même manière, et que les désinences, même des substantifs et des verbes, avant de devenir désinences, ont dû être enclitiques; que nos exemples, loin de marquer une déviation de la règle, en sont au contraire (comme le mot *wā c'as*) les preuves les plus sûres. Si plus tard, dans l'intérêt de l'unité du mot, et par un certain laisser aller de la prononciation, l'usage s'est établi de donner un circonflexe à chaque pénultième longue, suivie d'une brève, il faut attribuer cette circonstance à l'analogie des cas, où la contraction de deux voyelles a amené le circonflexe régulièrement, et avec une certaine nécessité. Il paraissait en même temps avantageux, pour le rhythme, de laisser tomber la voix

---

[1] La même chose a lieu dans la langue lithuanienne, qui conserve encore plus d'une trace de quantité prosodique. Mielcke, p. 9.

[2] MM. Egger et Galusky, dans leur *Traité d'accentuation grecque*, ont les premiers avancé cette vérité. Nous sommes heureux de nous rencontrer avec eux.

déjà sur la syllabe longue, de peur qu'en ne le faisant
pas la chute ne parût trop brusque, d'autant plus que
la voix, après le frappé, aime à descendre sur deux
syllabes. Dans des mots pyrrhiques, il y a au moins égalité entre la syllabe *in arsi* et la syllabe *in thesi*; mais
lorsque le frappé tombe sur une longue, et que quantité à la fois et accentuation écrasent la syllabe *in arsi*,
il a bien fallu, avec le temps, marquer l'inégalité de
ces rapports d'une manière particulière. Ce n'était donc
véritablement que la contraction de deux voyelles,
dont la première était accentuée, qui a provoqué le
circonflexe. Aussi, lorsque la langue ne se rappelle
plus le fait de la contraction, elle supprimera le circonflexe, si elle peut; on n'a qu'à comparer γελοῖος et ἑτοῖμος avec les formes plus récentes γέλοιος et ἕτοιμος. Pourquoi les Grecs faisaient-ils φώς (homme) oxyton, et φῶς
(lumière) périspomène? C'est qu'ils se souvenaient parfai
tement que ce dernier était contracté de φάος; mais s'ils
se doutaient du rapport qu'il y avait entre φώς et φύω,
ils ne pouvaient guère sentir que φώς était aussi une contraction (cp. *bhavvat* participe présent de *bhavvāmi*, φύω,
je suis), et signifiait proprement *ens, celui qui est*[1].

En *sanscrit* le circonflexe a une triple origine[2]. Il
y naît de la fusion de deux voyelles, dont l'une termine
et l'autre commence un mot, si la première se prononçait avec l'accent aigu et la seconde avec l'accent
grave; mais ici le circonflexe n'était pas nécessaire, et
l'accent aigu pouvait rester. Le circonflexe est nécessaire dans le second cas, lorsqu'un $\bar{e}$ ou un $\bar{o}$, surmonté
de l'accent aigu, termine le mot, et qu'un *a* surmonté
de l'accent grave a été élidé au commencement du mot
suivant. Il se trouve enfin sur une voyelle, originaire-

[1] Benfey, *Griechisches Wurzellexikon*, II, p. 105.
[2] Böthlink, p. 2, § 4.

ment dépourvue d'accent, quand elle est précédée de *i*, *ī*, *u*, *ū* accentués, et que ces voyelles se changent en leurs demi-voyelles (*j*, *w*) respectives. Il en résulte que le circonflexe se trouve ici très souvent sur une syllabe brève, ce qui nous paraîtrait contraire à sa nature si l'on ne pouvait pas admettre que la langue a voulu regagner une syllabe perdue en élevant moins la voix, mais en l'arrêtant davantage sur le *concrétif*[1]. Car des formes telles que *wilwã*, *kartawjã* (*faciendum*) *manouchjã* ont dû leur naissance à *wiloúa*, *kartawia*, *manouchia*, quoiqu'elles ne se trouvent plus dans la langue sanscrite à l'état de non-contraction.

Si dans la flexion des mots une voyelle accentuée se joint à une qui ne le soit pas, et que de la fusion résulte une syllabe longue ou une diphthongue, celle-ci reçoit l'accent du membre accentué, par exemple *krită's* (*factus*), *kritē'*, *kritā's; manouchjās, manouchjē̃, manouchjās*[2]. De ceci, et de ce qui précède, il résulte clairement, à ce qu'il nous semble, que si en grec le circonflexe repose sur la contraction, le sanscrit ne s'en sert habituellement que pour marquer l'addition de deux voyelles que la langue n'a pas encore réussi à fondre en un seul son. L'effort qu'elle fait pour y parvenir empêche la voix de s'élever à la hauteur de l'accent aigu en la forçant de s'étendre davantage dans le temps. On voit que pour le sanscrit le circonflexe est, pour ainsi dire, un accent bâtard, un pis-aller, auquel il n'a recours qu'à la dernière extrémité pour éviter l'hiatus qu'il redoute tant. On nous opposera sans doute la règle des grammairiens hindous, d'après laquelle le circonflexe se place sur toute syllabe qui suit une syl-

---

[1] Bergmann, *Sur la quantité prosodique*, p. 13, qui distingue les *concrétifs* (*iá*, *ií*, *uá*, *uí*) des véritables diphthongues (*ái*, *au* et leurs dérivés).

[2] Böthlink, § 6 sqq.

labe surmontée d'un accent aigu [1]; mais il est évident qu'il ne peut être question ici d'un véritable circonflexe, mais seulement de l'élévation de la voix dans la syllabe qui suit le frappé. Car la voix, comme nous avons vu plus haut, descend graduellement après être montée de même, et les grammairiens, qui méconnaissaient cette loi, ont confondu le circonflexe réel avec le son du circonflexe qui devait se trouver dans tous les mots marqués d'un accent aigu, pourvu qu'ils ne fussent pas oxytons. Il reste donc prouvé que le circonflexe est une élévation de la voix moindre que celle de l'accent aigu, mais qui surpasse ce dernier par la durée; on pourrait dire qu'il est moins haut et plus large, qu'il a perdu quelque chose de son énergie, et pour ainsi dire, de *sa noblesse*, mais qu'il s'est fortifié matériellement. Il y a en lui déjà un nouvel élément, celui de la quantité; aussi terminerons-nous ce paragraphe en disant que le circonflexe est une première défaite de l'accentuation, que la quantité domine en la protégeant; car si l'accentuation change facilement, les circonflexes restent presque toujours immobiles.

Accent grave.

§ 20. Une question, qui se présente naturellement à l'esprit, est de savoir comment le sanscrit, si jaloux de faire régner l'euphonie la plus douce et la plus suave, non-seulement dans les rapports des lettres aux lettres, mais encore des mots aux mots, a pu permettre à ses oxytons de garder leur accent intact, tandis que le grec, pour rendre le langage plus coulant et pour faciliter le passage d'un mot à l'autre, adoucit, dans ce cas, ce qu'il y aurait de trop roide et pour ainsi dire de trop indépendant dans l'accent aigu : puisque toute accentuation n'est qu'une alternative perpétuelle d'élévation et de

---

[1] Bothlink, § 70.

chutes de la voix, faire précéder le mouvement ascendant d'un mot[1] par un accent aigu, ce serait placer une
élévation de la voix à côté d'une autre, *arrythmie* cho-
quante et pénible par le violent effort qu'elle rend nécessaire. Comment se fait-il donc que le sanscrit n'ait
pas jugé utile une semblable modification? Le savoir et
la subtilité habituelle des grammairiens seraient-ils ici en
défaut? Peut-être; mais il y a un autre motif à alléguer;
nous voulons parler de l'extrême faiblesse du principe
de l'accentuation en sanscrit; ceci fera le sujet du chapitre suivant.

Faiblesse et flexibilité de l'accentuation sanscrite.

§ 21. Trois raisons nous prouvent combien l'accentuation sanscrite est faible encore : 1° la faculté d'accentuer
toute syllabe, quelque éloignée qu'elle soit de la fin
du mot; 2° la possibilité d'accentuer les mêmes formes
d'une manière différente, sans que le sens en soit toujours affecté; enfin, 3° la confusion perpétuelle de
l'accentuation syllabique avec l'accent oratoire et musical. Il est impossible que l'accent aigu placé sur la
sixième ou la septième syllabe à commencer par
la fin du mot, ait assez de force pour agir sur
toutes, et s'il avait assez d'énergie, pour qu'il pût
le faire, il paraît impossible que la partie matérielle du
du mot n'en reçoive pas quelque grave atteinte. Il est
vrai qu'en sanscrit, les terminaisons des temps qui ont
l'augment sont plus faibles que les formes des temps
qui en sont dépourvus; mais cet affaiblissement est le
résultat d'une loi de compensation matérielle, et non
pas de l'accentuation. Le mot, pour s'arrondir, pour
devenir plus un, s'efforce de retrancher presque autant
de la fin qu'il avait ajouté au commencement. Il n'est

---

[1] La partie du mot qui précède la syllabe accentuée.

donc pas probable que l'accent qui portait sur l'augment *a* ait beaucoup agi sur le reste du mot. Nous en avons pour preuve ce que Scoppa [1] nous dit des mots *tronchi* (oxytons), par exemple : *farò*, je ferai ; *piani* (parox.), par exemple : *l'uomo*, l'homme ; et *sdruccioli* (proparox.), par exemple : *uòmini*, hommes, dans la langue italienne. Les mots *tronchi*, suivant lui, ont plus d'accent que les mots *piani ;* les *piani*, à leur tour, sont moins faibles que les *sdruccioli ;* enfin, dans les mots où le frappé est suivi de cinq ou six syllabes, comme dans les mots *abbéverinsene, pórgamivisene,* ce même accent disparait presque entièrement [2].

L'accent, on le sait, n'a pas encore acquis une bien grande fermeté en grec, mais sa place est bien plus incertaine et bien plus flottante en sanscrit. Comme en grec, la syllabe accentuée peut être élidée, et comme en grec l'accent passe alors sur la syllabe suivante ; par exemple, *kartár (factor)*, *kartré*, *kartréchou*, *tudánti* formé de *tudá + anti*, en grec, πατήρ, πατρός (πατέρος), πατρί (πατέρι), etc. ; mais il y a de plus grandes incertitudes en sanscrit ; nous en citerons quelques exemples :

1° Les oxytons terminés en *a, i, u* et *ar* (gr. ηρ, ωρ ; lat. *or, tor*) peuvent avoir au génitif pluriel l'accent sur la désinence ; par conséquent on peut dire *agnínam* et *agninám* (*ignium*), *kartrínam* et *kartrinám* (*factorum*) [3].

2° La terminaison de la troisième personne pluriel présent, imparfait et prétérit actif dans les verbes *an, swap* et *s'was* peut

---

[1] Scoppa, *Les vrais principes de la versification*, I , p. 99, rem. 1. Caninius, dans Foster, p. 154.

[2] Cet accent italien diffère par sa nature de l'accent sanscrit ; mais comme tout accent marque une espèce de *thesis*, et que cette *thesis* a d'autant plus de force, que le principe de la quantité a perdu de la sienne, ce qui peut se dire du plus fort doit nécessairement trouver son application dans le plus faible.

[3] Böthlink, § 10.

avoir l'accent, et en *hins*, elle peut ne pas l'avoir ; on dit, par conséquent, indifféremment *hinsánti* et *hinsanti*[1].

3° Les verbes de la seconde classe peuvent avoir l'accent , dans l'aoriste de la première formation , sur la désinence ou sur la racine, par exemple : *kárchtăm* ou *karchtă'm*[2].

4° Quelques verbes de la première classe[3] peuvent avoir au passif l'accent sur la caractéristique du passif même (la syllabe *ja* , *ire*, cp. *amatum iri*) ou sur la syllabe radicale[4].

5° La deuxième personne singulier parfait *parasmaipadam* (actif), peut avoir l'accent, si elle s'ajoute à la racine , à l'aide de la voyelle formative *i*. Mais dans ce cas il peut se placer aussi indifféremment sur la voyelle formative, sur la voyelle radicale, ou sur la voyelle du redoublement, par exemple : *lulawithá, lulawítha, luláwitha, lúlawitha*[5].

6° Si la terminaison qui marque la personne, ne consiste que dans une consonne, si elle a été entièrement retranchée, ou qu'elle soit privée d'accent, ce dernier se porte sur la syllabe précédente qui marque soit le genre , soit le temps et le mode du verbe, ou sur la voyelle radicale , si la désinence se joint immédiatement, ou par le moyen de la voyelle formative *i* (*ī*) à la racine[6].

7° Les participes fut. pass., terminés en *tawja* (τέος) sont paroxytons ou périspomènes; par exemple : *kartáwja* ou *kartawjă*. Ceux en *ja* sont en partie paroxytons, en partie périspomènes[7].

8° Les gérondifs en *am* sont accentués ou sur la syllabe radicale ou sur l'antépénultième , par exemple : *lólujam* ou *lolújam*

Qu'on nous permette maintenant de citer quelques exemples où les grammairiens hindous et leur commentateur, M. Böthlink, nous paraissent avoir confondu l'accent oratoire avec l'accent syllabique.

---

[1] Böthlink, § 32, rem. 3.

[2] Bötblink, *ibid.*, rem. 6.

[3] Les deux classes de verbes qu'on distingue ici, sont celles qui ont été mentionnées dans le chapitre sur le principe du dernier déterminant.

[4] Böthlink, § 32, rem. 7.

[5] *Ibid.*, except.

[6] *Ibid.*, § 35.

[7] *Ibid.*, § 43.

1° Un vocatif qui ne se trouve pas en tête d'une proposition ou d'un hémistiche, perd son accent. Un cas indirect qui se rapporte à un vocatif, et le précède, forme avec lui, pour ainsi dire, un seul mot, par exemple : *mándrānān rāg'an*, etc. Si ce vocatif, ainsi composé, se trouve rejeté dans l'intérieur ou à la fin de la proposition, il perd son accent comme le simple vocatif. Dans les *Vedas*, la règle subsiste même, si le cas indirect suit le vocatif[1].

2° Un mot qui est répété deux fois de suite, perd toujours son accent à la seconde fois ; par exemple : *grā'mō, grāmō*[2].

3° Un verbe non composé, qui ne se trouve pas au commencement d'une phrase ou d'un hémistiche, perd son accent ; par exemple : *dēwadattá pac'att*[3].

4° Si l'on veut faire ressortir l'idée que renferme le verbe, il garde son accent ; et s'il est composé avec une préposition, il le garde, même aux dépens de cette préposition. Mais si *kachtām*, et quelques autres adverbes qui expriment l'approbation ou l'éloge, précèdent, le verbe, même s'il est composé avec une préposition, perd toujours son accent[4].

Nous pourrions continuer encore cette énumération, mais nous nous arrêterons au dernier point cité, qui prouve la confusion et la faiblesse des deux espèces d'accents : de l'accent syllabique et de l'accent oratoire ; (car comment sans cela la préposition pourrait-elle perdre si facilement le sien?) Nous en concluons que le sanscrit était peu soucieux d'isoler, pour les faire ressortir davantage, les mots et les idées : ses nombreuses formes grammaticales y suffisaient naturellement. Il s'attachait plutôt à faire des différents membres de la phrase un tout homogène, par les liens de l'assimilation. Néanmoins cette langue n'aime pas beaucoup à compliquer et à entrelacer les mots et les phrases. Sa construction, au contraire, est simple sans être as-

---

[1] Böthlink, § 56.
[2] *Ibid.*, § 57.
[3] *Ibid.*, § 59.
[4] *Ibid.*, § 60.

treinte à l'immobilité gênante de nos langues modernes ; et même, quoique son accentuation syllabique
soit primitivement ascendante, il préfère souvent l'accentuation descendante dans l'ordre des idées. Des
exemples, cités plus haut, auxquels nous aurions pu
en joindre d'autres, démontrent que cette langue aime
à mettre le mot principal en tête de chaque phrase,
et que la voix baisse d'autant plus qu'elle s'approche
de la fin, jusqu'à ce qu'elle s'éteigne doucement sur la
dernière voyelle, qu'elle a l'habitude d'allonger [1].

Mais ce qui prouve d'une manière frappante le peu
d'énergie que l'accentuation possédait dans ces premiers
temps, c'est que dans le dialecte des *Vedas*, dans la
récitation de certaines prières et formules magiques,
subrahjanjāja, les règles ordinaires sont si peu res-
pectées, que le nominatif et le génitif singulier de tous
les substantifs, reçoivent l'accent sur la dernière,
tandis que le génitif singulier des thèmes terminés en *a*
peut être accentué en même temps sur la pénultième [2].
Très-souvent, on ne fait entendre aucune espèce d'accentuation dans les *Vedas*. Il n'y a qu'un très-petit
nombre de prières et de formules sacrées, où l'on distingue les trois accents ; une, entre autres, se récite ou

---

[1] Böthlink, § 68. — C'est donc une opinion erronée de la part de
M. Böthlink, que cette syllabe ainsi allongée soit la syllabe la
plus importante du mot le plus important de la phrase. Voy. Böthlink, § 66. — C'est une chose curieuse que le sanscrit, dans la formation de ses aoristes (*vielförmiges Augment-Präteritum*), ait préféré le mouvement trochaïque, qui le forçait d'abréger la voyelle
radicale, en allongeant la syllabe du redoublement, par exemple :
ac'īkalam ◡—◡◡ de *kal* (lancer), au mouvement ïambique, qui lui
permettait de ne faire de la syllabe du redoublement que ce qu'elle
était, une espèce d'*anacrousis*, par exemple, *adoudoūcham*, de *douch*
(*pécher*) ◡◡—◡. Wilh. de Humboldt, *Enleitung zur Kawisprache*,
p. 169, sqq. Ce fait vient à l'appui de notre assertion.

[2] Böthlink, p. 9.

sans accentuation, ou avec des accents notés plus haut encore que l'accent aigu. Dans le récitatif, *subrahmanjā,* on fait toujours entendre les accents, mais on y donne l'accent aigu aux syllabes, qui ailleurs sont marquées du circonflexe, et on y prononce *dewa, dieu,* et *brahman,* avec l'accent grave [1]. Qui ne voit que c'est ici un certain récitatif musical, qui fait concurrence à l'accent syllabique, tantôt en le remaniant, tantôt en l'effaçant tout à fait? C'est par une raison analogue que, lorsqu'on crie pour se faire entendre de loin, toutes les syllabes de la phrase sanscrite, excepté celle qui a été allongée (voir p. 59), se prononcent sans distinction des accents [2]. C'est probablement le diapason trop élevé de la voix qui ne permet pas à cette dernière de les distinguer.

L'enclise.

§ 22. Ce qui distingue l'enclise de l'accent oratoire, c'est que le mot affecté de ce dernier est tellement en lumière, que les mots qui l'entourent rentrent, pour ainsi dire dans l'ombre, et perdent toute espèce d'accent ou n'en gardent qu'un faible reflet. Le mot enclitique au contraire a un accent; mais, trop faible pour se maintenir indépendant à côté d'autres mots plus importants et par leur étendue et par leur valeur intrinsèque, il rejette son accent sur celui qui le précède et auquel il se rapporte le plus par la pensée; ou bien il s'y attache plus intimement, et tout en gardant sa valeur propre, il se réunit avec le mot principal matériellement, en déplaçant l'accent de ce dernier et en l'attirant vers lui. Plus le mot enclitique a de force, plus il réussira à rapprocher de lui l'accent. C'est ainsi qu'il peut arriver que la puissance de l'attraction soit assez grande

---

[1] *Ibid.,* § 74.
[2] *Ibid.,* § 73.

pour qu'il tombe sur l'enclitique même, par exemple
ἐπειδή, ὁπωςοῦν, et que le mouvement de l'enclise devienne en apparence un mouvement de proclise[1]. Mais
l'enclitique n'en gardera pas moins sa nature; car, ce
qui fait son caractère principal, c'est de ne pas pouvoir se trouver à la tête de la proposition. Il lui faut un
appui auquel elle s'attache, un maître qu'elle suive.
Dans l'accentuation oratoire les mots faibles ou effacés
peuvent se trouver partout, et plutôt au commencement qu'à la fin des propositions. L'enclise s'efforce
d'atteindre l'unité de deux idées dans un mot, l'accentuation oratoire, de plusieurs idées dans une phrase. Dans
celle-là l'attraction est plus entière, parce qu'elle agit
sur une matière plus flexible; elle dépossède d'une manière plus complète la partie attirée, quelquefois même
la partie qui attire, de son indépendance. L'accent oratoire arrive à des résultats moins précis, la dépendance
des mots n'étant sensible que dans l'ensemble de la
phrase. Dans l'une et dans l'autre les idées se pèsent,
pour ainsi dire, et se rangent. Dans l'accentuation
oratoire l'esprit est déjà plus dégagé, il plane sur la matière; la hiérarchie des idées, les différents degrés d'ombres et de lumières s'expriment par l'intensité de la
voix. L'enclise a un caractère plus matériel et partant
plus primitif; elle ne change rien que la place de l'accent qui, par sa nouvelle position, indique le rapprochement plus intime des deux idées. L'enclise est
propre aux langues anciennes et l'accent oratoire règne
surtout dans nos langues modernes. Mais de même que

---

[1] Dans notre système, il est nécessaire de supposer que, dans la
formation des mots primitifs, la plupart des terminaisons ont été des
enclitiques de cette espèce, qui se sont effacées graduellement pour
faire place à une unité plus intime du mot entier. L'immense nombre
d'oxytons en grec, qui, même parmi les substantifs, ont survécu
à l'influence de l'idée logique, paraît confirmer cette théorie.

ces dernières ne sont que leurs aînées, développées et spiritualisées, on peut dire que l'accent oratoire n'est que le résultat de l'enclise, qui a gagné de proche en proche et s'est appliquée à l'ensemble d'une phrase. En un mot l'enclise tient le milieu entre l'accent syllabique et l'accent oratoire, et forme la transition de l'un à l'autre.

Il y a en sanscrit un très-grand nombre de conjonctions et de particules qui sont enclitiques, et qui ne peuvent jamais se trouver au commencement d'une phrase[1]. Telles sont : *c'a* (*que*, gr. τέ) *e,va* (*comme*) *wa*, *ha*, *aha*, auxquelles il faut joindre les pronoms et pronominaux *sama, sima, ma, mē, naou, nas, twa, tē, wam, wās*. Tous, excepté *sama* et *sima*, sont des cas indirects des pronoms de la première et de la deuxième personne *ahám* (ἐγών) et *twam* (σύ, τύ)[*]. Quoiqu'enclitiques ils gardent cependant leur accent, lorsque, précédés des particules que nous venons de nommer, ils ressortent avec plus de force[2]. Ils le gardent aussi quand ils se rapportent à des verbes qui expriment très-énergiquement la personnalité, comme ceux qui signifient : *savoir, sentir, penser*, même lorsqu'ils sont éloignés de leur verbe. Ils peuvent indifféremment le perdre ou le garder, lorsqu'ils sont précédés d'un nominatif qui ne se trouve pas au commencement d'une proposition ou d'un hémistiche[3].

---

[1] Bopp., *Krit. Grammat. der Sanscritaspr.*, p. 356. 357 ; Böthlink, § 1, et § 54.

[2] De même que les formes enclitiques de ces pronoms ne peuvent jamais se trouver au commencement d'une phrase, leurs formes accentuées correspondantes doivent toujours y être, et ne jamais être reléguées au milieu ou vers la fin ; ce qui confirme de nouveau notre opinion sur la marche descendante de la construction sanscrite.

[3] Böthlink, § 54, rem. 1, 2, 3.

Mais quelle est la nature de cette enclise en sanscrit?
Les mots enclitiques rejettent-ils leur accent sur le mot
précédent, en lui laissant le sien? attirent-ils l'accent
du mot précédent, ou bien perdent-ils leur accent entièrement pour rentrer indirectement sous la loi de
l'accent oratoire? Comme les valeurs prosodiques n'ont
pas d'influence sur l'accentuation sanscrite, que par
conséquent il est difficile de décider jusqu'à quel point
l'accent d'un mot suffirait en même temps à un autre
mot, on peut se demander quelquefois à quelle classe
d'enclise on a affaire. Dans le nombre *trajôdas'an*
(*tredecim*) on pourrait être tenté de croire que *das'an*
(*decem*) a attiré vers lui l'accent de *tri* (*tres*). On se
tromperait pourtant, car non-seulement *tri* rejette son
accent dans tous les cas sur la terminaison, mais aussi
tous les nombres depuis onze jusqu'à dix-neuf sont accentués sur la première syllabe du premier membre [1]. Ce
sont donc plutôt des mots composés que des mots formés par l'enclise. On pourrait douter également du principe qui a présidé à la formation de l'impératif, de
l'aoriste, et du parfait de la dixième conjugaison à
l'aide des verbes auxiliaires *as* (*esse*) *kar* (*creare*, *facere*) et *bhu* (φύω); ces formes ayant l'accent, non pas sur
la racine, mais sur la syllabe *âm* : et leur premier membre, qui se termine en *âm*, étant considéré par Bopp [2]
comme un substantif qui exprime l'action du verbe, on
pourrait s'imaginer que les verbes auxiliaires attirent par
leur poids l'accent du substantif, si cet accent nous était
bien connu ; car il serait très-possible qu'il se trouvât

---

[1] Les désinences des comparatifs et superlatifs *tara* et *tama* sont,
comme on a déjà vu, dans le même cas. Elles ne sont jamais accentuées, et cependant elles étaient primitivement des substantifs indépendants ; et, comme le paraît démontrer leur forme participiale,
probablement oxytons. Bopp, *Krit. Gramm.*, p. 327.

[2] Bopp, *Vggl. Grammatik.*, p. 865.

précisément sur la dernière syllabe, et que des formes
comme *widā'nkurwantu, widámc'akāra,* etc. parussent
également participer du caractère de l'enclise et de celui
de l'accent oratoire. Le doute serait encore légitime,
si le verbe auxiliaire *as,* par exemple, quoique Panini
semble se taire sur ce point, était véritablement enclitique[1]. Ce qui paraît prouver qu'il l'est, c'est que dans un
grand nombre de temps et de modes il perd sa voyelle
radicale *a,* qu'il a gardée presque toujours en grec (par
exemple *smas, sta; ἐσμές, ἐστέ*). Mais il ne faudrait pas
conclure de ce que dans le futur composé (par exemple
datā'smi, daturus sum) l'accent repose sur la syllabe
tá, que ce fût le verbe auxiliaire *as* qui l'y eût attiré;
car le participe futur a régulièrement l'accent sur cette
syllabe, par exemple *datā', datrí* (*δοτήρ, dator, daturus*)[2]. Pour avoir un cas d'enclise bien démontré, il
faudrait donc avoir recours au § 54 déjà cité du traité
de M. Böthlink, d'après lequel les particules *c'a, eva*
et autres, quand elles suivent les formes enclitiques des
pronoms de la première et de la deuxième personne,
leur rendent leur accent; encore, pourrait-on supposer que ce fût la faiblesse relative des particules qui ranimât l'accent des pronoms. Mais ici le *zend* vient à notre
secours; les désinences des déclinaisons y étant pour la
plupart plus effacées et plus mutilées qu'en sanscrit,
les formes primitives et complètes ont été conservées
quelquefois, quand la particule *c'a* y était agglutinée;
par exemple : *hurvāos-c'a, amĕrĕtat-āos-c'a* (les deux
Haurvat et *Amertat*), pour *hurvaōc'a,* etc.[3]. Or, pour

---

[1] Ce verbe n'est peut-être qu'une forme plus effacée de *ās* (*sedere*), qui le remplace quelquefois dans les formes analytiques de
la grammaire sanscrite. Bopp, *Vggl. Grammat.,* p. 137 ; cp. *stare*
et fr. *être,* it. *stato.*

[2] Böthlink, § 36.

[3] Bopp, *Vggl. Grammat.,* p. 288.

que *c'a* ait cette puissance conservatrice, il faut qu'il
ait rejeté son accent sur la syllabe ainsi conservée[1].

Nous retrouvons donc dans l'enclise en sanscrit les
mêmes incertitudes, les mêmes hésitations et la même
flexibilité que nous avions rencontrées déjà dans le domaine de l'accentuation syllabique et oratoire; les inconvénients devaient être ici d'autant plus grands, les
résultats d'autant moins sûrs et satisfaisants, que l'enclise est de sa nature quelque chose de peu ferme, de
plus mobile que les autres éléments virtuels de la langue. En sanscrit surtout, où le contrôle de la quantité
prosodique nous échappe, l'enclise paraît tenir des deux
principes de la composition et de l'accentuation oratoire, sans jamais avoir la fixité d'un principe distinct.

Effets du déplacement de l'accent sur le sens d'un mot.

§ 23. On connait cette finesse de la langue grecque de
nuancer les significations d'un même mot par un simple déplacement d'accent, par exemple νεοτόκος (*quæ
modo peperit*) et νεότοκος (*quæ modo parta est*). Ce phénomène a des antécédents en sanscrit. *G'echla, dha-
nichta* et *s'rawichta*, anciens adjectifs féminins au superlatif (désinence *ijans, ichtas*) sont oxytons quand

---

[1] Nous n'avons pas cru pouvoir regarder comme des cas d'enclise,
les infinitifs des *Vedas* à deux accents, parce que l'un des deux porte
toujours sur la dernière; ni les longs composés, qui ont des accents
plus nombreux encore. Le sanscrit a un autre moyen d'exprimer
l'unité de ces derniers, c'est le genre. De même qu'en chimie, les
corps, à mesure qu'ils deviennent plus composés, perdent ou confondent au moins leur qualité positive et négative, de même, le
sanscrit affecte à des mots qui, par leur complication, ne permettent plus à l'imagination de leur assigner un sexe particulier, le
genre neutre. Voyez, sur le genre des *dwandwa*, Bopp, *Krit. Grammatik der Sanskritasprache*, p. 336, § 592, sqq Pott, II, p. 427,
428.

ils désignent le nom de certaines constellations[1]. On sait que les participes terminés en *ta*, *na*, *ka*, etc., sont oxytons[2]. Composés avec une préposition, c'est elle qui a l'accent, mais seulement quand ils ont une signification passive; dans le cas contraire ils ramènent l'accent sur la dernière, et l'y rejettent même quand le participe simple était baryton, par exemple *wis'ouchká* composé de *wi* et de *soúchka*. Des participes devenus substantifs deviennent oxytons en retirant l'accent à la préposition, par exemple *á'c'ita*, etc., etc.

Dans deux cas particuliers d'autres influences s'ajoutent à la modification de l'idée, du sens du mot pour amener un déplacement de l'accent. Des participes en *tá* bisyllabes, qui sont devenus substantifs (et qui par conséquent ont gagné en unité), sont paroxytons, à moins que la racine ne renferme un *a* long. On dira par conséquent *dátta*, *gúpta*, mais *trātá*, *āptá*[3]. Le sanscrit déjà aurait-il eu cette répugnance que nous verrons tout à l'heure se faire sentir en grec, à réunir sur la même syllabe tout le poids de la quantité et toute l'énergie de l'accent? L'*ā*, la plus longue de toutes les voyelles, devait en effet la première provoquer cette lutte entre les deux principes, dont les anciens peuples aimaient tant à faire ressortir l'opposition, harmonieuse pour leurs oreilles. Et cette opposition devait éclater surtout dans des mots de peu d'étendue, de deux, peut-être encore de trois syllabes, où ces deux principes se trouvaient nécessairement placés en face l'un de l'autre.

Le second fait de ce genre se rapporte aux participes en *ja* qui sont en partie paroxytons et en partie périspo-

---

[1] Böthlink, §§ 27, 28.
[2] *Ibid.*, § 53.
[3] *Ibid.*, § 42.

mènes[1]. Ils sont toujours paroxytons quand une voyelle
précède la terminaison, par exemple *g'ê'ja*. D'où vient
cette influence de la voyelle? aurait-on voulu fortifier
la racine qui, n'étant pas garantie par une consonne
contre l'influence de la désinence, pouvait se fondre
avec elle? ou voulait-on contrebalancer la syllabe *ja*,
qui avait coutume d'attirer sur elle le circonflexe? Cela
reviendrait au même; seulement, dans ce dernier cas,
la quantité aurait une part plus grande dans le résultat.

Il faut bien reconnaitre, qu'en sanscrit, comme dans
toutes les autres langues, il y a des caprices, des bizarreries qui tiennent peut-être à quelque raison cachée,
et qu'il sera toujours difficile, sinon impossible, même
à une analyse subtile, de ramener à leur principe. Pourquoi, par exemple, les cas de *achtaou* (huit, ὀκτώ) ont-
ils, à l'exception du nominatif, l'accent sur la dernière, tandis que les génitif, accusatif et nominatif de
achtan (forme secondaire) le gardent sur la première
et que les autres le placent selon toute probabilité sur
la dernière du radical[2]? *Achtaou* était-il la forme primitive et sa déclinaison était-elle à cause de cela plus
mobile, plus irrégulière? *Achtan* était-il une forme
plus récente, façonnée sur le modèle de *panc'an, saptan,
nawan, das'an*, et se déclinant, ou à peu près, comme
eux[3]? Pourquoi en grec χωρίς est-il oxyton et χῶρι propérispomène? Dira-t-on que, privé de sa dernière lettre
et replié sur lui-même, le mot a voulu regagner par le
circonflexe, en gravité, ce qu'il avait perdu en étendue
et en énergie? Mais comment alors expliquera-t-on
ἄντικρυς et sa forme secondaire ἀντικρύ[4]? On pourrait trou-

---

[1] Böthlink, § 43.

[2] *Ibid.*, p. 10.

[3] Jacob Grimm, *Deutsche Grammat.*, vol. III, p 634-646.

[4] Pape, *Etymol. Wörterbuch der Griech. Spr.* Berlin, 1836.

ver une réponse à cette objection ; il est vrai, aussi, que cette accentuation est contestée ; mais ce qui n'est pas moins vrai, c'est qu'à l'origine des langues, l'accentuation se cachait pour ainsi dire davantage dans les replis de l'organisme, et y produisait nombre de faits dont la raison aujourd'hui nous demeure obscure comme la raison de ces particularités du tempérament que les médecins appellent idiosyncrasies.

RÉSUMÉ.

§ 24. Nous avons vu poindre dans le sanscrit les premières lueurs de l'accent ; c'étaient en effet autant de points lumineux, mais faibles, premières traces d'un principe que nous retrouverons si puissant à une époque plus rapprochée. C'est, pour ainsi dire, à la loupe que nous avons examiné les origines de ce principe, qui se présentait à nous pour la première fois ; et nous nous sommes efforcés d'en découvrir et d'en déterminer d'une manière précise les divers effets. Ce n'est pas sans peine que nous les avons reconnus et démêlés dans ce demi-jour, où des faits d'une nature si subtile et si déliée semblaient se confondre aussitôt qu'on cessait d'y fixer un regard scrutateur et persévérant. Nous avons cru remarquer, à côté d'incertitudes, de fluctuations et de tendances encore vagues les vrais germes, et quelquefois même les formes déjà nettement dessinées des éléments d'accentuation de toutes les langues à venir. Comme dans la grammaire sanscrite se trouvent, à côté d'une synthèse plus énergique que celle du grec même, des exemples de formes analytiques[1] qui le disputent en clarté et en précision aux langues modernes les plus renommées pour ces qualités, de même nous rencontrons, à côté d'une accentuation syllabique,

---

[1] Bopp, *Vggl. Grammat*, p. 746, 865, 901.

plus compliquée et plus variée que celle des autres langues anciennes, déjà les proportions plus larges, les contours plus vagues et plus hardis de l'accentuation oratoire. On dirait que tout l'avenir de la parole humaine se trouve, dans cette langue prodigieuse, prédit et comme dépeint par des signes manifestes et indubitables. C'est que toutes les origines sont complexes et embrassent à la fois, mais vaguement, toutes les phases qui ne se développent d'une manière plus marquée que l'une après l'autre.

Mais si nos regards curieux s'efforcent ainsi, d'un côté, de percer le voile de l'avenir, ils peuvent se reporter aussi vers une période encore antérieure à celle qui nous occupe, et chercher à deviner la nature de l'accent dans un état de la langue qui échappe et échappera toujours aux recherches de l'histoire. Or, puisque l'accentuation qui nous est connue manque déjà de stabilité et de contours fermes, les fluctuations, à mesure qu'on remonte le cours des siècles, doivent devenir plus fortes, et les faits d'exception, déjà si nombreux [1], finir par étouffer la règle; enfin l'accentuation doit pour ainsi dire disparaître. Ceci veut-il dire que nous partageons l'opinion d'un illustre savant qui la regarde « comme un souffle étranger qui vient animer la langue [2]? » Non, certes, quoique nous reconnaissions que l'admirable perfection du sanscrit ait pu faire considérer en effet, comme étranger à la constitution primitive des langues, le principe qui, de sa nature, tend à détruire l'organisme de la plus belle. C'est cette

---

[1] Böthlink , § 60, et le chapitre sur les voyelles *pluta* (*allongées*), §§ 66, 70.

[2] Wilh. de Humboldt, *Einleitung zur Kawispr.*, § 16 (*ein fremder, ihr eingehauchter Geist*), et dans le même sens , Grimm , vol. I, p. 20.

perfection même de la forme en sanscrit qui nous fait croire à l'action de l'élément virtuel dans cette langue, quoiqu'il n'y soit pas encore à l'état d'accent régulier. Qu'est-ce qui trouve pour chaque sensation, pour chaque conception de l'âme (car il n'y a pas encore de pensée proprement dite), une forme adéquate, groupe d'une manière euphonique les consonnes et les voyelles, fait naître et combine harmonieusement les longues et les brèves, et compose de tous ces éléments comme un corps organisé, si ce n'est ce principe que nous étudions sous le nom d'accent? L'union plus ou moins intime des parties d'un mot, produite par des lois phoniques; la distribution des longues et des brèves en séries ïambiques et trochaïques dans les temps qui ont le redoublement; l'économie intelligente qui, dans les formes plus longues et plus compliquées du verbe, retranche des terminaisons et abrége le mot, suffisamment marqué par les nouvelles modifications qu'il a subies; le *guna* et le *wriddhi* enfin, ne sont-ce pas là les pressentiments de plus en plus sûrs de l'accentuation? Dès qu'elle se fait sentir d'une manière distincte, quoique faible, dès lors on voit se séparer les deux éléments, d'abord confondus et comme enveloppés l'un dans l'autre, le son matériel et l'accent. L'accent n'a pas plutôt pris possession de la langue, qu'il s'en affranchit en la brisant, pour ainsi dire, et, de ses débris, construit un système de langues tout nouveau, moins parfait peut-être par sa forme, mais plus logique, et en quelque sorte plus *idéal*. C'est ce qui va s'éclaircir par la suite de nos recherches.

CHAPITRE IV.

ACCENTUATION GRECQUE.

Caractéristique générale.

§ 25. En grec, le contraste des deux principes de la quantité et de l'accentuation est déjà nettement dessiné. En sanscrit le mot ne se détachait guère de la phrase qui, seule, prise en bloc, avait une certaine indépendance. L'accent s'y montrait comme un éclair fugitif pour désigner à l'esprit les points les plus saillants; il n'était pas encore le signe particulier de l'unité du mot; aussi l'avons-nous vu se confondre souvent avec des principes d'une nature différente, mais analogue. C'est déjà bien autre chose en grec. Si les peuples asiatiques représentent, dans leur histoire et dans leur langue, de grandes masses uniformes, le génie du peuple grec, et dans l'art et dans la politique, est *l'individualité*. Dans la langue, en particulier, ce peuple sent surtout le besoin de faire ressortir distinctement chaque idée. Le *mot*, dans sa précision, dans sa netteté, dans sa clarté peut être regardé comme la création du génie grec. Le moyen qu'il emploie pour le séparer, pour le distinguer fortement de ce qui l'entoure, c'est l'accent. Les limites du mot étant son commencement et sa fin, et la pensée restant suspendue tant que la distance qui sépare l'un de l'autre n'est pas parcourue, c'est évidemment la fin qui doit surtout décider et achever son individualité, son unité. De là naît la nécessité de rapprocher l'accent de la fin du mot et d'établir un rapport continuel entre ce signe, représentant de son unité, et sa dernière syllabe qui est sa limite. Car l'accent, se trouvant trop au commencement d'un mot d'une certaine longueur, n'aurait pas la force d'en dominer et em-

brasser l'extrémité, ne le détacherait pas des mots qui
suivent, et ne les empêcherait pas de se fondre avec
lui. Cependant nous avons hâte d'ajouter : cette séparation du mot grec de son entourage n'est pas entière,
n'est pas absolue. On y voit comme un reste de son origine asiatique : il tient encore quelquefois à la phrase
par de faibles liens. Nous rappellerons seulement à nos
lecteurs les formes mobiles de la négation, οὐ, οὐκ, οὐχ
et des modifications comme μετά et μεθ', τε et θ', le ν ἐφελ-
κυστικόν, l'influence d'un π, qui commence, sur un ν qui
termine (τὸν πατέρα, prononcé τόμ βατέρα), etc.

L'accent, ayant, en se rapprochant de la fin, fixé les
limites et créé l'indépendance du mot, ce dernier
forme désormais un tout organique, où les syllabes
placées avant l'accent ont un mouvement de voix ascendant qui s'abaisse avec celles qui le suivent. Mais comme
la voix humaine a naturellement plus d'aptitude à
monter qu'à descendre, et que sa chute peut être considérée seulement comme un repos qui lui permet de
prendre un nouvel élan, ni le nombre ni la quantité
prosodique des syllabes qui précèdent l'accent ne peuvent être déterminés d'une manière absolue. Seulement, le grec, qui se tient ordinairement dans les
bornes d'un goût exquis, repousse les composés déme-
surés de la langue sanscrite, et des mots de six, sept
syllabes ou plus, par exemple κατα στρατοπεδευσάμενοι,
ἀποδοθησόμενοι y sont comparativement rares. Le mot
monstrueux d'Aristophane (*Eccles.*, v. 1215) n'est évidemment qu'une plaisanterie. L'accent ne nous indi-
quant d'aucune manière le nombre des syllabes qui
peuvent le précéder, il importe seulement de connaître
les lois qui, tout en l'attirant vers la fin, l'en peuvent
tenir cependant à une certaine distance. Ces lois, du
du reste, sont assez connues; on sait que si la dernière
syllabe d'un mot est brève l'accent peut remonter à

l'antépénultième, tandis que longue elle le fixe tout près d'elle sur la pénultième.

Mais là aussi se borne l'influence qu'exerce la quantité prosodique sur l'accentuation ; car d'un côté il n'est pas permis à l'accent, lors même que les deux syllabes qui le suivent, et celles qu'il frappe, sont brèves, de reculer encore d'un pas et de se poser sur la quatrième avant la fin : on ne peut dire, par exemple, λέγομενον au lieu de λεγόμενον. D'un autre côté l'accent peut remonter jusqu'à l'antépénultième, même si celle qu'il frappe et celle qui la suit sont longues, pourvu que la dernière soit brève, par exemple ἄνθρωπος. Or, il est clair que, dans le premier cas, l'accent domine une valeur quantitative de trois brèves (λεγόμενον), et qu'il n'en dominerait que quatre, même s'il remontait à la quatrième avant la fin, (λέγομενον), ce qui n'a jamais lieu ; et que, dans le second, il lui est permis d'atteindre jusqu'à cinq brèves (ἄνθρωπος). Il est donc manifeste, qu'en dehors de la quantité de la dernière syllabe, il y a un autre principe qui fixe la place de l'accent. Ce principe est que la voix, après avoir atteint le point culminant de son élévation, descend si rapidement qu'elle ne supporte que deux syllabes tout au plus. L'accent se trouve donc déterminé par la quantité de la dernière syllabe d'un côté, et par le nombre d'émissions de voix possibles lorsque le levé est passé. Sans ce dernier principe on ne comprendrait pas que, si la dernière syllabe est brève, l'accent (puisqu'il peut dominer jusqu'à cinq brèves) ne remontât pas, dans certains cas, à la quatrième avant la fin, à l'antépénultième si elle est longue.

Ces deux principes établis, comment se combinent-ils ? On doit nécessairement admettre qu'il faut plus d'effort à la voix pour s'élever avec une longue qu'avec une brève. En effet, la brève attire l'accent moins fortement que la longue. De plus, la syllabe accentuée étant suivie d'une longue on peut prononcer après celle-ci encore une brève ; mais si elle était suivie d'une brève on ne pourrait plus prononcer une longue. On peut dire, par exemple γέλως et même γέλωτα, mais non pas γνήσιου, quoiqu'on dise γνήσιος. La voix, après avoir dépensé une grande partie de sa force sur la syllabe longue ou brève qui suit la syllabe accentuée, est devenue trop sourde, trop *mate* en quelque sorte pour faire entendre distinctement encore une longue. Si la longue qui suit la syllabe accentuée est suivie encore d'une brève, la voix reste un peu suspendue sur la première pour garder encore de la force pour celle-ci, tandis que si la longue termine le mot, comme dans les paroxytons, la voix descend sur elle en plein, et sans se contenir, de manière qu'elle ressort davantage et se trouve être plus en lumière.

Résumons : 1° De même que le péan métrique $\underline{}\,\cup\cup\cup$ est une chose disgracieuse, pour ne pas dire impossible en poésie, de même le péan logique (c'est-à-dire une syllabe accentuée suivie de trois qui ne le sont pas) est intolérable en prose, et les rapports de 2 : 1 ou de 1 : 1 sont aussi nécessaires à la distribution heureuse des idées qu'à celles des valeurs prosodiques [1].

---

[1] En allemand, en italien, en anglais, et dans d'autres langues modernes, l'accent se place, il est vrai, quelquefois sur la quatrième avant la fin, et plus avant, par exemple : *heüchlerischstere*, *rec'apitano*, *particularly*. C'est que, dans ces langues, la pensée l'emporte sur la forme ; et qu'on y aime mieux obscurcir, en glissant rapidement sur elles, les syllabes non accentuées, que de dépouiller de son accent la syllabe qui seule fait comprendre le mot Mais les Grecs tenaient à chaque parcelle de leurs mots, quelque minime qu'elle fût ; car chacune d'elle parlait encore à leur imagination ; la vie de la pensée les animait toutes également. C'est pourquoi ils aimaient mieux soumettre l'accent aux exigences de l'élément matériel du mot, que de sacrifier une partie de cet élément à l'accent. S'ils avaient voulu mettre l'accent, par exemple, sur la préanté-

2° Dans les syllabes logiques[1] la longue l'emporte de bien peu sur la brève, puisqu'il faut le même effort de la voix pour trois brèves, que dans une certaine position pour deux longues et une brève.

3° L'accent en grec avait par conséquent encore quelque chose de délié, de souple et de vigoureux, qui le rendait moins dépendant de la quantité, et qui souvent l'aidait à la vaincre sans pour cela l'endommager. Car l'opinion de Hermann, que l'accent d'un proparoxyton, avant d'arriver à sa dernière syllabe, abrégeait un peu la pénultième lorsqu'elle était longue, par exemple dans ἄνθρωπος, est tout à fait inadmissible. Il se trompe quand il croit que les subjonctifs homériques ἴομεν, ἐγείρομεν, etc. sont autant de formes raccourcies de ἴωμεν, ἐγείρωμεν, etc. Dans ces premiers temps, subjonctif et indicatif se confondaient encore quelquefois, aussi bien dans l'idée que dans la forme. Ainsi dans le *let* de la langue sanscrite l'idée de l'incertitude, de la possibilité n'est pas toujours exprimée par l'allongement de la voyelle qui indique le mode.

L'accent grec rappelle encore l'accent sanscrit; il a perdu une partie de la liberté et de la mobilité avec laquelle ce dernier se posait hardiment sur toutes les syllabes prépondérantes par la pensée, quels que fussent le nombre et la quantité des syllabes qui les séparaient de

---

pénultième, ils risquaient d'estropier les longues et les brèves suivantes, qui renfermaient autant de pensées, ou ils se voyaient forcés d'admettre un second accent à côté du premier, ce qui aurait détruit l'unité du mot; chose grave pour une langue qui avait tant de peine à parvenir à cette unité. En un mot, une syllabe *logique in thesi* (syllabe *accentuée*) ne pouvait être suivie que de deux syllabes *logiques in arsi* (syllabes *non accentuées*).

[1] Nous distinguons les syllabes *logiques*, qui sont les parties intégrantes d'un mot, des syllabes *métriques*, qui sont les parties d'un *pied*.

la fin du mot. Mais en bornant son action à une sphère
plus étroite, il a gagné en fermeté et en énergie; il a
fondé l'unité du mot qu'il a arrondi; il nous a débar-
rassés de ces mots à deux ou trois accents, de ces composés à dix, à douze syllabes dont abondait le sanscrit.
Il commencera à marquer plus nettement la marche
de la pensée, non-seulement dans la déclinaison et dans
la conjugaison, mais aussi dans la formation des mots
et dans la phrase même; il produira des effets charmants
surtout en poésie, par sa lutte perpétuelle avec la quantité prosodique des mots. Encore un pas de plus, et
dans la langue latine, nous ne trouverons plus que peu
de traces de cette opposition des deux principes, et nous
verrons dans leur coïncidence et plus tard dans leur
confusion un signe certain de la ruine prochaine des
anciens idiomes.

De l'accentuation des oxytons et des barytons.

§ 26. Tels sont les principes communs aux Doriens,
aux Ioniens et aux Éoliens, principes qui embrassent
toute la variété de l'accentuation grecque. Voici maintenant les divergences. Des grammairiens renommés [1]
ont cru pouvoir identifier l'accentuation éolienne (qui,
comme on sait, est presque généralement *barytone*)
avec celle des Romains et de presque tous les peuples
teutoniques, sans tenir compte de l'immense différence
qui existe entre le génie de ces langues séparées les
unes des autres par la triple distance des siècles, des
climats et des organisations humaines; qui toutes n'ont
qu'un seul point de ressemblance, à savoir, de ne jamais porter l'accent sur la dernière syllabe d'un mot.

---

[1] Kühner, *Ausführliche griechische Gramm.*, vol. 1, §§ 79, 2.

Serait-il vrai, comme le dit M. Boeckh[1], que plus on
remonterait dans la nuit des temps, plus on trouverait de
gravité, de sérieux chez les peuples, plus aussi ces
peuples seraient disposés à accentuer les premières syllabes de leurs mots, ce qui aurait donné au débit une
certaine dignité; que la civilisation, au contraire, en
rendant les caractères plus légers, le débit plus vif et les
langues plus mobiles, aurait amené les nations à faire
de la plupart de leurs mots des oxytons? Cette opinion
est en contradiction avec les faits et, dans le cas particulier qui nous occupe, avec ce que nous savons de
l'accentuation sanscrite.

Il sera donc nécessaire de fixer d'un autre point de
vue les raisons qui ont fait donner par une des peu-
plades de la Grèce la préférence à l'accentuation barytone, en déterminant d'abord la différence qui fixe
dans le même mot l'accentuation sur la dernière ou
sur une des autres syllabes. Par exemple, ὠχρός accentué sur la dernière aura une autre valeur que si nous
lui donnons le circonflexe sur la pénultième (ὦχρος).
Dans le premier cas il sera adjectif et signifiera *pâle*,
dans le second ce sera le substantif *pâleur*. De même
pour γλοῖος, *huile* et γλοιός, *gluant*, et une foule d'autres, susceptibles d'être diversifiés de la même manière.
Nous nous trompons fort, ou ce qui attire l'accent sur
le radical, c'est la valeur particulière du substantif qui,
par l'indépendance de son idée, a pu s'affranchir de la
loi du dernier déterminant. Au contraire l'adjectif, plus
voisin du verbe, de sa nature, n'a pas encore échappé à
sa tutelle; il reportera son accent sur la dernière pour
marquer que la langue a encore une pleine connaissance de sa *dérivation*. Cependant ces changements

---

[1] Boeckh, d'après le témoignage d'Olympiodore, *Cours de métrique*, 1836.

d'accentuation ne sont pas toujours motivés par un
changement de sens et de signification. Quand par
exemple les substantifs κάρα et γόνυ forment leurs génitifs ou κρατός, γουνός ou bien κράατος, γόνατος[1]; il est
évident que dans le premier des deux cas on fait ressortir davantage la terminaison, ce qui, par l'opposition de l'accentuation et de la quantité, de l'idée principale et de l'idée accessoire, donne au mot quelque
chose de forcé, au lieu que les formes plus longues ont
rétabli l'équilibre en faisant rentrer la désinence, qui
exprime l'idée secondaire, dans la subordination. Il
paraîtrait donc qu'en général les grammairiens ont
raison en se servant des expressions ἐνέργεια, ἐνεργητικῶς
pour caractériser les oxytons, et pour les barytons de
celle de ὄγκος. Le fait est que ces derniers ont quelque
chose de plus posé ; leur accent atteint souvent la syllabe
principale ou s'en rapproche toujours, quoiqu'il ne
soit pas probable que la langue ait voulu classer les idées
d'après leur importance, mais seulement confondre
toutes les différences qui se trouvent à la surface dans
l'unité absolue du mot entier. C'est donc une plus
grande unité qu'exprime le baryton; c'est une plus
grande énergie qui est le partage de l'oxyton; car à
moins que la syllabe principale ne se trouve à la fin,
c'est par une inversion poétique, pour ainsi dire, qu'ils
font ressortir quelque idée accessoire qui domine ainsi
l'idée principale.

Il est donc prouvé que l'unité du mot est d'autant
mieux exprimée dans le *proparoxyton* que l'accent n'atteint aucune de ses parties spécialement, mais placé
pour ainsi dire au milieu d'elles, distribue une force
égale à toutes (comme cela a lieu dans beaucoup de
composés, par exemple λαρνακόγυιος); que cette unité se

---

[1] Thiersch, *Griech Gramm.*, p. 160, 161.

retrouve bien moins dans l'oxyton parce que la langue,
en accentuant le dernier déterminant, paraît vouloir se
souvenir encore du temps où le mot fut formé; mais on
ne peut pas dire également que la même opposition existe
entre les deux accentuations, quant à l'énergie, à moins
qu'on ne fasse valoir le léger affaiblissement qu'éprouvent les oxytons au milieu de la phrase en changeant
leur accent aigu en accent grave. Ce changement n'est
pas pour nous le signe d'un manque d'énergie; l'énergie, au contraire, comme nous venons de voir, est la
qualité particulière aux oxytons; ce changement s'explique par des raisons musicales développées plus haut.
Cependant la langue veut exprimer ce contraste de l'é-
nergie et de la précision d'un côté, de la faiblesse et du
vague de l'idée de l'autre; que fait-elle? elle a recours
au même moyen pour exprimer les deux extrêmes; elle
crée des *oxytons forts* et des *oxytons faibles*. C'est ici
qu'éclate toute la force virtuelle de l'accent. Y a-t-il
quelque chose de plus frappant et de plus tranché que
le contraste de πόσος, ποῖος (interrogatifs) et de ποσός,
ποιός (indéfinis), de ὥς et ὡς, et à plus forte raison de
πῇ et πή, ποῖ et ποί, πῶς et πώς, surtout de τίς, τίνος et
τίς, τινός (par exemple ἐπάταξας τίνα, *quem percussisti?*
et ἐπάταξάς τινα, *percussisti aliquem*). Il est facile de
remarquer dans nos exemples une gradation : partis
des mots qui tout en perdant beaucoup de leur valeur
intrinsèque, gardent encore leur indépendance, nous arrivons à ceux qui se rapprochent tellement des terminaisons, que dans la plupart des cas ils sont forcés d'abdi-
quer leur individualité et de rejeter leur accent sur le
mot qui précède. Les barytons tiendraient par conséquent le milieu entre les oxytons énergiques, qui entre
tous les mots, ont pour ainsi dire les traits les plus accusés, et les oxytons faibles qui sont déjà tellement
effacés que l'unité de la pensée, jusqu'alors suffisamment

exprimée par l'accent syllabique, paraît bientôt devoir
recourir à l'accent oratoire. Eh bien, tous les mots de
la langue étant ainsi échelonnés, les Éoliens ont choisi
le haut de l'échelle en repoussant les oxytons énergiques
et en gardant les oxytons faibles.

Accentuation éolienne.

§ 27. Cette loi du dialecte éolien, d'après laquelle l'accent s'éloigne autant que possible de la fin des mots pour
se retirer à leur intérieur, est absolue. Elle atteint non-
seulement les oxytons forts, mais aussi les périspomènes[1], par exemple : διδοις pour διδοῖς, Ποσείδαν pour
Ποσειδῶν, et les propérispomènes, qui de même que les
paroxytons deviennent proparoxytons lorsque la dernière syllabe est brève, par exemple : ἔφθορθαι (infin.)
pour ἐφθόρθαι, ἄεισι pour ἀεῖσι (Hés. *Theog.* 875); non-
seulement les substantifs de toutes les déclinaisons, ce qui
serait peu étonnant, mais encore les adjectifs qui habituellement sont oxytons, comme σόφος, κάλος, λεῦκος,
σκλῆρος, δύνατος, pour σοφός, καλός, λευκός, σκληρός, δυνατός.
Les verbes ἔμμι et φᾶμι (εἰμί et φημί) et tous les pronoms,
quand ils ne sont pas enclitiques : ἔγων, ἄμμες, ὔμμες, pour
ἐγώ, ἡμεῖς, ὑμεῖς; tous les participes, tous les adverbes retirent l'accent[2]. Chose bizarre, d'après Grégoire de Corinthe (p. 617, 662) les mots monosyllabiques, précédés de
l'article rejetteraient l'accent sur ce mot, et devien-
draient enclitiques; par exemple : ὄσος pour ὁ σός, τήσ-
σης pour τῆς σῆς, etc.

La dernière syllabe des mots parait tellement avoir
perdu de sa force que l'α long de la première déclinaison devient souvent bref, et que Ἀφροδίτα par exemple

---

[1] Ahrens, *De græcæ linguæ dial.*, lib. I, § 3, p. 10, 19.
[2] Ahrens, *Ibid*, p. 19.

s'accentue Ἀφρόδιτα[1]. Les formes épiques en α (nominatif masculin) pour ης, μητίετα, ἀκάκητα pour μητιέτης, ἀκακήτης sont d'après Eustathe (75, 34) d'origine éolienne.
Μήδεϊα a chez Sappho l'accent même sur la préantépénultième[2], quoiqu'il paraisse probable que la diérèse, si
commune dans ce dialecte, implique la nécessité d'adopter deux syllabes, c'est-à-dire une double émission de
voix dans la prononciation de la diphthongue ει.

Ce qui caractérise particulièrement ce dialecte, c'est
que les monosyllabes qui ont une voyelle longue ou
une diphthongue ont toujours le circonflexe et jamais
l'accent aigu. Le fait s'explique par ce que nous venons
de dire : ces mots étant contractés de deux syllabes,
avaient avant la contraction l'accent aigu sur la première d'après les règles de l'accentuation éolienne; ils
devaient donc avoir le circonflexe après la contraction[3];
par exemple Ζεύς, puis (éol.) Ζεὺς et enfin Ζεῦς[4].

Il résulte de tout ce qui précède un fait très-important, c'est que l'accent grave, dont est surmonté la
dernière syllabe de tout oxyton qui n'est pas le dernier mot de la phrase, devait être excessivement rare
chez les Éoliens, si toutefois il existait; car les grammairiens ne rapportent rien sur les oxytons monosyllabiques (excepté la remarque curieuse de Grégoire de
Corinthe p. 617, 662); et quant aux conjonctions et aux
prépositions qui, comme nous le savons déjà, ne sont que
des oxytons faibles, leur accent devait à peine être entendu; comparé aux accents plus forts des autres mots de
la phrase, il se rapprochait beaucoup de l'accent oratoire. Ce qui le prouverait, c'est que presque toutes les

---

[1] Ahrens, *ibid.*, p. 12.
[2] Ahrens, *ibid.*, p. 18.
[3] Ahrens, *ibid.*, p. 11.
[4] Il paraît que les Éoliens accentuaient même σοῖ, au lieu de σα

prépositions éoliennes subissent *l'apocope* et deviennent proclitiques, par exemple ἀνά s'abrège en ἀν, ou plutôt ὀν, et cette forme s'affaiblit encore et se change en ο devant les verbes qui commencent par σκ et στ, par exemple ὀσκάπτω, ὄστασαν, ὀστάθεις [1]. Παρά devient παρ, κατά, κατ : le τ de cette préposition s'assimile souvent à la consonne qui commence le mot suivant, par exemple κακκεφάλας, καγγόνων, κάββαλλε, καμμέν, etc. Ἀπύ (éol. pour ἀπό) devient ἀπ, ὑπά (éol. pour ὑπό) ὑπ', ὐβ, par exemple ὐββάλλω; περί, περ et περρ, par exemple πέρροχος, περθέτω, etc. Quant aux prépositions, ἐν, qui paraît venir de ἐνί, et εἰς, forme plus récente de ἐνς, ils sont proclitiques aussi dans les autres dialectes. Priscien [2] ne paraît pas s'exprimer exactement quand il dit que les Romains accentuaient leurs prépositions sur la dernière, à moins qu'il n'y eût anastrophe (*nisi præpostere proferantur*), et imitaient en cela les Grecs en général, et les Éoliens en particulier, dont leur accentuation, suivant lui, était en tout point la fidèle image. Mais le témoignage de Quintilien [3] le convainct d'erreur. D'après Quintilien, les prépositions en latin se joignent au mot suivant, de manière à ce que l'accent de ce dernier suffit aux deux, par exemple *circum litora tanquam unum enuntia dissimulata distinctione.* Que les Éoliens n'aient pas été aussi loin que les Romains, nous l'accordons; mais cette disparition de plus en plus marquée de l'accent grave, ce dépérissement de la dernière syllabe nous paraissent accuser déjà une profonde inintelligence de la forme du mot, une espèce d'oubli de son origine et de son développement historique, enfin comme une dégradation prématurée de la langue, qui

---

[1] Ahrens, *ibid.*, § 58, p. 149.
[2] Priscien, l. XIV, p. 584.
[3] Quintilien, *Institut. orat.*, lib. I, cap. v.

revenait à la barbarie. Tels étaient les idiomes des Arcadiens, Éléens, Érétriens[1], même celui de *Lesbos* est resté longtemps avant de perdre son caractère vulgaire et agreste ; la grande autorité de Platon (*Protag.*, page 341, C. βάρβαρος φωνή) en fait foi. Cette circonstance nous explique pourquoi Pindare préféra ne pas écrire dans le dialecte de son pays, et pour n'avoir pas été peut-être aussi populaire à Thèbes que Corinne sa rivale, n'en fut que plus admiré dans la Grèce entière[2].

Accentuation dorienne.

§ 28. L'accentuation dorienne présente un contraste frappant et tranché avec celle des Éoliens. On sait que la race dorique aimait à accentuer les mots sur leur syllabe finale ou à l'en rapprocher autant que possible, et qu'elle évitait même l'anastrophe dans les prépositions. Lorsque les Athéniens faisaient de φράτηρ un paroxyton, les Doriens lui conservaient son accent primitif φρατήρ[3] (sanscrit *bhratri*). Nulle part l'influence de la quantité de la dernière syllabe ne se fait autant sentir que dans ce dialecte ; et les diphthongues αι et οι qui, chez les Éoliens, les Ioniens et les Athéniens, étaient brèves par rapport à l'accent, y sont encore assez vivaces pour fixer l'accent près d'elles. Aussi les nominatifs pluriels des noms de la première et de la deuxième déclinaison, et les formes du passif en αι sont-ils généralement paroxytons, par exemple ἄγγελοι, ἄνθρωποι, τυπτόμενοι, φορεῖται, λεγώμαι, pour ἄγγελοι, ἄνθρωποι, φορεῖται, etc. La

---

[1] Ottfried Müller, *Dorier*, II, p. 513.

[2] Bernhardy, *Griechische Literaturgeschichte*, vol. I, p. 162.

[3] Ahrens, *De linguæ græcæ dial.*, II, § 3, p. 26, 35. — Apollon., *De pron.*, 119, A : Δωριεῖς ἐπὶ τὸ τέλος φιλοῦτι τὰν ὀξεῖαν προάγειν.

troisième personne pluriel de l'imparfait et de l'aoriste actif et de l'aoriste passif, est aussi paroxyton, quoique leur dernière syllabe dans la forme à nous transmise soit brève, par exemple ἔλεγον, ἔλυσαν, ἐφιλάθεν [1], etc. Mais elle était longue par position dans un temps antérieur, où elle avait encore conservé le τ qui suit l'*n* dans les formes latines : *audibant, colligunt.*

L'accentuation dorienne n'aime pas le circonflexe, elle conserve partout, *tant qu'elle peut*, le véritable accent primitif dans toute son énergie. Aussi, au rebours de ce que nous avons vu dans le dialecte éolien, le plus grand nombre des monosyllabes restent-ils oxytons, par exemple σκώρ [2], pour la forme plus vulgaire σκῶρ, γλαύξ [3], pour la forme attique γλαῦξ (mais βῶς [4] = βοῦς reste périspomène). On ne fait pas même usage du circonflexe dans les paroxytons qui, ayant la pénultième longue, ont fini par abréger leur dernière, par exemple παίδες (att. παῖδες), γυναίκες, πτώκας (att. γυναῖκες, πτῶκας). On dirait que quelque chose de leur primitive longueur est resté à ces terminaisons affaiblies. En latin, au moins, la terminaison *es* n'a jamais cessé d'être considérée comme longue, par exemple *pedēs.* En gothique aussi, les terminaisons *os* du nominatif et *ans* de l'accusatif pluriel qui répondent à l'*es* latin, sont nécessairement longues, l'une parce que cet idiome allemand n'a pas d'*o* bref et l'autre à cause du concours des consonnes, par exemple *wigós, wigans* de *wigs* (*via*). Ahrens ajoute avec raison que dans les pronoms qui, plus facilement que les autres parties du discours, conservent leur forme primitive,

---

[1] Ahrens, *ibid*, p. 28
[2] Joh. Alex., 7, 20.
[3] Schol. *ad Aristoph. Vesp.*, v. 1081.
[5] Arcadius, 126, 24.

les Grecs se sont accordés à conserver l'ancien accent
de la pénultième comme si la dernière était encore
longue [1], par exemple ἡμεῖς pour ἡμέες, ἡμᾶς pour ἡμέας.
Même lorsque par suite d'une contraction le circonflexe était devenu nécessaire, par exemple ἡμεῖς, νοεῖν,
ποιεῖς, il fut remplacé chez les Doriens par l'accent
aigu, aussitôt que l'usage eut abrégé la syllabe née de
la contraction, ce qui eut lieu surtout dans le dialecte
plus récent des Cyrénéens [2], par exemple ἀμές, νοέν, ποιές,
ἱαρές pour ἱερεῖς ou ἱερῆς. Mais si dans un paroxyton,
dont les deux dernières syllabes étaient longues par
nature, la dernière venait à s'abréger, l'accent aigu
n'était pas changé pour cela en circonflexe, ni retiré
sur l'antépénultième, comme l'aurait exigé le génie du
dialecte éolien, mais il restait comme dernière trace
d'une forme plus antique et comme témoignage éclatant de l'origine plus récente du circonflexe. C'est donc
avec raison qu'on écrit, non-seulement κακαγόρος pour
κακαγόρους (Pind., *Ol.* I, 43), ἀμπέλος, δασυκέρκος, καν-
θάρος (Theocr., *Id.* IV, 109, 112, 114 [3]), mais aussi
Μοίρας (Theocr., II, 160), συρίσδες (Theocr., I, 3),
ἐνεύδεν pour ἐνεύδειν (*Ib.* V, 10), πάσας pour πᾰσᾰς ou
πάσᾱς (Theocr., I, 83, IV, 3).

Chose singulière, il est des cas cependant où les Doriens, en opposition avec les autres races de la Grèce,
mettaient le circonflexe au lieu de l'accent aigu, mais
alors c'est encore le premier qui, la plupart du temps,
nous représente l'accentuation la plus ancienne. Ainsi,

---

[1] Cependant la longueur de la dernière pourrait n'être pour rien
dans l'accentuation de ces pronoms ; car, en sanscrit, déjà ils ont
l'accent invariablement sur la seconde syllabe, *asmán* (ἡμᾶς), *asmá-*
bhis, *asmát* (ἡμεδ-απός), *asmákam*, *asmásou*, de même *joujánn*,
jouchmán, *jouchmákam*, etc. Böthlink, p. 11.

[2] Ahrens, II, p. 422.

[3] Ahrens, II, p. 30.

quand les Athéniens, entraînés par la fausse analogie
des masculins, faisaient du génitif pluriel des adjectifs féminins des paroxytons (par exemple ἀμφοτέρων,
ἄκρων, comme les masculins)[1], les Doriens se souvenant
encore de la forme primitive (ἀμφοτεράων, ἀκράων) faisaient des formes contractées des périspomènes. Ils en
faisaient autant du génitif pluriel des pronoms τουτῶν,
ἀλλῶν, τηνῶν, dont les anciennes formes non contractées étaient ἀλλό—F (σ)—ων, τουτό—σ (F)—ων, τηνό
—σ (F)—ων[2]. Mais dans les substantifs le souvenir de
cette ancienne contraction s'est perdu de bonne heure,
probablement à cause de l'indépendance de l'idée, et
les Doriens les accentuent comme les Athéniens. Ces
derniers, comme on sait, accentuaient un très-grand
nombre de substantifs monosyllabes de la troisième déclinaison au génitif pluriel sur la pénultième[3], par
exemple παίδων, Τρώων, δμώων, φώτων; mais ici encore
les Doriens conservaient l'accent primitif et en faisaient
des périspomènes. Ils en font autant des adverbes en ως,
qui dérivent de noms dont le génitif pluriel est périspomène, ainsi[4], par exemple, παντῶς, ἀλλῶς, τηνῶς, tout
à fait comme παντῶν, etc., οὗτῶς comme τουτῶν, etc.
S'il se trouve quelques adverbes qui, quoique dérivant
d'adjectifs oxytons et par conséquent périspomènes au
génitif pluriel, restent oxytons eux-mêmes, comme κα-
λῶς, σοφῶς[5], ce remplacement du circonflexe par l'accent
aigu peut être considérée comme un affaiblissement de
la valeur intrinsèque du mot qui se rapproche de l'enclise; c'est l'opinion d'Ahrens[6] (car les adverbes en

---

[1] Arcadius, 135, 13.

[2] Bopp, *Vergl. gramm.*, p. 286.

[3] Göttling, *Allg. Lehre vom Accent der griech. Sprache*, p. 246.

[4] Apollonius, *De adverb.*, p. 581.

[5] Apollonius, *ibid.*, § 88, 19, 33.

[6] Ahrens, *ibid.*, p. 33.

question sont d'un usage très-familier); ou bien c'était
une aberration du dialecte qui, prédisposé à accentuer
fortement la dernière, flottait quelquefois entre la règle
spéciale des adverbes et ses habitudes générales d'accentuation. C'est ainsi qu'Apollonius déclare qu'au point
de vue dorique, ὅπως et ὁπῶς sont également admissibles. Les adverbes en ᾱ, qui dérivent de pronoms, seront par conséquent aussi périspomènes, par exemple
ἀλλᾱ, παντᾱ tout à fait comme ἀλλῶς, παντῶς, de même
ceux en εῖ (question *ubi*) et en ῶ (question *unde*), par
exemple τουτεῖ, τουτῶ, τηνεῖ, τηνῶ. Tous sont le résultat
d'anciennes contractions ; car dans εῖ on reconnaît l'ancien locatif en ι (*ibi*)[1], dans ῶ l'ancien ablatif en οτ, qui
s'est allongé par le retranchement de la consonne[2]. Ici
encore les Athéniens ont retiré l'accent sur la pénultième ; ils écrivent ἄμα, κρύφα, δίχα, tandis que les Doriens qui écrivaient et prononçaient ἀμᾱ, κρυφᾱ, διχᾱ
semblent sentir encore que ces adverbes sont d'anciens
ablatifs ou datifs[3]. Ajoutons en dernier lieu que le dialecte dorien a toujours conservé l'antique accentuation
de mots tels que ὁμοῖος, ἐρῆμος, ἀχρεῖος, ἑτοῖμος, ἀθῶος,
γελοῖος, τροπαῖον, ἀγροῖκος, ἑταῖρος, ἀγελαῖος et une foule
d'autres que les Athéniens des âges postérieurs ont fait
proparoxytons de propérispomènes qu'ils étaient[4].
Goettling se trompe cependant en y reconnaissant des
traces de l'accentuation latine ; car l'immense majorité
de ces mots doit son circonflexe à la contraction,
comme τροπαῖον de τροπάϊον, ἑρμαῖος de ἑρμάϊος, γελοῖος de
γελόϊος[5], etc. Dans ἀγροῖκος, *ruricola*, la seconde partie

---

[1] Pott, *Etymolog., Forschungen*, II, 162.

[2] Ahrens, *ibid.*, II, § 44, p. 376.

[3] Benfey, *Griech. Wurzellexikon*, I, 389.

[4] Göttling, p. 28.

[5] Comparez les exemples où les Doriens ont conservé l'antique
diérèse. Ahrens, II, § 23.

du mot est dérivée d'un verbe à signification active, comme dans νεοτόκος; ὁμοῖος se dit pour ὁμοΐος et même ὁμοίΐος, forme épique qui existe encore (sanscrit *sama-ija*)[1]; ἑταῖρος paraît être pour ἑτάρjος, comme ξεῖνος ou ξέννος (éol.) pour ξένjος (ou plutôt ἐξένjος *prép.* ἐξ)[2]. (Les formes ξεῖνος et ξένjος se comparent à prem*ier* et prim*arius*.) Ἐρῆ-μος et ἕτοῖμος sont peut-être les seuls dont l'accentuation n'ait pu encore être justifiée par une étymologie certaine; le premier des deux paraît même se rattacher à une racine sémitique.

Malgré l'énumération de tous ces cas où le dialecte dorique, le plus ancien de tous, admet le circonflexe, nous trouvons cependant une preuve de cette répugnance de la langue primitive pour la confusion des éléments de la quantité et de l'accent dans les nominatifs et accusatifs duel en ώ, qui, contractés ou non, repoussent le circonflexe; par exemple χρύσεος, χρυσοῦς, χρυσώ; δισσός, δισσώ, διπλοῦς, διπλώ, etc.[3]. Car le duel est un reste de la plus haute antiquité qui va s'effaçant de plus en plus, à mesure que les langues deviennent plus abstraites; le génie si flexible et si mobile des Ioniens paraît l'avoir conservé au milieu des changements que leur dialecte a subi dans la bouche des Athéniens; les Éoliens ne le connaissent plus et les Doriens s'en servent peu[4]. Mais ce qui a fait que ces derniers ont conservé le plus longtemps les formes énergiques d'un temps primitif[5], c'est que dans leurs petits États si bien ordonnés, si bien gouvernés, la langue du peuple dut

---

[1] Benfey. *Wurzell.*, I, p. 389.

[2] Ahrens, I, p 55. — Pott, *Etymol. Forschungen*, II, p. 53.

[3] Apollon., *De pron*, p 118, A. — Joh. Alex., p. 14, 32, etc.

[4] Ahrens, II, § 28, p. 223.

[5] Bekker, *Anecd*, p. 662 : Δοκεῖ γὰρ τὸ δώριον ἀνδρωδέστερόν τε βίοις καὶ μεγαλοπρεπὲς τοῖς φθόγγοις τῶν ὀνομάτων καὶ τῷ τῆς φωνῆς εἶναι τόνῳ.

se fixer en se calquant sur les modèles de poésie et de style qui charmaient les oreilles dans les jeux et les fêtes consacrées au culte des dieux ; et elle ne s'éloigna de son type primitif que là où une législation trop austère bannit jusqu'à la dernière trace des beaux-arts et des belles-lettres. Aussi le dialecte des Lacédémoniens, semblable en ceci à celui des Éoliens, a-t-il subi des altérations plus profondes et est-il tombé dans une décadence prématurée[1].

Ce qui nous décide en résumé à déclarer l'accentuation dorienne la plus ancienne de la Grèce, ce n'est pas seulement sa grande persévérance à conserver les oxytons forts, à préférer partout autant que possible l'accent aigu au circonflexe et à se rapprocher ainsi de son modèle, l'accentuation sanscrite gouvernée par le principe du dernier déterminant, mais aussi la fermeté avec laquelle ce dialecte a persisté à maintenir intacte bon nombre de formes grammaticales plus ou moins modifiées dans les autres dialectes, même dans celui des Éoliens. Il a seul conservé le τ antique, qui chez les Ioniens, les Athéniens et les Lesbiens a été changé en σ[2] (scr. *dadati*, dor. δίδωτι, éol. πλάσιον, dor. πλατίον) ; seul aussi la lettre *koppa*, et il maintient plus généralement l'α si fréquent du sanscrit (πλατειασμός) ; il forme en Crète et à Argos l'accus. pluriel et beaucoup de participes en νς, là où les Éoliens changent l'ν en ι ; par exemple[3] ἐνς, τιθένς, ὑπαρχόνσας, πρειγευτάνς, τόνς pour εἰς, τιθείς, ὑπαρχούσας (éol. ὑπαρχοίσαις), πρειγευτάς, τούς (éol. τοίς) ; il laisse quelquefois aux substantifs de la troisième déclinaison terminés en ρ l'ς ancien que les autres dialectes ne connaissent pas même ; par exemple μάκαρς=μάκαρ,

---

[1] Ahrens, *ibid.*, II, p. 417.
[2] Ahrens, II, § 47, p. 396.
[3] Ahrens, § 14, p. 105.

χέρς=χείρ[1]. Dans les deux derniers cas le dorien est resté plus fidèle à la langue primitive que le sanscrit même, et il faut s'adresser au gothique pour trouver des formes analogues (*fisks=piscis*, *fiskans=pisces*). Ajoutons aux faits déjà énoncés la première personne pluriel terminée en μες (scr. *mas*) particulière aux Doriens seulement, et la troisième personne du pluriel teminée en ντι (par exemple λέγοντι, att., ion. λέγουσι, éol. λέγοισι, béot. λέγουθι), enfin le futur formé par l'insertion de σέ et même de σί après le radical du verbe, syllabe qui reproduit exactement le potentiel *sjāmi* du verbe *asmi*, *je suis*, au moyen duquel le sanscrit formait son futur[2] (par exemple πραχ-σί-ομες, χαριχ-συ-όμεθα, βοαθη-σί-ω, puis βοαθησέω etc. scr. *bhôtsjāmi*, *bhotsjūmas* de *bhud*, *savoir; sjantē* pour *asjantē* (ils seront)=ἐσίονται, ἔσονται, ἐσσοῦνται). On ne peut donc pas élever de doute sur le caractère de haute antiquité des formes doriennes en général et de l'accentuation dorienne en particulier.

Accentuations ionienne et attique.

§ 29. L'accentuation ionienne ou athénienne paraît se placer naturellement entre les deux extrêmes, celle des Éoliens et des Doriens. Dans le principe elle ne diffère certainement pas beaucoup de celle-ci; car l'expression καταβιβασμὸς ἰωνικός[3] se retrouve plus d'une fois chez les anciens grammairiens. Cependant il était naturel que dans le développement ultérieur du dialecte le plus mobile et le plus flexible qui fut jamais, le principe logique finît par exercer un grand empire. Nous avons vu en traitant l'accentuation dorienne, que pour l'accent les

---

[1] Ahrens, *ibid.*, § 30, p. 228.

[2] Bopp, *Vgyl. Gramm.*, p. 907 ; Pott , I , 105; Greg Corinth., ed Koen., p. 230.

[3] Göttling, p. 38

diphthongues αι et οι étaient brèves dans les déclinaisons et conjugaisons des Athéniens, que le souvenir
d'une foule de contractions s'étant oblitéré (par exemple
au génitif pluriel du féminin, dans tous les pronoms, et
une foule d'adverbes nés d'anciens cas de substantifs),
l'accent avait quitté la fin pour se retirer dans l'intérieur
des mots. Les futurs contractés des Doriens, qui pour
la plupart ne le sont plus chez les Athéniens, fournissent une nouvelle preuve de cette tendance de plus en
plus logique de la langue[1]. On sait généralement que
les substantifs qui dérivent d'adjectifs en ης, par exemple
ἀλήθεια de ἀληθής, εὔκλεια de εὐκλεής, qui étaient encore
paroxytons chez Homère et les anciens Attiques, abrè-
gent la dernière et deviennent proparoxytons à une
époque plus récente, celle des poëtes tragiques[2]. Il en
est de même des substantifs en οια dérivés de βοῦς, νοῦς,
πλοῦς, χροῦς, etc. qui dans Homère ont η, (équivalant à
α long, *Il.* IX, 365, εὐπλοίην, et se changent en α chez
les poètes tragiques[3]. Enfin l'ω de la déclinaison attique
et ionienne, né d'un allongement de l'ο[4] (par exemple πό-
λεως = πόλιος, Πηλειάδεω = Πηλειάδαο) est bref pour l'accent,
au point que même, lorsqu'en cas de contraction l'accent
s'y porte, il reste accent aigu, sans pouvoir devenir
circonflexe, par exemple λεώς, λεώ, λεῳ, λαγώς, λαγώ, λαγῳ.

---

[1] Ahrens, II, § 35, p 288.

[2] Spitzner, *Anleitung zur griech. Prosodik.*, p. 17.

[3] Spitzner, *ibid.*, p. 18. — Soph., *El.*, 961 : εὔκλειαν; *Philoct.*, 1443 : εὐσέβεια; *Tiach.*, 173 : ναμέρτεια, tandis qu'Homère a
conservé ἀληθείη, ἀναιδείη, κατηφείη; substantifs en οία: Soph.,
El., 654 : δυσνοια; Eurip., *Heracl.* : σύννοιαν.

[4] Cet allongement n'est pas tout à fait arbitraire ; car, comme
presque partout où il a lieu, l'ι et l'α, qui précèdent ordinairement l'ο, se changent en ε, son plus effacé, l'ω paraît avoir puisé
le surplus de sa force dans l'affaiblissement des voyelles précédentes.

Aussi cet ω est-il appelé par les grammairiens ω πτωτικόν, et l'accentuation qui l'accompagne s'explique d'autant plus facilement, que dans la prononciation il se réunit presque avec l'ε précédent pour ne plus former avec lui qu'une seule syllabe; par exemple Μενέλεων, ἀνώγεων, etc. Cette accentuation s'explique encore, quoique déjà plus difficilement, lorsque l'ε est séparé de l'ω par une consonne, comme dans les mots φιλόγελως, εὔκερως; car on peut supposer que par une prononciation rapide l'ε disparaisse presque entièrement, et les deux syllabes n'en fassent plus qu'une ou une et demie [1]. Mais il faut donner raison à Hermann lorsqu'il défend d'accentuer sur l'antépénultième des mots tels que καλόγηρως, βαθύγηρως, ὑπέργηρως, Μεσόγαιων.

On peut comparer aussi à l'ω πτωτικόν la prononciation brève de la dernière syllabe de ἕως et de αὕτως. Le premier surtout tient dans Homère ordinairement la place d'un trochée et commence l'hexamètre. Mais si l'on considère qu'il a dû naître d'une ancienne forme ἄος, comme λεώς et νεώς se sont formés de ναός et λαός, que ἄας pour αὕας se trouve encore dans le dialecte des Béotiens [2], il devient probable que dans les passages d'Homère la dernière syllabe du mot n'avait pas encore acquis cette prépondérance que nous lui trouvons plus tard dans le dialecte attique. Que l'on suppose que le mot était en voie de se transformer, et que l'on calcule l'influence de l'*arsis*, le cadre encore peu arrêté de l'hexamètre, et le fait n'aura plus rien d'étonnant. On trouve du reste aussi chez les poëtes tragiques des exemples d'une telle compensation irrationnelle pour ainsi dire des valeurs prosodiques; par exemple, dans Sophocle (*OEd. T*. v. 640), cette fin d'un trimètre ïambique δυοῖν

---

[1] Hermann, *De emendandæ ratione gr. gr*, p. 30.
[2] Ahrens, I, § 44, p. 206; Benfey, *Griech. Wurzellexikon*, I, 402.

ἀποκρίνας κακοῖν. Ne dirait-on pas ici que l'auteur ait voulu suppléer à la faiblesse de la longue d'ἀποκρίνας par la violente synizèse de δυοῖν en une seule syllabe? Voyez aussi *El.* v. 1386 : νεακόνητον αἷμα, etc., où les deux syllabes νεα (υ-) réunies en une répondent aux deux brèves de μετάδρομος (v. 1378).

Une dernière preuve que dans le dialecte attique certaines syllabes finales tenaient le milieu entre une brève et une longue, c'est qu'il y en a qui ne sont longues que par position, trop longues cependant pour permettre à l'accent de remonter jusqu'à l'antépénultième et pas assez pour empêcher le circonflexe de se fixer tout près d'eux sur la pénultième[1], par exemple καλαῦροψ, κατῆλιψ, Δημῶναξ. Il paraîtrait, d'après Ahrens[2], que les Doriens ont été plus rigides à cet égard et ont accordé une plus grande influence à toute syllabe qui dépassait la durée d'une simple brève.

Critique du système de M. Göttling.

§30. M. Göttling, dans son livre sur l'accentuation grecque[3], considère, contrairement à notre théorie, l'accentuation *barytonos*, celle des Éoliens, comme la plus ancienne de toutes ; et le grand nombre d'oxytons qui se rencontrent dans les autres dialectes, lui paraissent s'expliquer par les rapports intimes que les Ioniens, la race la plus commerçante des Grecs, ont eu avec les peuples de l'Asie, qui, comme il le reconnaît lui-même, portent la voix sur la dernière syllabe des mots. On pourrait opposer d'abord à cette manière de raisonner, que plus on remonte dans la nuit des temps, et plus un lien encore mystérieux pour nous, paraît unir les tribus de l'Asie mineure et de la Grèce ; de plus, que les Doriens, dont la préférence pour les oxytons est si prononcée, étaient un peuple d'un caractère peu communicatif, et peu disposé à adopter les mœurs et la langue des étrangers. Mais, quoi qu'il en soit de l'argumentation de M. Gött-

---

[1] Göttling, *Lehre vom Accent*, p 41.

[2] Ahrens, II, p. 29.

[3] Göttling, p. 28.

ling, il est évident qu'elle tourne à notre profit. Car comme des recherches historiques ont démontré que le peuple grec, tel que nous le connaissons, est bien plus jeune que les grandes nations asiatiques, la présomption la plus naturelle, est que la langue de ces dernières a conservé l'empreinte d'une plus haute antiquité. Cette présomption devient certitude, lorsque après avoir pris connaissance des mots étrangers qui se trouvent répandus çà et là dans les auteurs grecs, par exemple : Φεϐόλ (Arist., *De mundo*, 3), Ἀσμάχ, Οὐρατάλ (Herod., II, 30, III, 8) et de tous les noms hébraïques, que la traduction des Septante et le Nouveau Testament donnent constamment comme oxytons, par exemple : Δαϐίδ, Ἰσαάκ, Ἰακώϐ, Καπερναούμ, Μελχισεδέκ, Μαριάμ, Βεελζεϐούλ, etc., on remonte au principe de l'accentuation hébraïque.

Examen de l'accentuation hébraïque [1].

§31. Le fond de la langue étant composé d'un certain nombre de racines dissyllabiques à trois consonnes, il a été prouvé que la seconde syllabe et la troisième consonne sont d'une origine plus récente, et par conséquent ne sauraient être primitives. Cette dernière consonne avec la voyelle qui la précède ne servant qu'à différencier et à particulariser les idées et les formes de la langue, et l'accent se portant toujours sur ce nouvel élément du mot, le principe du dernier déterminant, que nous avons vu dominer en sanscrit, est en vigueur encore dans la langue hébraïque; et même comme cette langue n'a pas de composés proprement dits, la cause qui fait qu'en sanscrit l'accent se trouve souvent à une grande distance de la fin, n'existe pas en hébreu. Il y a bien des *paratheta*, mais non pas des *syntheta*. Ainsi, *Belzeboul* pour *Bal-seboub* veut dire *maître, dieu des mouches ; Melchisedek* pour *Malki-zedek, roi de la justice ;* l'idée déterminante occupe la seconde place, sans devenir terminaison. Il existe cependant aussi de ces terminaisons en hébreu, qui, comme on sait, ne sont autre chose que des pronoms abrégés devenus suffixes. Et ici, il faut bien le reconnaître, le principe logique de la hiérarchie des idées se fait sentir quelquefois, car s'il y a des pronoms dont la valeur intrinsèque est assez forte pour ne pas permettre à l'accent de remonter, par exemple les suffixes *tem* et *ten* de la seconde personne du pluriel, *ah* de la troisième personne féminin, et

---

[1] Gesenius, *Lehrgebäude der hebræischen Sprache*, §§ 49, 52.

cha deuxième personne du singulier [1], le plus grand nombre de ces pronoms perdent l'accent, et donnent naissance à des paroxytons très-peu nombreux du reste, si on les compare à la grande majorité des oxytons. Il va sans dire que si le suffixe a deux syllabes, l'accent porte comme en sanscrit sur la pénultième; c'est ainsi que les pluriels en *im* ont l'accent sur la dernière, et les duels en *ajim* sur l'avant-dernière, etc., etc.

Oxytons du dialecte attique.

§ 32. Si donc l'accentuation des peuples asiatiques milite pour notre théorie, les autres arguments de M. Göttling sont trop faibles pour la combattre. Après avoir déclaré (p. 39) que les impératifs oxytons ἐλθέ, πιέ, λαβέ, ἰδοῦ, sont attiques, il avoue (p. 52) que ἐλθέ, εὑρέ et εἰπέ, formes dont la pénultième est longue, sont communs à tous les dialectes, mais que ἰδέ et λαβέ appartiennent aux seuls Athéniens. Quant à πιέ et φαγέ[2], ils ne se rencontrent que très-rarement avec cette accentuation supposée attique; et quant aux deux autres cités précédemment, qui ne voit que leur fréquent usage, les a rapprochés des enclitiques, et que par conséquent on ne peut les considérer que comme oxytons faibles? L'impératif dans les verbes très-familiers, tels que λάμβανειν, πείθειν, peut-être aussi πυνθάνεσθαι, devait facilement prendre ce caractère d'enclise. C'est ce qui explique pourquoi la seconde personne singulier impératif moyen qui, non contractée, est proparoxyton, devient quelquefois périspomène après la contraction. Arcadius [3] ne nomme que λαβοῦ et πιθοῦ, auxquels il en faudrait joindre encore quelques autres, tels que πυθοῦ, ἰδοῦ, etc., mais Göttling a évidemment tort, lorsqu'il en fait une règle générale. Les exemples de ces impératifs accentués comme paroxytons quoique contractés, tirés d'Hésiode (*Theog.*, v. 549, ἔλευ) d'Hérodote (III, 68, πύθευ), Théocrite (x, 22, ἀμβάλευ), joints aux grandes autorités d'Aristophane (*Ran.*, v. 1248, τράπου) de Sophocle (*El.* v. *OEd. Col.*, 470, ἐνέγκου), d'Euripide (*Iph. A.* 1634, ἴκου, cp. Soph, *OEd.* (v. 147), suffisent pour le convaincre d'erreur. Du reste, la nature enclitique de ces impératifs se montre au grand jour dans ἰδοῦ, qui descend même au rang d'une simple interjection, et alors s'accentue ἰδού[4]. Ce n'est donc que longtemps

---

[1] Le suffixe *cha* ne perd l'accent que précédé d'une voyelle.

[2] Arcad, p. 148, 26.

[3] Arcad, p. 173, 4.

[4] Arcad., p. 183, 25.

après l'époque classique, et déjà par abus, que cette accentuation
a pris du terrain. En aucun cas on ne peut comparer cette déviation
de la règle générale à la fausse analogie qui a entraîné les Athéniens à prononcer et à écrire comme des périspomènes les adjectifs
proparoxytons en εος, lorsqu'ils sont contractés. Car ils disaient : χρυσοῦς (de χρύσεος), parce qu'il fallait dire χρυσοῦ de χρυσέου, χρυσῷ
de χρυσέῳ, etc. [1].

Quant à l'accentuation des mots ἄγυια et ὄργυια, que Göttling voudrait faire passer pour attique, parce que, d'après le témoignage de
Chœroboscus [2], ils sont périspomènes aux génitif, datif, etc., tout ce
qu'on en peut dire, c'est que leur prosodie aussi bien que leur accent ont toujours été controversés chez les anciens. Car les uns ont
regardé l'α comme long [3], les autres comme bref. Homère l'abrége
une seule fois (*Il.*, XX, v. 254). Il se pourrait, du reste, fort bien,
que les Athéniens eussent au nominatif mis l'accent sur l'antépénultième, comme l'affirment en effet les grammairiens, et l'eussent
reporté sur la dernière au génitif, pour établir ainsi une différence
plus marquée entre ces mots et les féminins du participe parfait
actif, auxquels ils auraient par trop ressemblé. La crainte de trom-
per l'oreille ne pouvait exister pour des dissyllabes, tels que Θυῖα,
μυῖα, à cause de la brièveté même de leur forme, qui ne permettait
pas de supposer la racine d'un verbe, après avoir détaché la terminaison qui à elle seule constituait presque le mot entier.

L'accentuation du nombre εἷς, au féminin, μία, μιᾶς, μιᾷ, n'est
pas non plus propre aux seuls Athéniens, comme Göttling l'avoue
lui-même plus tard (cp., § 53, p. 363); car μία et μίαν sont paroxytons, parce que les mots de la première déclinaison dont l'α est
bref, ne peuvent être oxytons, et que c'est précisément le génitif et
le datif qui sont régulièrement accentués, dérivant du masculin ἴος,
qui se rencontre dans Homère (*Il.*, VI, v. 422) [4]. Nous ne mention-
nons pas les quelques substantifs en τας, génitif τητος, dont l'accent
paraissait douteux à plusieurs grammairiens [5], ni les mots Ἀσκληπιός

---

[1] Göttling, p. 32.

[2] Bekker, *Anecd.*, p. 1217.

[3] Spitzner, *Griech. Prosodik*, p. 19.

[4] Göttling, p. 127.

[5] Göttling, § 41, p. 277, 278, sur δηιοτης, ταχύτης, τρα-
χιτης, δανότης, etc.

et ἀνεψιός, que Göttling, d'accord ici avec Hermann[1], considère comme ayant été chez Homère des proparoxytons, parce que ce dernier aurait employé quelquefois leur pénultième comme longue ; mais il a été démontré depuis que l'hexamètre d'Homère ne peut être nullement considéré comme un modèle de perfection, et que notamment l'i y donne souvent lieu à l'emploi du trochée pour le dactyle[2].

Toutes ces petites preuves amoncelées avec tant de peine par M. Göttling, en faveur de son système, tombent donc devant l'évidence des faits, qu'il serait facile d'augmenter encore, si nous voulions citer, par exemple, les adjectifs composés avec ἔτος, qui, étant oxytons dans d'autres dialectes, sont barytons chez les Athéniens, les adjectifs πηρός et μωρός, accentués par eux πῆρος et μῶρος, etc.[3].

§ 33. Comme dans cette marche fatale vers le principe logique, les différents dialectes de la Grèce ne tiennent pas le même rang, il est probable aussi, que, dans chaque dialecte particulier, les diverses parties du discours ont dû subir d'une manière inégale l'influence de ce principe grandissant. Seulement, avant d'aborder les détails de la grammaire, souvenons-nous bien que l'accentuation grecque, outre ses limites naturelles, est assujettie à de nombreuses modifications. A l'influence de la pensée viennent se joindre celle de la valeur prosodique de la pénultième, quelquefois même de l'antépénultième, la nature de la lettre qui termine le radical, enfin le plus ou moins de force expansive qui se montre dans la formation du mot. Si le mot n'a pas atteint tout le développement matériel dont il est susceptible, l'énergie de l'accentuation supplée à l'insuffisance de la forme ; mais lorsque cette dernière est arrivée à sa dernière plénitude (et c'est alors que nous l'appellerons d'un nouveau terme, *forme pleine*), dès ce moment, dis-je, l'équilibre étant rétabli, l'accent se retire à l'intérieur, et se fixe, s'il le peut, sur la racine, par exemple : γουνός, κρατός (de γόνυ, κάρα, deviennent γόνατος, κράατος ; de même ἰατήρ devient ἰάτωρ, et σκινδαλμός, σκινδάλαμος, etc. Il faudra aussi tenir compte quelquefois d'une fausse analogie, de certaines habitudes, non-seulement dans la prononciation, mais aussi dans la manière de sentir et d'envisager certains mots, par exemple : εὔνους, pluriel εὖνοι (pour εὐνοῖ = εὐνόοι), ἀληθής, εὐπρεπής, mais ὑπερμεγέθης (à cause de μέγεθος, génitif μεγέθους) ; enfin de toutes les

---

[1] Hermann, *De emend. rat. gramm. gr.*, p. 61.
[2] Thiersch, *Griech. Grammat.*, § 96.
[3] Göttling, § 48, p. 323.

bizarreries, de toutes les idiosyncrasies de la langue la plus mobile, la plus sensible qui fut jamais.

Accentuation du verbe.

§ 34. Le principe d'après lequel l'accent se portait sur le dernier déterminant du mot, n'avait souffert nulle part, en sanscrit, de si fortes atteintes que dans la conjugaison ; parce que, d'après une remarque judicieuse de M. de Humboldt, l'unité logique ne s'établit nulle part si vite ni si intimement qu'entre le verbe et ses suffixes. Dans le dialecte dorien, le futur, les troisièmes personnes plurielles en ον et αν et toutes les formes en αι étaient les dernières traces d'une lutte entre deux principes opposés qui s'éteint entièrement dans le dialecte attique[1] (il faut excepter cependant les soi-disant futurs attiques en ῶ, formés sur le modèle des futurs doriens). Il est vrai que nous ne parlons ici que de l'indicatif ; car dans l'optatif, par exemple, la même terminaison αι, qui était devenue brève partout ailleurs, se maintient longue ; non pas parce qu'elle est contractée de αιτι (car le souvenir des contractions s'efface souvent), mais parce que la pensée en reconnait toute l'importance et s'y arrête pour l'animer, par exemple ποιήσαι (*fecerit*) ; ποιῆσαι (*fecisse*) ; ποίησαι (*fac*). Le circonflexe sur la dernière ne s'est maintenu qu'au subjonctif des deux aoristes du passif τυφθῶ et τυπῶ, la langue ayant encore une connaissance instinctive des éléments dont ses formes étaient composées, c'est-à-dire de τυπ + θῶ (subj. de ἔθην) et

---

[1] Une preuve de la rapidité avec laquelle la trace des contractions disparaît dans la langue nous est fournie par le subj. et l'optatif moyens des verbes τίθημι, ἵστημι et δίδωμι, accentués primitivement, τιθῶμαι, ἱσταιτο, etc., et prononcés et écrits plus tard : τίθωμαι, ἵσταιτο. Buttmann, *Griech. Gramm.*, § 197. Kühner, I, § 205.

τυπ + ῶ (subj. de εἰμί)[1]. Mais aussitôt que nous sortons de la conjugaison proprement dite pour arriver aux infinitifs et aux participes qui font la transition du verbe au substantif d'un côté, et à l'adjectif de l'autre, cette régularité fait place aussitôt à une accentuation plus variable dans ces formes que le principe logique a soudées, pour ainsi dire, d'une manière moins étroite. Si nous regardons d'abord le sanscrit, nous trouverons que les participes sont presque constamment accentués sur la terminaison, oxytons, lorsque celle-ci comprend une syllabe, ou paroxytons, lorsqu'elle en comprend deux. Le participe en *at* (pour *ant* = οντι, αντι, εντι) suit l'accentuation de la troisième personne pluriel *anti* avec la formation de laquelle il a la plus grande analogie. Si cette dernière a l'accent sur la racine, le participe l'y conserve de même; si c'est au contraire la pénultième qui est accentuée, le participe devient naturellement oxyton[2]. Il est vrai qu'en grec les participes des verbes en μι (les plus anciens de la langue) sont seuls oxytons, par exemple τιθείς, ἱστάς, διδούς, et qu'en général les participes présents des trois genres des verbes retirent l'accent de la fin. C'est que le présent exprimant l'idée du verbe simplement, et pour ainsi dire d'une manière absolue, ayant en outre ordinairement une forme plus pleine et plus forte que l'aoriste II, par exemple, a laissé de bonne heure dominer le principe logique qui l'emporte chaque fois que les différents éléments du mot sont en équilibre, et que sa forme est aussi *pleine* qu'il se peut[3]. (V. p. 97.) Cela nous explique pourquoi

---

[1] Pott, *Etym. Forschungen*, II, p. 691-693.

[2] Böthlink, § 39.

[3] Mais que le partic. prés. ait eu primitivement l'accent sur la dernière, c'est ce qui paraît être prouvé par des formes telles que ἰών, κιών, ἐών, et ἑκών, si l'étymologie qu'on en donne et qui en

la terminaison μενος, η, ον, perd au participe présent l'accent qu'elle conserve encore si souvent en sanscrit[1]. La voyelle formative ο, qui lie la terminaison au radical, est comme le signe d'équation qui équilibre le mot et resserre ses trois parties en un seul tout. Les participes de l'aoriste Ier et du futur retirent l'accent de la fin, parce qu'ils dérivent de ce que nous avons appelé tout à l'heure des formes *pleines*. En effet, le futur s'est formé originairement en ajoutant le potentiel *siami* au radical du verbe; le dialecte dorique en avait encore conservé les deux premières lettres; il n'en est plus resté aux autres dialectes que le σ, mais qui seul suffisait à indiquer le futur en lui donnant une physionomie assez marquée pour que la langue n'ait plus eu besoin de faire ressortir, par l'accent, les nuances des différents modes. L'aoriste Ier (ἔτυψα) a aussi le σ pour caractéristique; mais il s'est formé par l'agglutination de l'imparfait de la √ *as* (être) (a)*sa*(m) (cp. scr. *adikcham*, *adikchas*, *adikchat* avec ἔδειχ-σα, ἔδειχ-σας, ἔδειχ-σε)[2]. Comme la langue grecque a donné au participe de l'aoriste une terminaison différant de celle du futur, une nouvelle distinction par l'accent devient inutile.

Il est clair que ce futur et cet aoriste sont d'une origine récente relativement à l'aoriste II qui, comme le prouve la brièveté de la voyelle radicale, nous présente probablement la forme la plus antique de la conjugaison. Aussi le contraste entre la terminaison et le radical s'y est-il conservé tout entier, contraste

---

fait un participe est juste. Benfey, *Griech. Wurzellexicon*, I, p. 347, qui le fait descendre de la racine √ *vac'* (gr. Fεκ) désirer. Göttling, p. 46.

[1] Böthlink, § 40.

[2] Bopp, *Vggl. Gramm.*, p. 803.

qui rendait sensible à l'oreille et comme palpable la
différence qui existe entre la durée de l'action au pre-
sent, exprimée par la prépondérance du radical sur la
terminaison, et sa rapidité indiquée de la manière inverse dans l'aoriste. C'est en effet la terminaison qui
prédomine surtout dans le participe de cet aoriste, où
à une forme plus étendue s'ajoute encore toute la force
de l'accent (τυπών).

Nous passons sous silence les participes des deux
aoristes du passif, naturellement oxytons, puisque leurs
subjonctifs le sont déjà (v. p. 98), pour nous arrêter aux
participes du parfait actif et passif. Le premier, terminé
en ώς, υῖα, ός, est identique avec la forme du participe
du même temps en sanscrit, en *wáns*, *ouchi* [1]. Le participe du passif suit l'analogie des participes sanscrits
en *mana*, en ajoutant μένος immédiatement et sans
voyelle formative au radical redoublé. Ainsi la langue,
par l'accent de la terminaison, a voulu sans doute faire
ressortir davantage l'idée du parfait en opposition avec
le présent; mais il ne faut pas oublier non plus que,
le radical étant déjà trop allongé par le redoublement, elle n'a pas pu donner à la forme du participe
l'extension nécessaire. Ces participes sont cependant
quelquefois proparoxytons ; c'est lorsqu'ils prennent le
redoublement attique, et alors on peut les considérer
comme des formes *pleines* (ἐληλάμενος, ἀκαχήμενος), ou
lorsque la valeur du parfait s'y est effacée; par exemple :
ἐσσύμενος, ἄσμενος, κείμενος, καθήμενος.

Les adjectifs verbaux en τός et τέος répondent avec la
dernière exactitude, en sanscrit, aux participes passés en
tás (désinence dérivant du pronom démonstratif), et
aux participes futur passif en *tawja*, dont les premiers

---

[1] Böthlink, § 41.

sont oxytons, et les seconds ou paroxytons ou périspomènes *kartáwja* ou *kartawjă* (*faciendus*) [1].

L'*infinitif* règle en général son accentuation sur celle du participe. Il est d'une origine relativement très-récente, et peut être considéré comme dérivant des participes sanscrits *mana* et *ana* [2]; il n'est pas difficile au moins d'y ramener ses formes différentes μεναι, μεν, εναι, εν. Dans l'infinitif du présent εν, l'ἰῶτα de la terminaison retranchée αι, s'est réfugié dans la syllabe précédente, de même que dans l'infinitif des Rhodiens μειν pour μεν(αι) [3]. Dans l'infinitif de l'aoriste Ier, cet ἰῶτα est le seul reste de la forme primitive. La terminaison αι de l'infinitif en général paraît être celle d'un pluriel féminin dont la vie s'est retirée, comme la deuxième personne plurielle présent passif, dans la langue latine : *amamini, legimini* = φιλούμενοι, λεγόμενοι (cp. *alumnus* = *alumenos*, *Neptunus* = νιπτόμενος, *terminus*, etc.) [4]. Les infinitifs en σθαι sont expliqués par Bopp [5] à l'aide du suffixe *ti*, qui, précédé du pronom réfléchi, sert à former les infinitifs dans les langues slaves et dans le *zend*. Étant d'origine un participe, l'infinitif doit suivre la marche du participe, et tout ce que nous avons dit de ce dernier pourra et devra lui être appliqué. Ainsi τύπτων et τύπτειν, τύψας et τύψαι, τύψων et τύψειν, τυπών et τυπεῖν, τετυμμένος et τετύφθαι (= τετύπ-σθαι) se trouvent exactement sur le même rang.

---

[1] Böthlink, § 43. Pott, II, p. 505.
[2] Pott, II, p. 594.
[3] Ahrens, *De gr. linguæ dial.*, II, p. 315.
[4] Bopp, *Vggl. Gramm.*, p. 691.
[5] Bopp, *ib.*, p. 684.

Accentuation du nom [1].

Le substantif considéré comme un ancien adjectif.

§ 35. Le principe du dernier déterminant, respecté en sanscrit dans l'accentuation des noms, avait éprouvé de fortes atteintes dans l'accentuation du verbe. Une unité plus intime y avait donné naissance au principe logique, qui fait que la voix, au lieu d'appuyer sur le dernier élément formatif du mot, en recherche le principal. Ce principe avait triomphé entièrement dans la conjugaison grecque, et dès à présent il commence à percer dans l'accentuation du substantif et de l'adjectif. En effet, adjectif et substantif paraissent, à une époque primordiale, n'avoir différé, ni par leur forme extérieure, la déclinaison, qui est la même pour les deux en sanscrit [2], ni par leur idée. Le substantif n'était originairement qu'un adjectif qui exprimait l'action du verbe dont il dérivait, appliqué à un objet concret, chose ou personne. Ce qu'on a dit si souvent des noms propres, que tous étaient originairement des noms appellatifs, donnés à ceux qui les portaient, pour quelque signe, pour quelque qualité distinctive, peut se dire du même droit de tous les substantifs en général.

---

[1] Cette partie du traité est l'extrait d'un travail plus étendu sur l'accentuation des noms grecs, dont nous n'avons osé rapporter ici les longs et fastidieux détails. Nous nous bornerons donc à donner les notions les plus nécessaires. Nous espérons ainsi intéresser davantage et faire ressortir plus clairement les principes qui nous échapperaient au milieu de recherches trop minutieuses et trop multipliées. Nous croyons avoir le droit de demander une plus grande indulgence pour les pages suivantes, qui renferment certainement les questions les plus ardues de l'accentuation grecque, questions tellement difficiles qu'on n'arrivera peut-être jamais à leur entière solution.

[2] Bopp, *Krit. Gramm. der Sanscritasprache*, § 215.

En effet, l'adjectif πτώξ, *timidus, fugax*, sert, chez Homère, de désignation au lièvre (*Il.* XVII, v. 676); τρώξ, *qui, quœ rodit*, est le nom d'un certain vers rongeur; πλώς, *qui, quœ natat*, celui d'un poisson. L'allemand *Fliege* (mouche) *quœ volat*; *Spinne* (araignée) *quœ net*; *Kraehe* (corneille) *quœ clamat*, fournissent des exemples du même genre. *Wolf* (loup) et *vulpes* (renard) ont voulu dire, au commencement, la même chose : *voleur*. Tous les deux descendent en effet d'une racine *wilwan, piller*. Il serait facile de réduire un très-grand nombre d'autres substantifs, qui ne nous sont plus connus comme adjectifs, au sens de vrais participes : μήν, mois de la √*ma, qui metit*; Πάν, le dieu Pan de √ *bha, qui fulget*; Ζεύς ou Δεύς de √ *diw, qui splendet* (cp. *dies, djuvare* = *juvare*, etc., *dju-piter*); πούς de √ *pat, qui graditur*; χείρ, lit. *hir* de √*hri, quœ prehendit*; δόρξ, gazelle de √ δερχ, *quœ intuetur*.

On voit aisément comment le substantif a fini par se détacher de l'adjectif. Les hommes, dont l'imagination était beaucoup plus préoccupée de l'objet même que de la qualité qui lui avait donné son nom, oublièrent peu à peu l'étymologie de celui-ci, qui devint ainsi un vrai nom propre. Le sentiment de la *dérivation*, qui devait naturellement rester toujours vivace dans l'adjectif, placé si près, et pour ainsi dire sous la tutelle du verbe, se perdit donc de bonne heure dans un très-grand nombre de substantifs, où dès lors se fit sentir l'indépendance de l'idée qui cherche à s'affranchir de la forme en reportant l'accent vers le radical. La tendance de l'adjectif, au contraire, est de rester oxyton, et ne paraît nulle part si prononcée que lorsqu'une trop grande ressemblance de deux formes pourrait donner lieu à des malentendus, par exemple δρακών, ayant vu, δράκων, dragon; θερμή, *calida*, θέρμη, *calor*, etc.

La déclinaison forte et la déclinaison faible.

§ 36. Cette manière d'envisager le substantif comme un adjectif primordial paraît se trouver en opposition directe avec la théorie des déclinaisons grecques et latines, telle qu'elle a été fixée par la philologie moderne. Les déclinaisons, qui n'en formaient encore qu'une seule en sanscrit, qui était la même pour tous les noms, les pronoms exceptés, se divisent dans les langues grecque et latine en déclinaison *forte* ou *primitive*, et déclinaison *faible* ou *récente*. La première répond à la troisième déclinaison en grec, à la troisième et à la quatrième en latin ; la seconde à la première et à la deuxième en grec, à la première, à la deuxième et à la cinquième en latin [1]. Or, c'est précisément la déclinaison primitive qui comprend la grande majorité des substantifs ; c'est la déclinaison faible et récente qui est surtout celle des adjectifs. Comment alors expliquer cette contradiction apparente ? Il y a évidemment dans la langue grecque des tendances d'abstraction plus marquées ; elle éprouve le besoin de différencier par la forme des idées dont la langue jusqu'à présent n'avait pas saisi toute la différence. Or, ce qui distingue l'adjectif en particulier, ce qui lui donne, pour ainsi dire, des traits plus accusés, ce sont les terminaisons qui désignent le genre (α, η, ος, ας, ης). Ces terminaisons, dont l'élément principal est une voyelle, sont plus exposées à se modifier, à se désorganiser, que celles que protége une consonne ou une voyelle voisine des consonnes ($i = j$, $u = F$). La voyelle, signe du genre, se fondant avec les désinences, signes des cas, produisirent des élisions, des contractions qui ont fini par changer le type primitif

---

[1] Bopp, *Vggl. Gramm.*, p. 141, 142. Kühner, *Griech. Gramm.*, 1, p. 288 sqq.

de la déclinaison. Il est naturel que le grand nombre
des adjectifs ait adopté cette nouvelle forme de la déclinaison, et que ceux-là seulement, dont le radical se
terminait en ι ou υ, ou en une consonne (et ils étaient
relativement très-peu nombreux), soient restés fidèles à
la déclinaison forte. Encore, lorsque ces adjectifs voulaient exprimer le féminin, étaient-ils forcés de recourir à la première déclinaison[1] ; ainsi : ἡδύς, ἡδεῖα,
τύπτων, τύπτουσα. Car la voyelle *i*, qui en sanscrit avait
été le signe caractéristique du féminin (par exemple
mahat = μέγας, *mahati* = μεγάλη), était devenue incapable d'être déclinée en grec et fut remplacée par α[2].

Sur les trois degrés de dérivation.

§ 37. Nous avons dit que c'est le souvenir plus ou
moins vivace de la dérivation qui détermine la place de
l'accent. Nous distinguerons dans cette dérivation trois
degrés. Aucun nom ne présentant la racine dans toute
sa nudité, c'est par des désinences ou par des suffixes
que tous ont dû se former, que leur existence, comme
mots, est devenue possible. Ces suffixes, que nous avons
appelés *krit* ou *kridanta* (voy. p. 47) sont tellement
anciens que la langue a oublié leur valeur primitive.
La plupart sont probablement des restes de pronoms
maintenant perdus. Quelques-uns ont été reconnus et
expliqués par la science moderne, comme l'*s* dans ναῦ-ς,
πλοῦ-ς, *for-s*, *den-s*, goth. *dag-s*, jour, qui n'est
autre chose que le pronom personnel de la troisième
personne *sa*[3]. Le sanscrit parait avoir compris bien

---

[1] Becker, *Ausführliche Gramm. d. deutschen Spr.*, I, p. 304.

[2] Bopp, *Vggl. Gr.*, p. 139 sq.

[3] Bopp, *Vggl. Gr.*, p. 139 sqq. — Dans les langues qui, comme
le finnois, ne distinguent pas de genre, la déclinaison des subst.
et des adjectifs est identique. Becker, *Gramm. d. deutschen Spr.*, I,
p. 308.

plus longtemps que le grec ces éléments du langage primordial ; la terminaison *is,* par exemple, qui dans μῆτις est déjà bien effacée (pronom *i?*) a encore l'accent dans le sanscrit *mati.*

Mais le grand nombre de ces suffixes *kridanta* avaient un sens trop vague, une forme trop peu caractérisée pour que la langue, qui tend à se différencier, à se spécialiser, à se déterminer de plus en plus, ait pu s'y arrêter longtemps et pour toujours. Ces ébauches de mots à peine achevés, dont nous trouvons quelques exemples dans la poésie d'Hésiode, φρίξ, δώς, ἀλκί, κρόκα, ἰῶκα, κρῖ, ἅρπαξ, πνίξ[1], les adjectifs τρόχις, τρόφις, (τρόφι κῦμα Hom.), πτώξ, δόρξ, sont bientôt remplacés par des formes plus larges et plus nettement dessinées, φρίκη, δόσις, ἀλκή, κριθή, ἁρπαγή, τροχός, τροφός, πτωκάς, δορκάς, πνῖγος, etc. L'adjectif μέγας même, dont le nominatif, ou plutôt le thème (μεγατ) n'offrait pas assez de facilité à la déclinaison, vit se substituer dans presque tous les cas et genres la forme μεγαλός.

Ce sont ces formes neuves, et déjà plus riches, sans pour cela être vraiment *pleines,* qui, surtout pour l'adjectif, constituent le *second* degré de la dérivation, qui appelle l'accent, la dérivation vivace. L'immense majorité des adjectifs en ός, ή, όν, et la plupart de ceux en ής, έος, trouvent ici leur place ; car les adjectifs en ύς de la déclinaison forte paraissent être primitifs. Quant aux substantifs, nous voudrions classer dans la même catégorie presque tous les masculins qui ne se terminent pas par une double consonne ξ ou ψ, une grande partie des féminins comme ceux en δών, ύς, ώ, en ή, μή, ωλή, etc., enfin les diminutifs en ιλος, υλος, ισκος, etc., etc.

Le troisième degré de la dérivation est occupé, selon

<hr>

[1] Kuhner, *Griech. Gramm.,* I, 419.

notre avis, par les formes *pleines*. Les suffixes y ont une valeur plus abstraite, mais parfaitement comprise dans la langue. Ils sont en même temps si largement exprimés, si fortement accusés, qu'ils n'appellent plus l'accent. Celui-ci désormais se reporte sur la racine, pour balancer le poids de ces suffixes trop considérable presque pour le sens qu'ils renferment. Des exemples de cette dérivation nous sont fournis par les adjectifs en μων et εις de la déclinaison forte : λήσμων, ἐπιστήμων, δακρυόεις, χαρίεις ; par ceux en ιμος, όσυνος, et par le grand nombre de ceux en ινος et ιος ; par les substantifs féminins en σις et της, et par tous les neutres en μα, ος, ωρ, etc. Presque tous ces noms ne descendent pas immédiatement d'une racine, mais d'autres mots déjà existants dans la langue, et forment cette classe particulière de dérivés que les grammairiens hindous appellent *taddhita*. (Voy. p. 47.)

Déclinaison forte.

Adjectifs.

§ 38. Si, après ces préliminaires, nous abordons la déclinaison qui, pour nous, est la première, la déclinaison forte, nous n'y trouvons plus que peu d'adjectifs qui aient conservé leur forme presque primordiale (comme βλάξ, πτώξ, τρώξ), et dans lesquels les rapports du genre ne soient pas encore indiqués. A côté d'eux il y a quelques bissyllabes dont les terminaisons ne marquaient plus assez clairement le sens de la dérivation, tels que τρόφις, τέρυς, φόλυς. Πρέσβυς est évidemment un composé, ainsi que θέσπις et ἥμισυς. Θῆλυς répond au sanscrit *dhénu*[1] , femme, et ne doit pas être confondu avec les autres adjectifs en ύς, dont nous avons parlé plus haut.

---

[1] Benfey, *Griech. Wurzellexicon*, II, p. 270.

Nous passerons rapidement sur les adjectifs déjà mentionnés en -μων et -εις, pour nous arrêter à ceux en -άς (gén. άδος de ἰδεῖν?), qui paraissent avoir conservé l'accent sur la dernière, comme *ampliativa* (δρομάς, φοιτάς, φυγάς), du même droit que les diminutifs en ἰσκος, ἴλος, ἴνος, etc. [1], et surtout à ceux en ής, qui se rencontrent rarement comme mots simples [2]. On s'en sert pour former des composés de substantifs ou de verbes; par exemple : εὐγενής, εὐπρυμνής, πρωτογενής [3]. Ils ont toujours un sens passif et intransitif, et on peut affirmer presque avec certitude que leur terminaison ές, allongée au masculin et au féminin ής, n'est autre chose que la racine ΑΣ, ΕΣ dans sa forme la plus simple [4]. Ces adjectifs sont toujours oxytons quand ils ne sont pas composés; ils le sont aussi, même composés, lorsque la fusion des deux parties est achevée. Mais lorsque la seconde partie a un poids trop considérable pour être absorbée dans le tout, c'est-à-dire lorsque dans la pénultième se trouve un η, un ω, un α long de nature ou par position, ainsi dans les terminaisons : άντης, άρκης, ήθης, ήρης, κήτης, μήδης, μήκης, ώδης, ώκης, ώλης, surtout lorsque cette partie répond exactement à un substantif

---

[1] Pape, *Etymol. Worterbuch d. griech. Spr*, p. 208

[2] Pape, *ib.*, p. 216

[3] Pape, *ib., ib.*

[4] Dans la langue grecque, le neutre désigne habituellement l'instrument, la matière, l'abstraction ; il est, par conséquent, peu propre à marquer un être actif, mais plutôt une chose, être passif et inanimé. Il est donc naturel d'identifier la désinence ες de ces adjectifs avec la désinence ος des substantifs neutres de la troisième déclinaison : γένος, μένος, etc., dont le véritable radical est γένες, μένες. Cp. σακές-παλος, τελές-φορος (Bopp, *Vggl. Gr.*, p 152). Les adjectifs en ής ne se distingueraient de ces substantifs que par l'accent. La √ *as* n'expliquerait-elle pas aussi l'origine des affixes *as, is, us* en sanscrit, sur lesquels Pott paraît avoir des doutes? (Pott, *Recherch. étym.*, II, p. 610.)

neutre en ος (on sait que tous ces substantifs retirent l'accent au nominatif et dans les autres cas ; par exemple : ἦθος, μῆκος, κῆτος, μῆδος, μέγεθος génitif, ἤθους, μεγέθους, etc.), l'accent dominé par cette seconde partie s'arrête sur la pénultième. C'est surtout dans les adjectifs composés avec εἶδος qu'on peut apprécier la force des influences phoniques. Tous ceux qui se terminent en ειδής sont oxytons, mais dès que la diphthongue ει devient ω en se réunissant à un ο précédent, ils retirent l'accent sur la pénultième.

Substantifs.

§ 39. La déclinaison forte est, comme nous avons vu plus haut, surtout la déclinaison des substantifs, et particulièrement des substantifs primitifs. Parmi ceux-ci les substantifs monosyllabiques occupent le premier rang. Ils sont en petit nombre, et la langue ne les a conservés que pour exprimer quelques notions de première nécessité (χείρ, πούς, ῥίς, θρίξ – le duel défectueux ὄσσε est déjà remplacé par un mot d'origine récente ὀφθαλμός). Ces substantifs jettent dans les cas forts (vulgairement dits cas faibles) l'accent sur la dernière [1]. Si nous ne nous trompons pas, ces oxytons fournissent une des preuves les plus fortes de la loi du dernier détermi-

---

[1] Göttling, p. 245.—Parmi les noms de nombre qui conservent comme les pronoms plus de vestiges d'une haute antiquité que les autres parties du discours, δύο et ἄμφω, suivent l'analogie des monosyllabes. Ainsi : δυοῖν, δυεῖν, δυσί, ἀμφοῖν (Göttling, p. 363). Il faut remarquer cependant qu'en cela l'accentuation grecque n'est pas d'accord avec l'accentuation sanscrite, qui veut que *êka* (du pron. ι + *ka*), un, et *daï*, deux, aient dans tous les cas et genres l'accent sur la première, tandis que *tri* et *chach* (six) s'accentuent en effet comme des monosyllabes. La différence s'explique peut-être par la vocalisation du ϝ qui a rendu δύο dissyllabe en grec (Böthlink, p. 9).

nant que nous avons rencontrée dans les langues anciennes à leur début. C'est à cause de leur peu d'étendue que s'est maintenu le contraste entre la racine inerte et la terminaison qui lui donne la vie. On ne pourrait objecter que c'est seulement pour mettre en opposition les deux principes de l'accent et de la quantité que la langue s'est permis cette irrégularité; Εἷς, Ζεύς, φλόξ et quelques autres sont là pour répondre à cette objection. Mais ce qui la renverse entièrement, c'est la différence de valeur entre les cas eux-mêmes ; car le nominatif et l'accusatif ajoutent peu de chose au radical qui puisse motiver un changement d'accentuation.

Tous ces mots ont ceci de commun avec les polysyllabes, que s'ils sont oxytons au nominatif, et que la syllabe accentuée soit longue, ils deviennent périspomènes au vocatif[1]. La raison en est manifeste : le nominatif est encore un cas qu'on pourrait appeler *logique*; il se rapporte aux autres mots, aux autres parties de la phrase. Le vocatif n'exprime plus aucun rapport semblable; il ramasse, pour ainsi dire, le mot en une unité absolue, et c'est à cause de cela qu'en sanscrit il a l'accent toujours sur la première syllabe du mot[2]. Lors donc qu'en grec l'accent aigu tombe sur une longue, la prononciation plus isolée, et pour ainsi dire plus ramassée du mot, est cause qu'il se change en circonflexe. Cette prononciation a quelque chose de plus lourd et rappelle l'accentuation éolienne, qui

---

[1] Gottling, p. 244, 251.

[2] L'accentuation des neutres a le plus d'analogie avec celle du vocatif. Aussi les neutres et les vocatifs des comparatifs en ιων sont-ils proparoxytons : βέλτιον, αἴσχιον. Les Athéniens accentuent sur l'antépénultième le neutre des adjectifs : χαρίεις et ἀληθής au positif, lorsqu'ils les emploient comme adverbes (Göttling, p. 311, 312).

veut que les monosyllabes aient le circonflexe déjà au nominatif.

Les substantifs *polysyllabes*, qui se terminent par ξ et ψ (αξ, ιξ, υξ, ιγξ, υγξ, αψ, ιψ, οψ, etc.), de même qu'un grand nombre de primitifs en ις et υς retirent l'accent. Mais pour ceux dont la dérivation est plus sensible, une distinction devient nécessaire. L'accent se porte sur la dernière, surtout dans les masculins, dans lesquels se révèle l'idée de l'action, de l'énergie d'une manière particulière. C'est pourquoi tous les substantifs en ήν (scr. *an*), μήν (scr. *man*), εύς, τήρ, μών, par exemple ποιμήν, αὐχήν, ἱερεύς, πατήρ, δαιτυμών, ἡγεμών ; les *periectica* en ών, comme ἀνδρών, chambre pour les hommes, γυναικών, περιστερεών ; les noms de mois en ιών, par exemple Ἐλαφηβολιών, sont oxytons [1].

Tous les neutres, au contraire (leurs désinences sont : ας, αρ, ωρ, ος, μα), sans exception, à cause de leur valeur plus abstraite et plus logique, reportent l'accent, autant que possible, loin de la fin.

Les féminins tiennent le milieu. La dérivation, le principe du dernier déterminant, se fait sentir encore dans les antiques terminaisons ύς et δών, qui sont bien rares cependant, et dans les noms en ώ qui désignent des noms de femmes (ἀλγηδών, σηπεδών, βοητύς,

---

[1] Les exceptions, au moins pour le plus grand nombre, ont été originairement des adjectifs et forment ainsi un contraste avec des substantifs de même terminaison. Par exemple : πνεύμων (*qui spirat*), δαίμων (*qui sapit*), τέκτων, τένων, τρίβων, etc. (Pape, p. 262). La terminaison — τωρ est la terminaison *pleine* de τήρ. Par exemple : ἰάτωρ=ἰατήρ, ἄκτωρ, etc. Cette même forme est employée dans les adjectifs composés avec φρήν et ἀνήρ. Par exemple : ἀγαπήνωρ, κρατερόφρων, σώφρων. La langue, en retirant au suffixe l'accent qui le faisait ressortir du reste du mot, lui donna comme compensation une forme élargie.

γελαστύς, ἠχώ). Mais l'immense majorité de ceux en της, τις et σις, qui répondent aux noms latins en *tio* et *tas*, sont barytons parce que le souvenir de la dérivation s'y est perdu. Le suffixe ίς ou τρίς est oxyton, quand il forme des diminutifs (de la √ ιδ, voir, ressembler, cp. ίσκος); mais il perd l'accent dès qu'il ne sert qu'à créer une forme féminine pour un substantif masculin déjà existant, comme cela a lieu dans les noms en άτης, ίτης, έτης ; par exemple, ἐργάτις de ἐργάτης, ἱκέτις de ἱκέτης. Des mots tels que ἀλωπεκίς de ἀλώπηξ, ἡγεμονίς de ἡγεμών sont, par conséquent, accentués d'après une fausse analogie.

Quand le hasard a assigné la même terminaison à des masculins et à des féminins, c'est souvent une différence d'accent qui marque le genre. C'est ainsi que tous les noms en τήρ sont oxytons, excepté les féminins μήτηρ, θυγάτηρ, εἰνάτηρ [1].

Déclinaison faible ou récente.

Adjectifs.

§ 40. Nous avons appelé cette déclinaison la déclinaison des adjectifs, non-seulement parce qu'elle en renferme le plus grand nombre, mais aussi à cause de sa forme, qui indique d'une manière toute particulière les rapports du genre. Il ne faut pas s'étonner pourtant si la séparation des substantifs d'avec les adjectifs ne s'est pas opérée avec une très-grande rigueur. Le substantif n'a peut-être jamais cessé d'être envisagé instinctivement par les Grecs comme un adjectif. Un très-grand nombre trahissent encore aujourd'hui, par la flexion du genre, leur origine, comme δοῦλος, δούλη, κόρος, κόρη, θεός, θεά [2]. Mais c'est précisément en opposition avec ces substan-

---

[1] Göttling, p. 250.
[2] Kühner, I, p. 289.

tifs que s'est développée la tendance des vrais adjectifs
à jeter l'accent sur la dernière, surtout lorsqu'ils sont
bissyllabiques[1].

Cette règle cependant n'est pas plus inflexible que
toutes celles qui tendent à établir une limite bien
marquée entre les substantifs et les adjectifs. Nous ne
parlons pas ici seulement des adjectifs composés, de ceux
qui sont formés avec l'α privatif; car si ceux-là retirent
l'accent, c'est parce que leur premier membre renferme
le dernier déterminant. Nous voulons parler de ceux
qui contiennent un redoublement tantôt complet, tantôt partiel du radical, comme βέβαιος, βέβηλος, βάρβαρος, μέρμερος, πέμπελος, κάγκανος, peut-être λάλος,
dont la première syllabe peut être envisagée ainsi comme
un dernier déterminant; de ceux dont la valeur prosodique présente la forme d'un pyrrhique (◡◡) comme
ὅλος, κόλος, σάος, ἴσος, μέσος, ὅσος, etc.; de quelques
rares propérispomènes κοῦφος, φαῦλος, ἀγαῦρος, θοῦρος,
λοῖσθος (probablement pour λοίπιστος), la plupart adjectifs
primitifs, dans lesquels l'idée de la dérivation s'est d'autant plus effacée, que la langue n'avait pas de substantifs homonymes ou semblables à leur opposer.

Retirent l'accent par la raison contraire, c'est-à-
dire *comme formes pleines* : les adjectifs en μος (ιμος,
άλιμος) et όσυνος, qui tous viennent de mots déjà dérivés (βάσιμος, de βάσις; αἱρέσιμος, de αἵρεσις; δουλόσυ-
νος, de δοῦλος; etc.)[2]; les adjectifs en ινος qui marquent la
matière dont quelque chose est faite : κήρινος (de κῆρος,
cire), κεράτινος (de κέρας, corne), etc.; un petit nombre
d'adjectifs en λος, qui ont inséré un ε pour équilibrer
le mot, comme δείκελος = δεικλός, ἀείδελος = ἀειδλός,
εἴκελος = εἰκλός; (στυφελός et τραπελός paraissent avoir

---

[1] Pape, *Etym. Worterbuch. der griech. Sprache*, p. 83.
[2] Pape, *ibid.*, p. 140.

été prononcés comme bissyllabes : τραπλός, στυφλός); les nombres ordinaux en τος comme τρίτος, τέταρτος; enfin ceux en ιος, qui, lorsque leur radical se termine par une voyelle, présentent les formes ειος (affaibli εος[1], par exemple, χάλκειος = χάλκεος), αιος, οιος, ῳος, υιος. Les formes nées d'une contraction devraient toujours être surmontées du circonflexe sur la pénultième. Aussi ce circonflexe s'est-il maintenu surtout dans la majorité des *ethnica*, mots dont la forme extérieure s'est comme de raison fixée de bonne heure; par exemple : Ῥωμαῖος, Πτολεμαῖος, Ἑκαταῖος, etc. Mais dans la plupart, dans ceux en ειος particulièrement, qui dérivent de substantifs exprimant des personnes et des êtres animés, l'accent a fini par se fixer sur l'antépénultième, à mesure que le souvenir d'une contraction antérieure se perdait[2].

La langue s'est certainement permis de former quelques adjectifs d'après une fausse analogie, comme κηπαῖος, σκοτιαῖος, ἀνεμιαῖος, ὑποβολιμαῖος, mais il ne faudrait pas en conclure que toutes les variations de la forme et de l'accent soient arbitraires. Δείλαιος (forme secondaire pour δειλός), δίκαιος, μάταιος, βίαιος, ne diffèrent des autres adjectifs en αιος, qui sont propérispomènes, que de la manière dont γέλοιος, ἑκατόμβοιος, etc., diffèrent de leurs homonymes propérispomènes. Mais parmi les oxytons en αιος que Göttling range à peu près sur la

---

[1] Il faut distinguer de la terminaison ιος et εος = ειος, sans valeur virtuelle, les oxytons en εός, tels que ἐτεός, κενεός, δαφοινεός, στερεός et ἐνεός (Göttling, *Allgemeine Accentlehre*, p. 294), dans lesquels l'ε remplace un *j* retranché. Aussi trouve-t-on à côté de κενεός, κεινός, au lieu de στερεός, στειρός; dans ξένος ou ξεῖνος (pour ἐξ-ενός? — Alors la seconde partie du mot répondrait au sanscrit : *anja, alius*); l'ι s'est perdu sans laisser de trace même dans la place de l'accent. Cp. *strangero = extraneus*.

[2] Göttling, *ibid.*, p. 298.

même ligne [1], la langue a été guidée par un instinct sûr, en distinguant ἀραιός (*parvus, paucus*), de ἀραῖος (de ἀρά). Dans παλαιός, ce n'est pas παλ, mais πάλαι, qui est le radical; la terminaison est donc ος, et non pas αιος. Ἀλαιός, γεραιός se disent pour ἀλαϝός, γεραϝός (forme sec. ἀλαός, γεραός) qui dérivent des verbes γεράϝω (cf. γραῦ-ς), λάϝω, λεύσσω. Ἡβαιός ne vient pas de ἥβη, jeunesse, mais n'est qu'une forme secondaire de βαιός. Δηναιός n'a pas l'accent sur l'antépénultième, probablement parce que cet accent donnerait trop de poids à l'adverbe δήν (longtemps, souvent), qui est de la même famille que δή, ἤδη, etc., mots qui, par leur valeur, se rapprochent des enclitiques. Dans κραταιός la désinence de l'adjectif paraît être ος, si nous comparons le mot homérique κραταιῖς, puis κρατύς (κρατίων = κρατϝίων), κραταιγύαλος, κραταίπους, κραταίπεδος, etc.

Malgré le peu de valeur que la terminaison ιος a aujourd'hui dans la plupart des adjectifs, elle n'en paraît pas moins avoir été autrefois une désinence virtuelle qui servait à désigner des diminutifs, et qui marquait la ressemblance, comme paraissent l'indiquer encore quelques mots qui ont la valeur prosodique de tribraques et de dactyles (⏑⏑⏑ et -⏑⏑), Φρυγίος, Σκοτίος, σκορπίος, νυμφίος, qui gardent l'accent sur la pénultième, quoique la quantité de la dernière leur permette de le retirer sur l'antépénultième.

Voici maintenant le tableau de tous les adjectifs simples, divisés en deux classes, dont la première contient les adjectifs à désinences virtuelles, et dont la seconde comprend les adjectifs *à forme pleine* :

[1] Göttling, p. 297.

Adjectifs

	À terminaisons virtuelles.	À forme *pleine.*
ός	après α, β, γ, δ, π, φ, χ, θ, σ, ξ, ζ, ψ.	ιος (ειος, αιος, οιος, ωος, υιος.)
ικός	(cp. εἴκω, ressembler).	
νός	(scr. *na*, ancien parf. passif).	
ενος	(scr. *in*, *ina*, *doué de*).	εμος (σιμος, ιμαῖος).
λός	(scr. *la*, cp. *bhachou* (παχυς), *bha-choula*, μέγας, μεγαλός, ποικίλος? *pēsala?*	
ωλός ηλός	} scr. *alou.*	ινος en κήρινος, κερά-τινος.
αλέος	(gr. ἅλις cp. scr. *alou*).	
τός	(scr. *ta*, part. passif, oxyt. en scr.)	
τέος	(scr. *tawja*, paroxyt. en scr.)	
εός	(scr. *ja*, cp. Bopp, *Krit. Gramm.*, p. 330.)	όσυνος.
αρος ερός ηρός ρός	} scr. *ra ?* plénitude. cp. αρι (ἀρείων, etc.) ερι, *beaucoup* (ἐριηρος, etc.)	
ανός ηνός	} scr. part. passif *āna*, gr. √γνο? Pott, II, p. 583.	
ῑνος	paraît diminutif, cp. ἴνις = υἱός.	
ωνός	forme des patronym. scr. *ajana*, cp. υί-ωνός, οἰ-ωνός.	
όος	en ἁπλόος, διπλόος. Mais ces mots sont deux fois composés.	

La propension des adjectifs à rejeter leur accent sur la dernière étant ainsi établie, on pourrait en chercher la raison dans les désinences, qui indiquent le genre, si on les considère comme de derniers déterminants. Cette explication cependant serait inadmissible, non-seulement à cause du très-grand nombre d'adjectifs qui ne sont pas oxytons, mais aussi parce que les féminins qui, en se formant sur leurs masculins, s'augmentent d'une syllabe (εῖα, ισσα, τρια, τειρα, εσσα, ουσα, αινα, etc.), et tous les neutres, lorsqu'ils deviennent substantifs, sont barytons. Quelques substantifs, auxquels, par exception, la langue a accordé la flexion du genre, en les traitant comme des adjectifs, ne sauraient renverser notre assertion. Tels sont ζυγός et ζυγόν, πηδός et πηδόν, κολεός et κολεόν, φωλεά et φωλεός, στειλειός et στειλειόν (manche de cognée), στιλειή (trou où s'insère le manche de la cognée), ἐρινεός (figuier sauvage), ἐρινεόν (figue sauvage), etc. Si l'on veut toutefois accorder une certaine influence aux désinences qui marquent les genres, c'est au masculin seul, qui impose son accent au féminin et au neutre, qu'on devrait l'accorder. Le nominatif pluriel des féminins nous en fournit une preuve manifeste. Car il retire l'accent sur l'antépénultième, à l'instar des masculins, même lorsque ce cas au singulier avait été paroxyton; par exemple : Ῥοδία, ὑπάτη, pluriel : Ῥόδιαι, ὕπαται, tout à fait comme Ῥόδιοι, ὕπατοι. Le nominatif pluriel reste, au contraire, paroxyton, lorsque l'adjectif est devenu substantif. Car alors l'accentuation *doit* devenir uniforme (Ῥόδιαι, les Rhodiennes; ὑπάται, les cordes les plus basses)[1].

Substantifs.

§ 41. Si l'immense majorité des adjectifs tend à accentuer la dernière syllabe, les substantifs ne sont oxytons que lorsque le souvenir de la dérivation est encore dans toute sa force. Mais, en général, ils ne le sont pas du moment où la langue ne les peut plus ramener à des verbes encore en usage[2]; c'est ainsi qu'on accentue νίκη et μάχη, parce que les verbes μαχέσασθαι et νικᾶν n'étaient pas considérés comme les thèmes, mais comme les dé-

---

[1] Göttling, p. 111.
[2] Pape, *Etymol. Wörterbuch der griech. Sprache*, p. 1 et 84.

rivés de ces noms, tandis qu'on sentait encore dans φορά, ἀλοιφή, les thèmes φερ, ἀλιπ. Mais comme le substantif ne demande pas mieux que de s'affranchir un peu des liens de la forme et de la loi du dernier déterminant, cette règle a encore besoin de quelques restrictions. Les masculins qui figurent un pyrrhique, fussent-ils dérivés manifestement d'un verbe, retirent habituellement l'accent : λόγος, πόρος, τόνος, τρόπος (τροπός est la lanière de cuir pour attacher la rame au banc des rameurs)[1]. Même parmi ceux qui prennent les désinences virtuelles, μος et τος, un très-grand nombre, oublieux de leur origine, retirent l'accent : πότμος, ὅρμος, ὅλμος, ὄγμος, οἶμος, πόλεμος, etc. ; νόστος, φόρτος, κοῖτος, θάνατος, etc.[2]. Enfin, si nous rencontrons des formes verbales telles que ἀνάγκη (ἄγχω, ἄγκω), πόρπη (πείρω), paroxytons, et non pas oxytons, il faut se souvenir qu'elles contiennent un redoublement.

En revanche, la dérivation a gardé toute sa force dans les substantifs en μή, en τός (adj. verb.), en ωλή et ωρή (dérivés d'adj. en ωλός), en μός, en μονή et ωνή, dans les diminutifs paroxytons en ισκος, ιον, ιλος, υλος (ἕλλω, ἴλλω, ϜελϜω), et dans un grand nombre d'oxytons en ιά, qui ont une valeur collective; par exemple : καλιά, ἰωνιά, στρατιά, etc.[3]. Il faut bien les distinguer des substantifs en ία; par exemple : ζημία,

---

[1] Kühner, I, p. 304. — Le singulier phonomène d'un assez grand nombre de féminins en ος n'apporte aucune modification aux règles d'accentuation que nous venons d'établir. Comme la plupart de ces féminins désignent des plantes, des arbres ou des métaux, et ne peuvent être ramenés à aucune racine avec certitude, ils retirent l'accent. Les oxytons sont tous très-manifestement des dérivés de verbes. Par exemple : δοκός (poutre) de √δεκ ; ὁδός (chemin) de √εδ ; σποδός, cendre de σπέδ-νυμι = σβέννυμι. Cp. Benfey, I, p. 562.

[2] Göttling, p. 225.

[3] *Ibid*, p. 135.

αἰκία, et avoir garde de confondre, par exemple : παιδιά, jouet, παιδία, enfance, παιδεία, éducation, παίδεια (*puerilia*, de παίδειος). Dans la catégorie des collectifs en ιά rentrent en même temps un très-grand nombre de dèmes attiques, tels que Χελιδονιά, Λακιά, Λουσιά, etc., et quelques noms de lieux, tels que Ποτνιαί, Θεσπιαί [1]. Parmi les substantifs en η, nous trouvons des oxytons dont l'origine verbale ne pouvait plus être bien sentie ; par exemple, parmi ceux en λη : αὐλή, εὐλή, οὐλή. Faut-il y reconnaître l'influence de la diphthongue dans la pénultième, ou est-il préférable de se décider pour le suffixe *a* (*Krit*, voy. p. 47) [2], qui, en sanscrit, forme des noms féminins abstraits, et qui, en grec, aurait gardé son accentuation, même après que l'origine du radical avait été oubliée ? Il est difficile de résoudre cette question, mais nous verrons bientôt que ce n'est pas seulement la dérivation, c'est aussi la valeur prosodique de la pénultième et même de l'antépénultième qui peut influer sur l'accentuation du mot.

Opposition entre l'accentuation de l'adjectif et du substantif.

§ 42. S'il est conforme au principe toujours grandissant de l'abstraction que le substantif, en suivant sa nature, retire l'accent de la fin, que l'adjectif, par son caractère plus verbal, tâche de l'y fixer, ce contraste si manifeste déjà doit surtout éclater lorsque le hasard ou quelque raison particulière ont assigné la même forme phonique à un adjectif et à un substantif d'une signification semblable. C'est ainsi, en effet, que la langue distingue : ὦχρος, pâleur, ὠχρός, pâle ; τόμος, section d'un livre, τομός, coupant ; σῖτος, blé, σιτός, mangeable ; θέρμη, chaleur, θερμή, chaude ; στίλβη, splendeur, στιλβή,

---

[1] Göttling, p. 136.
[2] Pott, II, p. 484.

splendide; θάμ€ος, étonnement, θαμ6ός, étonné; ἔχθρα, inimitié, ἐχθρά, ennemie; βίοτος, vie, βιοτός, viable; γαλήνη, calme de la mer, γαληνή, tranquille; ἔπαινος, louange, ἐπαινός, loué, etc. Nous pourrions continuer encore longtemps cette énumération, si nous voulions citer surtout les adjectifs oxytons changeant d'accent pour être devenus noms propres, c'est-à-dire pour désigner tout ce qu'il y a de plus concret; par exemple : Χρῆστος, nom pr., χρηστός, brave; Φίλων, nom pr., φιλῶν, aimant; Τίτος, nom pr., τιτός, honoré, etc.

Mais cette opposition se montre aussi sur une plus large échelle. Les adjectifs, quand ils se terminent par une consonne, nous sont désignés comme étant généralement oxytons (voy. le tableau); les substantifs, au contraire, retirent le plus souvent l'accent. Nous trouvons même, tant était déjà grand le besoin de bien séparer l'idée de l'adjectif et celle du substantif, un assez grand nombre de substantifs oxytons, avec des désinences qui, jointes à des adjectifs, les auraient rendus barytons; par exemple : ceux en εός (de verbes en εύω), comme : σωρεός (σωρεύω), λοχεός (λοχεύω), φωλεός (φολεύω) (cp. ἀρνειός, bélier, et ἄρνειος, *agninus*); ceux en εά, ιά, υιά; les noms propres en μενος, μένη; cp. Ὀρχομενός = Ἐρχυμενός, Ἀρχομενός, et des substantifs formés comme eux; par exemple : δεξαμενή, réservoir, εἰαμενή, pré, pelouse, qui tous sont oxytons, pour n'être pas confondus avec des participes homonymes ἐρχόμενος, ἀρχόμενος, etc.

Contraste de deux significations exprimées dans le substantif par l'accent.

§ 43. L'adjectif étant en général oxyton, à cause du rapport plus intime qui l'unit au verbe, plus un substantif aura gardé souvenir de son origine verbale, plus il reproduira l'action du verbe même, plus son accentuation devra se rapprocher de celle de l'adjectif. Lors donc que la signification d'un substantif se divise, ce sera la valeur verbale originelle qui réclamera l'accent sur la dernière, ce sera le sens plus dérivé et plus indépendant qui appellera l'accentuation sur la seconde. C'est ainsi que ἁρπαγή est oxyton quand il signifie *proie,* paroxyton quand il veut dire *crochet.* Les exemples de cette distinction sont très-nombreux ; en voici quelques-uns : κάμπη, chenille, καμπή, courbure ; σκαφή, action de creuser, σκάφη, nacelle ; πλατάγη, hochet, πλαταγή, bruit du hochet ; γενετή, naissance, γενέτη, race ; ζῶον, animal, ζωόν, vivant, etc. On a établi de même une différence entre ἄμητος (αὐτὰ τὰ θερίσματα) et ἀμητός (καιρὸς τοῦ θερισμοῦ) ; entre τρύγητος et τρυγητός ; entre les abstraits en ονή, comme καλλονή, πλησμονή, ἀγχονή, ἡδονή, et les concrets en όνη ; par exemple : περόνη, βελόνη, ὀθόνη, etc. Mais c'est surtout pour les noms en τής (oxyt.) et της (baryt.) que cette distinction est de la plus haute importance [1]. Les premiers dérivent pour la plupart de verbes transitifs (excepté les formes anciennes en -ετής, où l'ε n'est qu'une voyelle formative qui équilibre le mot et ôte à la terminaison sa valeur virtuelle ; par exemple : νεφεληγερέτης, πανδερκέτης, ναιέτης, etc.), tandis que les autres, parmi lesquels il faut comprendre ceux en ίτης, άτης, ήτης, ώτης, que Pott [2] compare au latin *it* dans *pedit, equit* (rac. *i* ou *ja,* aller) dérivent tous de substantifs. Que l'on compare : πεδήτης (de πέδη), esclave à qui l'on met des entraves, πεδητής (πεδάω), celui qui entrave, qui lie ; κεράστης (κέρας), cornu, et κεραστής (κεράννυμι), celui qui mélange ; αὐλήτης (αὐλή), métayer, et αὐλητής (αὐλέω), joueur de flûte ; κηλήτης, qui a

---

[1] Pape, p. 54. Gottling, p. 119-125

[2] Pott, II, p. 559.

une tumeur, une hernie, et κηλητής (κηλέω), enchanteur, séducteur, etc.

L'accent sert ainsi quelquefois à distinguer des homonymes qui, selon toute probabilité, n'ont entre eux aucune parenté; par exemple : Ἄφρος, Africain, ἀφρός, écume; βίος, vie, βιός, arc; βαιόν, peu, βαῖον, branche de palmier; γυῖον, membre, γυιόν, paralysé (de γυιός); ζωή, vie, et ζώη, crême; ἦλος, clou, ἠλός, fou; θυμός, cœur, θύμος, thym; ὄρος, montagne, ὀρός, petit lait, etc. [1].

Contraste de deux significations dans les adjectifs exprimé par l'accentuation.

§ 44. Nous connaissons déjà la différence qu'établit l'accent entre πόσος et ποσός, ποῖος et ποιός, différence palpable et frappante, sur laquelle aucun doute n'a jamais été élevé par les grammairiens. Mais si nous pouvons ajouter foi à ces derniers, une modification dans l'accentuation aurait quelquefois pu indiquer des nuances plus fines et plus délicates de la pensée. Ainsi, ἀγοραῖος [2], avec le circonflexe sur la pénultième, restait le terme ordinaire pour les *Dii forenses,* tandis que ἀγόραιος devint plus usité pour les autres significations du mot. Les Athéniens distinguaient de même πονηρός et μοχθηρός dans le sens de κακοήθης, de πόνηρος et μόχθηρος dans le sens de ἐπίπονος, ἐπίμοχθος [3]. Μύριοι, dix mille, reçoit l'accent sur la pénultième, dès qu'il prend la

---

[1] De Sinner, *Accentuat. grecque ; Catalogue des homonymes.* — Il faut reconnaître cependant que les linguistes ramènent quelques-uns de ces homonymes à la même racine. Par exemple : γυῖον et γυιός (Benfey, II, p. 18, 19), ζώη et ζωή, √ζι, ζα, ἦλος et ἠλός de √αλ, cp. ἀλύω (Benfey, II, p. 300, 301).

[2] Göttling, p. 297.

[3] *Ibid*, p. 304.

signification plus spéciale de *sexcenti* (une infinité) [1].
Mais νόμαιος et νομαῖος sont entièrement différents,
celui-ci venant de νομή ou νομός, pâturage, celui-là de
νόμος, loi.

De l'accentuation des cas devenus immobiles, autrement *adverbes.*

§ 45. En excluant pour le moment les particules
proprement dites et les substantifs terminés par les
suffixes *déclinatifs* φι, θι, θεν, σε, il reste encore un
très-grand nombre d'adverbes qui ne sont que d'anciens cas de substantifs et d'adjectifs pour ainsi dire
immobilisés. Il y en a aussi où une préposition jointe
au substantif, et fondue avec lui, explique le cas.
Alors une accentuation plus faible nous indique que
le substantif est descendu au rang d'un adverbe, par
exemple ἐπισχερώ = ἐπὶ σχερῷ, sur terre ferme; ἐκποδών
pour ἐκ ποδῶν (cp. χρή devenu adverbe de verbe qu'il
était, et ἰδού, forme affaiblie de ἰδοῦ) [2], et d'après
une fausse analogie ἐμποδών, preuve irrécusable que
dans cet adverbe la préposition et le nom surtout
avaient perdu leur valeur primitive (cp. allem. *indess,*
cependant formé d'après l'analogie de *waehrend dess.*).
Mais en général l'adverbe conserve l'accent du substantif dont il est formé, et il en résulte qu'il retire
ordinairement son accent dans les cas faibles (nominatif
accusatif), et qu'il s'efforce de se maintenir oxyton lorsqu'il dérive d'un cas fort. C'est ainsi qu'en parlant de
l'accentuation dorienne nous avons vu qu'un très-
grand nombre d'adverbes en ως étaient originairement périspomènes parce que tous les génitifs pluriels
l'étaient, comme formes contractées. C'est là que nous
avons parlé aussi des adverbes en ᾱ et εῖ, périspomènes

---

[1] Gottling, p. 295.
[2] Göttling, p. 96, d'après Eustathe.

comme ceux en ως. Ceux en ω (question *unde*) ont la
même accentuation [1].

Il faut considérer comme des formes *d'accusatifs* les
adverbes en δόν et δά, probablement d'une racine ιδ,
ressembler [2]. Le suffixe δην, qui n'a pas l'accent, peut
être considéré comme la forme pleine, de δόν et de δά.
Ceux qui se terminent en ην ou αν ont l'accent de leur
nominatif, qu'il existe encore ou qu'il n'existe plus, par
exemple πέραν et πέρην, δίκην, μακράν, ἀκμήν, δωρεάν, χάριν.
προῖκα. La même règle, légèrement modifiée, regarde
les suffixes en ον et α (neutr. sing. et plur.), par exemple τάχα abrégé de ταχέα, ὦκα et ὠκέα ; on peut y joindre
ἵνα, d'un anc. pron. ἵς, ἵν ; mais ἀλλά est oxyton faible,
pour se distinguer ainsi de ἄλλα (*alia*). La langue aime
à abréger la plupart de ces adverbes pour leur ôter de
leur poids et leur donner un sens plus vague et plus
effacé ; comparez ἀντίος et ἄντα, ἄντην, ὠκέα et ὦκα, etc.

On doit considérer aussi comme des accusatifs neutres les adverbes en ύς, qui peuvent perdre leur ς (on sait
que ἐγγύς [3] n'est pas du nombre) [4]. Il en est de même de
l'oxyton ἑκάς [5]; pour ἐγκάς, il paraît une forme abrégée de
ἔγκυτα (forme lacédém. Cp. ἐγκυτί, et κύτος), pour ἔγκατα,
la forme plus étendue étant remplacée ici comme ailleurs par un accent plus énergique (voy. p. 70) [6]. Ἀν-
δρακάς renferme le suffixe sanscrit *cas,* qui exprime la
répétition d'une action [7].

---

[1] Ahrens, *De dial. long. gr.*, II, p. 35 , 362-366 et 374.

[2] Pott, II , p. 565.

[3] Ἐγγύς = ἐγγύσι (loc. du scr. *angou,* main), Benfey, II, p. 18.

[4] Kühner, I , p. 411.

[5] Pott, I , p. 234.

[6] Benfey, II, p. 166.

[7] Benfey, II , p. 150. — L'adverbe ἄντικρυς retire son accent
probablement parce qu'il est composé (ἀντί et κόρυς, Pott, II,
p. 312), mais il le conserve sur la dernière lorsqu'il perd son ς,

Un grand nombre d'adverbes sont d'anciens *génitifs,* tels sont les adverbes en ης, et en ου[1], comme ἑξῆς, ἐξαπίνης (αἴφνης, ἐξαίφνης), ἐπιπολῆς, ποῦ et πού, αὐτοῦ, ὑψοῦ, τηλοῦ, ὁμοῦ, οὐδαμοῦ, la forme adverbiale προικός et probablement ἐντός et ἐκτός. C'est ici aussi la place des adverbes en ξ, où le génitif est représenté par le σ contenu dans le ξ. Ils sont tous oxytons, parce qu'ils renferment dans leur dernière syllabe, outre le génitif, cas fort, la racine dans sa plus simple forme[2], par exemple ἀπρίξ, ἀμύξ, ἀναμίξ, περιπλίξ, διαμπάξ, μουνάξ (cp. μοναχός), etc., à l'exception de πέριξ (περί + ἔχω?) et ἅπαξ (α + πακ de √ παγ, πηγ, *lié ensemble*)[3] où la langue, oublieuse de la véritable origine, cherchait la racine dans la première syllabe. Dans ὑποδράξ, l'accent ne se retire sur la pénultième que lorsque le ξ étant tombé (ὑπόδρα), la racine ne fut plus comprise.

D'autres adverbes sont d'anciennes formes de datifs, ablatifs et de locatifs; ils se terminent en ι, ει, οι, αι. L'ι de toutes ces formes est un locatif qui dérive du pronom *i* (*is,* goth. *ei*)[4]. Dans un très-grand nombre de cas ces adverbes présentent la forme pure du datif: seulement, par analogie peut-être avec les formes plus nombreuses, où cet *i* à une valeur démonstrative, ils sont, pour la plupart, demeurés oxytons. Ce sont des restes de la déclinaison antique, dont l'accentuation se portait régulièrement vers la fin du mot. Si donc, dans quelques-uns de ces adverbes, comme dans ἄγχι, ἄρτι,

---

remplaçant ainsi par l'énergie de l'accent ce qu'il vient de perdre en étendue. Il n'en est pas de même de χωρίς et χῶρι (forme dorienne) La deuxième forme a moins d'énergie, mais plus d'unité, et le circonflexe lui donne quelque chose de plus ramassé.

[1] Kühner, I, p. 408.
[2] Pott, II, p. 516.
[3] *Ibid.,* I, p. 130.
[4] *Ibid,* II, 162.

ἔτι, νόσφι, ὕψι, πάλιν et πάλι (d'une forme secondaire de la même racine paraît venir πάλαι, qui, composé, rejette son accent sur l'antépénultième, par exemple πρόπαλαι, ἔκπαλαι)[1], ainsi que dans οἴκοι, ἕκητι, ἀέκητι, l'accent s'est retiré de la fin, c'est que la langue y a, de bonne heure, oublié la valeur de cet *i*, dont elle a gardé le souvenir dans la plupart, par exemple ἀμαξεί, ἀλαϐεί, ἀμαϐεί, αὐτοχειρί, αὐτονυκτί, ἀκλητί, ἑλληνιστί, Ἰαστί[2], etc., peut-être même dans ἀντί, ἐνί, ἐπί, προτί, etc. Ceux en οι dérivent de la deuxième déclinaison, par exemple Πυθοῖ, Μεγαροῖ, ἁρμοῖ, μυχοῖ, de même ποῖ, ἐνταυθοῖ, etc. Ceux en αι dérivent de la première déclinaison, par exemple διαί, καταί, ἀπαί, ὑπαί, παραί[3], de même que χαμαί (dérivant d'un substantif oxyton de la première déclinaison χαμά? cp. χαμᾶζε ou χαμάζε, χαμάνδις, etc.).

A la terminaison αι, au singulier, répond celle de ησι et ασι au pluriel, par exemple θύρασι, Ἀθήνησιν.

Ἀπαρτί devrait avoir l'accent sur l'antépénultième, d'après l'analogie de ἔκπαλαι, πρόπαλαι, etc.; mais la valeur intrinsèque de l'adverbe ἄρτι était trop forte, et celle de la préposition ἀπό trop faible, pour que celle-ci eût pu attirer l'accent. Celui-ci aurait donc pu rester sur la pénultième; mais outre que le composé aurait alors moins d'unité, il y aurait coïncidence de l'accent et de longueur sur la même syllabe, coïncidence que les Grecs s'efforçaient d'éviter. Peut-être aussi la fausse analogie de l'*i* démonstratif dans οὑτοσί, ὁδί, ταδί, même νυνί, νυμενί, δαί (= δή + ι) a-t-elle contribué à cette accentuation anormale.

Quant aux adverbes en ε, peu nombreux du reste, il paraît difficile de les classer dans la même catégorie;

---

[1] Göttling, p. 341.
[2] *Ibid.*, p. 340.
[3] Kuhner, 1, p. 410.

leur accent varie beaucoup. Ἀέ ne parait qu'une forme abrégée de αἴ = αἱί, ancien locatif de αἰϜ[1]. Αὖτε, que Kuehner[2] met à tort sur le même rang, contient évidemment l'enclitique τε. Τῆλε est considéré, par Pott[3], comme un accusatif mutilé de τηλέα, qui dériverait d'un ancien adjectif τηλύς (lithuan. *tăl*, *tălou*, cp. τέλλειν, τέλος). Ὀψέ, éolien ὀψί, est probablement un ancien locatif qui se rattache à ὄπις, ὄπιν, ὄπισθα, ὄπισθεν; mais les étymologies fournies jusqu'à présent ne sont pas sûres.

Influences phoniques et prosodiques de la pénultième et de l'anté-
pénultième sur l'accent du mot.

§ 46. Il y a dans la première déclinaison une règle qui défend d'accentuer sur la dernière les féminins qui se terminent par un α naturellement bref; tous les féminins oxytons ont par conséquent l'α long[4]. Si nous considérons l'extrême incertitude de l'accentuation grecque, la grande influence de la quantité, le grand nombre de désinences à voyelles longues, enfin la grande prédilection des Grecs pour les oxytons, on comprend qu'une règle comme celle que nous venons de citer, ait pu déterminer M. Becker à soutenir[5] que la longueur dans la terminaison appelait, enchaînait et dominait l'accent. Cette assertion cependant est entièrement fausse. Nulle langue ne s'est tant efforcée de maintenir une certaine distance entre les deux grands principes de la langue qui s'attirent toujours, et toujours tendent à se confondre : l'accent et la quantité. Aussi avons-nous essayé de prouver que si l'accent se porte si souvent en grec sur la dernière, c'est que la *pensée* l'y at-

---

[1] Benfey, I, p. 8.
[2] Kühner, I, p. 411.
[3] Pott, I, p. 228.
[4] Spitzner, *Prosodik*, § 46 Gottling, p. 127.
[5] Becker, *Ausführliche Grammatik der deutschen Sprache*, p. 62.

tache, que la voyelle du reste soit longue ou brève.
S'il se reporte dans l'intérieur des mots, c'est par suite
de l'influence du principe logique qui établit une hiérarchie entre les différentes idées dont le mot est composé, et déprime les désinences, longues ou brèves, au
profit de la racine dont il tâche de faire ressortir la
prédominance Cela nous explique pourquoi la diphthongue αι restait longue dans l'optatif, tandis qu'elle
s'abrégeait partout ailleurs; cela nous explique l'existence de formes telles que λόγου, μόνου, κλειτός; enfin
cela nous expliquera le sens de la loi citée plus haut.

L'α du féminin est généralement long en sanscrit[1];
d'où l'on peut inférer qu'il en était de même originairement en grec. Quoi de plus naturel alors que l'α sur
lequel la pensée appuyait particulièrement par l'accent
restât long, et que l'α qui marquait moins la dérivation,
s'abrégeât quelquefois, la pensée cherchant son point
d'appui dans le radical? En latin c'est une règle générale d'abréger l'a; en grec l'α n'est atteint de cette espèce d'amoindrissement, que lorsqu'il n'est pas primitif,
et que pour exprimer le féminin on l'ajoute encore à
l'i du sanscrit, par exemple πότνια (scr. patni), dans le
suffixe τρια (scr. trî), et dans ceux où l'i est refoulé dans
la pénultième : τειρα, αινα, εια (comparez ἱέρεια prê-
tresse, et ἱερεία prêtrise); dans les adjectifs et participes
en σα (scr. ati) υῖα, (scr. ouchî) εῖα (ἡδεῖα = ἡδεϝι-α,
δῖα = scr. dévî, lat. deiva), etc.; dans presque tous les
mots qui se terminent en λα, μα, να, ξα, τρα, ψα; en général lorsque la pénultième est longue; car, si elle est
brève, l'α de la terminaison reste toujours long, excepté
dans la terminaison τρια[2]. Il résulte de là que toutes les
fois que l'idée n'appuie pas sur la dernière syllabe, et fait

---

[1] Pott, II, p. 496.
[2] Göttling, p. 127.

ainsi coïncider l'accent et la quantité, une opposition s'établit entre ces deux principes, en ce que l'accent porte sur la pénultième qui est brève, lorsque la dernière est longue; et dans les polysyllabes sur l'antépénultième si la dernière est brève.

Ce que la langue grecque paraît avoir voulu éviter surtout, c'est la monotonie résultant de la coïncidence de la longue et de l'accent sur la pénultième. De là vient qu'un langage plus récent, oublieux de l'origine des mots, a préféré l'accentuation ἕτοιμος, ἔρημος, etc., à ἑτοῖμος, ἐρῆμος; qu'une pénultième longue a eu quelquefois le pouvoir d'abréger un α long ou au moins douteux. Ce pouvoir se manifeste surtout après une double consonne et une diphthongue, moins après ρ et une simple voyelle longue; ainsi on accentue Πανδώρα, ὀπώρα, κολλύρα, ὥα, μνῴα, mais ἄρουρα, μάχαιρα, etc. Un ρ précédé d'une autre consonne ne paraît pas avoir eu la force de déprimer la longueur de la dernière syllabe, et αἴθρα, ὤχρα, ῥήτρα, μήτρα, etc., s'accentuent tout à fait comme χώρα, χήρα, θήρα[1]. Lorsque le mot est dissyllabe, et que la première syllabe est longue à titre de diphthongue, elle reçoit naturellement le circonflexe, par exemple μοῖρα, σφαῖρα, στεῦρα, σπεῖρα, σφῦρα (υ est douteux, cp. γέφυρα et κολλύρα). La diphthongue αυ n'a pas eu la même influence, apparemment parce que sa force a été moindre que celle de αι, ει, οι, et ευ, ου, et que son υ avait déjà pris un son de ϝ, qui la rapprochait davantage de la prononciation grecque moderne[2]. Ainsi, αὔρα, σαύρα, λαύρα. Αυ paraît donc avoir eu à peu près la même force que η et ω, un peu plus peut-être, parce qu'on dit : Μάσταυρα. Il est vrai qu'on trouve πρῶρα propérispo-

---

[1] Göttling, p. 141, 142, 143.

[2] Liscov, *Aussprache des Griech.*, p. 155 (vers 280 avant Jésus-Christ, αυ=αϝ).

mène, mais c'est l'accentuation moderne (Sophocle, *Philoctète*, v. 480)[1]. Η et ω paraissent souvent avoir voulu s'équilibrer avec une dernière syllabe longue, en gardant l'accent pour eux-mêmes, dans les adjectifs en ὤλης, ήρης, etc., et les paroxytons en ώμη, ήμη, ύμη[2].

Nous avons déjà parlé des proparoxytons en εια, οια, υια[3], par exemple ἀλήθεια, ἀναίδεια, εὔνοια, nés de ἀληθείη, ἀναιδείη, εὐνοίη. Nous ajouterons ici que les mots en εια, dérivant d'adjectifs en ής, sont proparoxytons, lorsque la diphthongue est maintenue. Ils deviennent, au contraire, paroxytons, lorsqu'ει s'amoindrit en ι, et que par conséquent l'α de la terminaison reste long. On dira selon cette règle ὠφέλεια ou ὠφελία, ἀσάφεια ou ἀσαφία.

La longueur de la pénultième a été cause que, dans un très-grand nombre de cas, des substantifs d'une origine plus ou moins incertaine sont restés oxytons, au lieu de retirer l'accent, par exemple les noms en μος[4] : κημός, κνημός, λιμός, θυμός, βωμός, etc.; en γος[5] : λοιγός, φηγός, ταγός, κραγός. Peut-être la même raison a-t-elle existé pour ceux en οιός, et υιός (voyez cependant ce que nous avons dit sur ὀργυιά et ἀγυιά), par exemple κλοιός (= κλοϜός[6]), φλοιός (= φλοϜός), μητρυιός, πατρυιός[7].

Souvent aussi, la longueur par position de la pénultième paraît suffire pour maintenir l'accent sur la dernière, par exemple χαλκός, θριγκός, ἀσκός, peut-être même

---

[1] L'accentuation des noms est d'autant plus variable que leur radical se termine soit par une voyelle, soit par ρ; d'autant plus ferme qu'il se termine par une ténue ou par une aspirée.

[2] Pape, p. 34.

[3] Spitzner, *Griech. Prosodik*, p. 17, 18, 19.

[4] Göttling, p. 193.

[5] *Ibid.*, p. 216.

[6] Benfey, II, p. 289

[7] *Ibid.*, p. 182.

ἰπνός, ἀμνός, καπνός qui sont d'anciens participes en νός. Nous découvrons la même influence dans les oxytons en ος, précédés de σσ, ou de σ précédé à son tour d'une voyelle longue, par exemple : πεσσός, κισσός, βυσσός, Κνωσός. Les polysyllabes sont ou oxytons ou proparoxytons [1], ceux en φός sont toujours oxytons [2].

Tous ceux qui se terminent en υνος (– ◡) sont aussi proparoxytons, par exemple : κίνδυνος, βόθυνος, εὔθυνος [3], etc.

Les noms appellatifs dissyllabes en ρος, dont la pénultième est longue, sont, pour la plupart, oxytons; il n'y a que les noms propres qui portent invariablement l'accent sur la pénultième [4].

Les adverbes φι, θι, θεν et σε, qui, joints aux substantifs, en désignent les cas, placent leur accent sur la pénultième lorsqu'elle est brève, par exemple πτυόφιν, μηκόθεν, Δεκελειόθεν, κοπρόθι, νηδυιόφι. Ils le reportent, au contraire, sur l'antépénultième, lorsque la pénultième est longue par position, comme dans ἔντοσθε, ὕπερθεν, ἔνερθεν, ὄπισθεν, ὄρεσφι; tantôt sur l'antépénultième tantôt sur la pénultième, si celle-ci est longue naturellement. Nous avons alors des proparoxytons quand le mot, au nominatif, est baryton, par exemple ἔξωθεν, ἔωθεν, Ἀθήνηθεν, πρώραθεν, ou des propérispomènes, lorsque le nominatif était oxyton, par exemple ἀγορῆθεν, χαμᾶθεν, etc. [5]. De même les adverbes formés avec le suffixe δίς sont paroxytons, lorsqu'ils sont trissyllabes, et que leur pénultième est brève, par exemple ὀκλάδις, κρυφάδις, μιγάδις, ἀμάδις. Ils sont, au contraire,

---

[1] Göttling, p. 211, 212, 21 ?.

[2] *Ibid.*, p. 215.

[3] *Ibid.*, p. 204.

[4] *Ibid.*, p. 205, 206.

[5] *Ibid.*, p. 348-352 et 359.

oxytons lorsqu'ils comptent plus de trois syllabes, ou
que leur pénultième est longue, par exemple ἀμοιβαδίς,
κατωμαδίς, λαθρηδίς, καπηδίς, ἀμοιβηδίς, ἀμφιουδίς [1].

Les diminutifs en ῑνος, ίνη, qui désignent des patro-
nymiques (cp. ἶνις, fils) et qui forment aussi quelques
adjectifs, gardent l'accent sur la pénultième, parce que
la pensée l'y tient enchaîné. Mais que l'idée d'un diminutif ne s'attache pas à l'ι et aussitôt l'accent se reportera, ou sur la dernière ou sur l'antépénultième [2],
par exemple χαλινός, ἐρινός, κάμινος, κυκλάμινος.

On sait que les diminutifs en ίλος et ύλος sont paroxytons, mais lorsque leur λ se redouble, et que leur pénultième devient longue par position, l'accent refuse
de s'y arrêter et se reporte sur l'antépénultième, par
exemple Θρασύλος ou Θράσυλλος, Ἡρύλος ou Ἥρυλλος, Σοφίλος
ou Σόφιλλος [3].

Nous avons vu que moins le mot était étendu plus
le contraste entre l'accentuation et la quantité se faisait
sentir. Aussi Arcadius exige-t-il [4] que les diminutifs
en ύλος, pour être paroxytons, soient des trissyllabes
qui commencent par une longue, par exemple Αἰσχύ-
λος, Ῥωμύλος, κρωβύλος [5]. La même loi est applicable aux
diminutifs en ίον; ceux-là seulement qui ont une mesure dactylique sont paroxytons. Il faut que ce besoin
d'opposer l'accent à la quantité ait été bien puissant

---

[1] Göttling, p. 344, 345.
[2] *Ibid.*, p. 200.
[3] *Ibid.*, p. 186.
[4] Arcadius, p. 56, 9. Göttling, p. 184.
[5] L'adjectif αἴσυλος n'est pas un diminutif dans le genre de ποικί-
λος, αἱμύλος, comme l'avait cru Viger (p. 678). Il est dit pour
αϜαισύλος, ἀῇσυλος (*quod contra αἴσαν est*), et sort de la même racine que αἰσυ-μνήτης, αἰσυ-ητήρ (scr. *vichou, dimidia pars*, de *vich,
dividere*, de là avec *guna* Ϝαισυ, etc.). Cp. ἴσος, αἶσα; αἰσυμνάω,
dividere, compensare. Benfey, *Griech. Wurzellexic.*, II, p. 222.

chez les Grecs, puisque la plupart de ces neutres en ιον
ont de bonne heure perdu leur valeur diminutive. Déjà
Homère dit μέγα θηρίον; on peut citer encore ἠρίον, μη-
ρίον, χρυσίον. Ce fait est d'autant plus étonnant qu'ici il
ne s'agit déjà plus de la pénultième, mais de l'antépénultième [1]. Mais voici que nous rencontrons de nouveau la singulière influence des liquides. Car lorsque les
syllabes diminutives sont précédées d'un ρ et d'un λ, ou
quelquefois même d'un ν, cette opposition disparaît
souvent, et l'accent se rejette alors sur l'antépénultième, par exemple ἴτριον, τρύβλιον, μείλιον, ποίμνιον,
ἴχνιον [2]. Πεδίον (de πέδον) est paroxyton, pour pouvoir
être distingué de πέδιον, diminutif de πέδη (*compes*).

Mais l'influence des liquides ne se borne pas là. Les
mots qui se terminent en ακος, adjectifs ou substantifs
appellatifs, ont généralement l'accent sur la dernière.
Mais quand leur antépénultième se termine par une liquide, ou qu'elle en renferme seulement une, ils sont
ordinairement proparoxytons, par exemple Λάμψακος,
ἀμάρακος, πίνακος, θύλακος, ὕσσακος, etc. [3]

Il résulte de ces faits nombreux que les Grecs sentaient encore profondément le contraste de l'accent et
de la quantité, que tous, même les Éoliens, et c'est là
ce qui distingue surtout leur prononciation de celle des
Romains, aimaient à vaincre la longueur de la pénultième en frappant de l'accent, soit l'antépénultième,
soit la dernière. Ce contraste, on ne saurait en douter,
ils l'ont cherché, ils s'y sont complu, et il n'est pas
difficile, non-seulement de trouver des mots où les syl-

---

[1] Les Éoliens, ici comme partout, ont retiré l'accent, autant
qu'il leur était possible, de la fin du mot, c'est-à-dire sur l'antépénultième. Ils disaient χρύσιον, et non pas χρυσίον, etc.

[2] Göttling, p. 233.

[3] *Ibid.*, p. 221.

labes brèves soient accentuées, tandis que la longue voisine ne l'est pas, car ces mots sont innombrables, mais des vers entiers d'Homère, où l'accent est en opposition continuelle avec la quantité, par exemple *Il.* XIII, v. 185 [1] :

Τυτθόν · ὁ δ' Ἀμφίμαχον, Κτεάτου υἱ' Ἀκτορίωνος.

Il y avait sans doute un charme particulier dans cette opposition, puisque les poëtes romains, dont la langue en offrait moins d'exemples, aimaient à orner leurs vers en y introduisant des mots grecs avec l'accentuation grecque [2]. Car l'uniformité que produisait souvent chez eux la concordance de l'accent et de la quantité pouvait fatiguer à la longue, comme dans ce vers d'Ovide :

Orba parente suo quicunque volumina tangis.

Sur quelques paroxytons, restes de l'accentuation primitive.

Ainsi, la langue, à mesure qu'elle s'éloignait de son type primitif, changeait de plus en plus les paroxytons polysyllabiques à terminaison brève en oxytons ou en proparoxytons. Lors donc que dans ces mots l'accent s'est maintenu sur la pénultième, il nous est un sûr garant d'une haute antiquité, puisque l'influence de la quantité, et souvent l'oubli de l'origine du mot, n'avaient pas pu le déplacer. Ces paroxytons sont donc

---

[1] *Essai philosophique sur le principe et les formes de la versification*, par Edelestand Du Méril, p. 38.—La concordance de la *thesis* et de l'accent est, dans la poésie grecque, un signe de décadence; Hermann blâme Sophocle de l'avoir admise dans πολέμιον à prononcer πολέμjον, dans une de ses tragédies les plus récentes (*Philoct.*, v. 1307). « Observa πολέμιον ictu numeri in secundam, non ut « in antiqua tragœdia solebat in primam incidente. »

[2] Servius, *Ad Æneid.*, X, p. 542. Quintilien, II, cap. x. Foster, *An essay on accent and quantity*, p. 151 sqq.

comparativement rares; mais ils se maintiennent plus facilement lorsqu'ils embrassent des catégories entières, comme les diminutifs en ιον, ισκος, ιλος, υλος, les adjectifs composés avec αλεος (de ἅλις, λίαν ?) πλόος (πλε, πλέον, πολύς), les adjectifs verbaux en τέος (cp. ὀστέον, l'os, scr. *asthi*, que la langue a accentué d'après l'analogie de ces adjectifs); enfin, les composés dont la seconde partie renferme un verbe avec une signification active, par exemple δρυτόμος, bûcheron, ἱππονόμος, *equorum pastor*, si la pénultième est brève; car si elle est longue, l'accentuation grecque exige, d'après la règle que nous venons de développer, que l'accent descende sur la dernière, par exemple ξιφουλκός (qui tire l'épée), στρατηγός (qui conduit l'armée, général). Mais en dehors de ces classes, dont l'accentuation est si facile à motiver, il y a des mots isolés, derniers restes sans doute d'une loi plus ancienne, qui ont résisté à l'influence moderne de la quantité, et ont gardé un accent qui, pour les Grecs d'un âge plus avancé, ne pouvait plus avoir aucun sens. Nous ne parlons pas ici des formes doriennes, qui ont conservé l'accent sur la pénultième, même lorsque l'ancienne longueur de la dernière s'était perdue; pas même de mots où la différence de l'accent dénote une différence de signification, comme dans ἄθροος (sans bruit, sans voix), et ἀθρόος, quoique le cas soit assez curieux, mais de mots tels que αἰόλος, παρθένος, καρκίνος. Ici l'étymologie seule peut résoudre la difficulté, si toutefois elle le peut. Ainsi, Αἰόλος serait α augmentatif+Fελ (√Fελ, Fελλ, Fειλ, *torquere;* cp. ἄελλα, ἀολλής)[1]. Mais il faudra toujours supposer que l'α augmentatif n'ait pas attiré l'accent avec la même force que l'α privatif, ce qui devient probable par ἀθρόος lui-même

---

[1] Benfey, II, p. 301.

venant de α + θρέω, murmurer [1]. Quant à παρθένος, Göttling [2] suppose que, de même que καρκίνος, il est formé par le suffixe diminutif ινος (cp. γίννος, fruit avorté d'un accouplement contre nature, et ἴννος, poulain né d'un cheval et d'une ânesse). Benfey [3] le rapproche de πόρτις, *juvenca*, en se fondant sur une forme secondaire πάρθη, citée par Suidas. On pourrait mieux expliquer παρθένος comme génitif d'une ancienne forme παρθήν (cp. φύλαξ et φύλακος, διάκτωρ et διάκτορος); ou bien il serait un ancien participe passé de la racine *prith* (gr. περθ, πορθ, παρθ, πέρθω, détruire, briser), + *ana* pour *mana* (gr. μενος). Le sens serait à peu près *domita*, sens qui ne peut pas surprendre si l'on compare les expressions hébraïques *kallah* (fiancée, *finita*, *confecta*), *nekewa* (femme, *perforata*), gr. δάμαρ. L'accent serait resté sur la pénultième, comme dans les participes sanscrits en *ána*, *mána*, ou comme dans les participes du parfait passif. Καρκίνος pourrait véritablement être un diminutif (√ *kri*, *torqueri*, avec le redoublement), de même que ἐχίνος, qui tous les deux s'écrivent aussi καρκῖνος, ἐχῖνος. La quantité de l'ι paraît, de bonne heure, avoir été douteuse; mais dans ἐχῖνος c'est la longueur, dans καρκίνος la brièveté qui paraît avoir prédominé. La langue, entraînée par une fausse analogie, aura accentué ce dernier comme les diminutifs trissyllabiques en ιλος et υλος, d'autant plus que la première syllabe était longue [4]. — Ἑταῖρος (forme ép. et com. ἕταρος) est évidemment contracté de ἑταίρος = ἕταρjος, mais son étymologie n'est pas encore clairement établie [5].

C'est surtout dans les adverbes, où se sont conser-

---

[1] Benfey, II, p. 264.

[2] Göttling, p. 202.

[3] Benfey, I, p. 584

[4] Spitzner, *Griech. Prosodik*, § 57, p. 72.

[5] Benfey, II, p. 203.

vées une foule de formes primitives, que nous rencontrons le plus de paroxytons. Nous avons parlé plus haut des suffixes *déclinatifs* φι, θι, θεν et σε; nous mentionnerons encore les adverbes ἀτρέμας et ἠρέμας ou ἠρέμα (η, un peu + √ *ram*, se reposer)[1], probablement anciens génitifs dont la terminaison s'est abrégée; πλησίον formé comme ἀντίον de πλησί = πελασι (quelque ancien cas, par exemple locati.?) de πέλας; ὑπόδρα = ὑπόδραξ ou ὑποδράξ[2]. Les adverbes en ινδα désignent des jeux; le suffixe dérive de la racine ιδ ou ιυδ (cp. ἰνδάλλομαι)[3]. Les adverbes multiplicatifs en άκις comme τετράκις, πολλάκις paraissent être des datifs pluriels d'adjectifs en ακος, abrégés comme μόγις l'est de μόγοις[4]. Ces adjectifs se retrouvent encore en sanscrit : *ēkaka (singulus)*, *dwika (duplex)*, *trika (triplex)*, *chatka (sextuplum)*, etc. Une formation analogue se rencontre dans les adverbes paroxytons en δις, la plupart αδις, considérés par Pott et Benfey comme ablatifs pluriels du pronom démonstratif sanscrit *tja* = δjο, dont δόν (par exemple ὀρχηδόν, en rang), serait l'accusatif neutre singulier, δά l'accusatif pluriel, δην l'accusatif singulier féminin. Ce δις[5], de même que sa forme secondaire δέ, est d'une nature enclitique, ce qui explique l'accent en question. Il faut aussi considérer comme enclitique le suffixe *ka* dans αὐτίκα, πηνίκα, ἡνίκα, etc., où αὐτί, πηνί sont des locatifs abrégés pour αὐτοι, τηνοι, πηνοι, etc., et κα est probablement identique avec τα, τε dans ἄλλοτε-τα-κα, πότε-τα-κα, etc.[6]. Mais dans ἡλίκος, τηλίκος les formes ἡ, τη, etc. appartiennent seules aux pronoms, et la seconde partie du

---

[1] Benfey, II, p. 10
[2] Pott, I, p. 219, 267.
[3] *Ibid.*, II, p. 565.
[4] *Ibid.*, II, p. 312, 514.
[5] Benfey, II, p. 232.
[6] *Ibid.*, p 148.

mot vient d'une racine *lik*[1] (goth. *leikjan*, scr. *dris*, voir, *kidris, tadhis = qualis, talis*, littéralement : *comment regardant?*), qui a su fixer l'accent sur elle.

Sont encore paroxytons les différents cas des pronoms personnels dans leurs formes primitives : ἐμέο, ἐμέος (dorique), ἡμέες, ὑμέες, ἡμέας, ὑμέας, ἡμέων, ὑμέων, ἡμέσιν, ὑμέσιν = ἡμῖν, ὑμῖν. En cela ils restent entièrement fidèles à l'accentuation sanscrite[2], qui, elle aussi, marque la syllabe du milieu. Τοιοῦτος, τοσοῦτος sont des composés comme ἐπειδή, οὐκοῦν, τιητιδή, etc., dont nous traiterons plus tard. L'accentuation du nombre ἐννέα est justifiée par le sanscrit *navam* et le latin *novem*. L'ε serait-il, comme le croit Pott[3], le vestige de l'α dans la préposition *anou* (après), thème dont *nawam* et *novem* seraient les dérivés, et le double *n* s'expliquerait-il alors par le retranchement du F; en allongeant la première syllabe, peut-être ce double *n* aurait-il fortifié l'accent sur la seconde (ἐννέα = ἐνϜέα)?

DES MOTS COMPOSÉS.

Comme tout mot, par cela seul qu'il est mot, est une expression dérivée[4], que presque toute dérivation n'est qu'une espèce de composition[5], que tous les mots de la langue peuvent par conséquent être envisagés comme des composés, la même règle doit être applicable aux composés proprement dits qu'aux soi-disant mots primitifs ou simples. Cette règle, nous avons cru la reconnaître dans le dernier déterminant, qui, à l'origine des langues, paraît avoir donné au mot son accent. Dans

---

[1] Kühner, I, p. 295. Bopp, *Krit. Gramm. der Sanscritasprache*, p. 138.

[2] Böthlink, § 22.

[3] Pott, I, p. 107; II, p. 132, 167.

[4] Chansselle, *Formation des mots dans la langue latine*, p. 12.

[5] Pott, II, p. 363 sqq.

les mots simples le dernier déterminant devait se trouver nécessairement à la fin du mot. Car toutes les racines commençant par une consonne qui désignait la pensée, et terminées par une voyelle qui rendait possible l'énonciation de cette pensée, étaient déterminées au commencement et indéterminées à la·fin. Mais à cet égard la racine n'est pas un mot encore : pour qu'elle le devienne, il faut en déterminer la partie indéterminée; c'est ce qui se fit au moyen des suffixes, et le procédé lui-même s'appelait dérivation. Mais lorsque tous les mots simples de la langue sont formés, celle-ci, poussée par le besoin de spécialiser les idées, résume deux pensées en une seule, fond deux mots en un seul, le composé proprement dit. On peut dire qu'ici encore le principe du dernier déterminant maintient son influence, autant que le permet la quantité, qui grandit à ses côtés. Ainsi dans σωματοφύλαξ, παιδοτρί-6ης, δεισιδαίμων, χρυσάνθεμον il est impossible de reconnaître l'influence du dernier déterminant, neutralisée qu'elle est par la longueur de la dernière syllabe ou l'étendue du second membre, mais elle se montre bien dans λεοντόφωνος, Διόγνητος, χρυσόστιλδος [1], etc. L'intention de rendre l'unité du mot aussi intime que possible ne paraît pas avoir peu contribué à retirer l'accent de la fin. Ceci devient surtout manifeste dans les composés relativement rares dans les langues synthétiques, où le dernier déterminant n'occupe pas la première place dans le composé [2], par exemple ῥίψασπις, ἐγερσίγελως, δακέθυμος, στρεψί-δικος, μισόπονος, φιλόσοφος, ἐπιχαιρέκακος; et dans tous ces cas c'est toujours un verbe qui régit le déterminant [3]. Si

---

[1] Göttling, p. 370.

[2] Kühner, I, p. 428 sqq. — Pott, II, p. 378 sqq. — Becker, *Ausführliche deutsche Grammatik*, I, p. 205.

[3] Kühner, I, p. 432, 436.

le dernier déterminant gardait seul l'accent dans ces exemples, le composé se décomposerait pour ainsi dire dans ses éléments, et ne présenterait plus qu'un mot formé par juxtaposition, παράθεσις [1]. On ne peut pas non plus méconnaître l'influence du verbe, qui chaque fois qu'il garde toute l'énergie d'une action transitive, attire à lui l'accent du composé, et établit ainsi entre les différents éléments du mot, moins un rapport de déterminé et de déterminant, que le rapport d'un être agissant sur un autre qui subit cette action. On dira par conséquent μο-νόφθαλμος (de ὀφθαλμός), χρυσεόστιλβος, même παιδόκτονος, *a liberis occisus ;* mais παιδοκτόνος, *qui, quæ cædit liberos*), δρυτόμος, φωνασκός, ξιφουλκός [2]. Les mots en αρχος, οχος, συλος font seuls une exception à cette règle, le verbe y ayant perdu son énergie primitive, et étant descendu au rang d'une simple terminaison, par exemple ναύαρχος, γυμνασίαρχος, ῥαβδοῦχος [3]. Dans des mots comme ἀρχεραν-ιστής, ὠτακουστής, l'influence du verbe pourrait se faire sentir encore sur le suffixe dérivatif της, comme dans tous les composés en ευς et ας [4]; mais il est probable que dans Πανα-χαιοί, ἀρχιατρός, λυραοιδός, ce qui a maintenu l'accent sur la dernière, c'est la nature de la première partie, qui joue presque le rôle d'une épithète d'ornement.

C'est encore la prépondérance du verbe et de la seconde partie du mot qui motive l'accentuation des adjectifs ἡμιθνής, ἀπτώς, ἀτρώς, ἀκμής, etc.; πλινθοβάψ, puis de tous ceux qui sont composés avec πλήξ et σφάξ [5]. Mais l'influence de la quantité y est évidemment pour beaucoup, puisque le composé est presque toujours baryton, lorsque sa dernière partie renferme les

---

[1] Göttling, p. 370, 371.

[2] Pape, p. 84.

[3] Göttling, p. 321.

[4] *Ibid.*, p. 279, 280.

[5] *Ibid.*, p. 331.

voyelles brèves et peu fortes ι et ε, et que la pénultième
peut attirer l'accent, sans que les oreilles soient cho-
quées de la violence faite au membre le plus important
du composé par le membre qui souvent renferme une
idée moins forte; par exemple : βοῦκλεψ, τυρόκλεψ, ἐπίτεξ, οἰκότριψ, πορνότριψ, κατῶβλεψ, χέρνιψ. Il est rare
qu'en grec l'influence de la pensée se fasse sentir sans
que le principe de la quantité vienne tout de suite la
partager, concurrence qui multiplie singulièrement les
difficultés de l'accentuation grecque.

C'est ainsi que sous l'influence de ces deux principes
en lutte, nous rencontrons une double accentuation
pour les composés en ωψ [1]. On écrit ἀγλαώψ, εὐώψ, φλογ-
ώψ, où la première partie ne sert que d'épithète d'ornement à la seconde. Il en est de même ou à peu près de
δεινώψ, γοργώψ, ἑλίκωψ. Dans μονώψ et πολυώψ, l'idée de l'œil
paraît aussi dominer celle du nombre. Mais dans κύκλωψ,
μύωψ, οἴνωψ, αἴθοψ, la seconde syllabe est descendue au
rang d'une terminaison, et toute l'énergie de la pensée
porte évidemment sur la première, κύκλος, μύειν, οἶνος,
au point qu'on trouve même οἶνοψ, comme αἴθοψ, et
même αἰθός, qui paraît venir d'une forme primitive αἴθωψ
(cp. aussi νῶροψ et ἦνοψ).

Entre la parathèse et la synthèse il n'y a qu'une différence de temps, cette dernière ayant toujours commencé par être parathèse [2]. Quand nous passons de la
formation des mots à l'ordre des idées, nous trouvons
la *proclise*, qui répond à la parathèse, l'enclise, qui
ressemble davantage à la synthèse. Voici quelques
exemples de *paratheta* formés pour ainsi dire par proclise [3] : ὁστιςοῦν, τοπρῶτον, τοπᾶν, εἰςέτι, οὐκέτι, εἰςόκεν, δηλαδή,

---

[1] Pape, *Etym. Wörterbuch der griech. Spr.*, p. 270.
[2] Apollon., *Synt.*, p. 324, 325.
[3] Göttling, p. 371, cp. p. 279.

δηλονότι, ἐξάρτι, ἐξάντα, ὡςάν, ἐπιπλέον, ἐπιτοπλεῖστον, etc.;
parmi les adjectifs : βουλυτός, περικλυτός, ναυσικλυτός,
τηλεκλυτός, δουρικλειτός, auxquels on pourrait ajouter à la
rigueur les diminutifs en ίον, ίσκος, ύλος, etc., enfin
tous les mots dans lequels la langue n'a pas profité des
facilités données par la quantité de leur dernière syllabe, pour retirer l'accent de la fin et exprimer ainsi
plus fortement l'unité. Cependant les prépositions
ont presque toujours formé une véritable synthèse en
grec; au point que les adjectifs composés avec εργος,
quand ils en ont une pour premier membre, deviennent proparoxytons : c'est qu'elles déterminent véritablement le verbe ou l'adjectif qui en dérive; comme
dans les verbes de la langue sanscrite composés avec
une préposition, c'est ordinairement la préposition qui
a l'accent. Au contraire, lorsque c'est un nom qui précède la terminaison, le verbe reprend son indépendance et retire l'accent au nom, qui n'est plus que son
régime; par exemple : ἔνεργος, περίεργος, ἑκάεργος; puis
πανοῦργος, κακοῦργος, où εργος, par suite d'un usage fréquent, a perdu sa signification verbale; enfin : φυτουργός,
σιτουργός, λιθουργός [1].

Que si, après ces considérations rapides sur les mots
grecs composés, on nous demandait comment il se fait
que l'allemand, langue synthétique, partage avec le
grec le principe du dernier déterminant dans les mots
composés, tandis qu'il en a adopté un tout contraire
pour les mots simples, nous dirions que dans les mots
composés *le principe du dernier déterminant et le principe logique coïncident* [2], et que l'allemand n'est qu'à

---

[1] Pape, p. 88.

[2] En effet, quel est le dernier déterminant dans le grand
nombre des composés? Non pas la terminaison, mais le premier
membre. Maintenant, quelle est l'idée que le principe logique

moitié synthétique. Le principe analytique s'y est développé d'assez bonne heure pour lui faire oublier la valeur des particules, qui, comme derniers déterminants, étaient les vrais créateurs du mot simple. La distinction entre des idées, des mots principaux et subordonnés n'existait pas à l'époque où la langue, n'étant pas arrivée à son plein développement, cherchait à se différencier, pour ainsi dire, et marquait par un accent chaque nuance nouvelle, chaque déterminant nouveau. Peu soucieuse de son origine, qui lui rappelait sa rudesse, son uniformité et sa pauvreté, elle s'en éloignait de plus en plus, et déguisait par des suffixes et des préfixes toujours plus nombreux ses racines, jusqu'à les rendre méconnaissables. Mais quand la puissance productrice de la langue se fut épuisée, ce qui, dans les langues du Nord, eut lieu de très-bonne heure, elle reporta son attention sur ces premiers germes et chercha à se gouverner elle-même en groupant autour de chacune de ses racines, au moyen de l'accentuation, tous les mots qui paraissaient en dériver. Par exemple : *scheinen*, paraître, luire, *scheinbar*, *schoén*, *Schoénheit*, *verschoénen*, etc ; ou bien : √ *herr*, gouverner, *Hérr*, *hérrlich*, *Hérrlichkeit*, *hérrschen*, *Hérrschaft*, *hérrschaftlich*, etc. Elle retirait l'accent de la terminaison, dont le sens intime lui échappait, sur le radical qui lui était resté entièrement intelligible. Ce qui fait donc la différence entre les accentuations allemande et grecque, c'est que pour la première les particules sont des *atona* (voy. partie III), pour la seconde elles ne l'ont jamais été entièrement[1]. Dans les mots composés, où *deux*

---

cherche à faire prévaloir dans chaque mot ? l'idée la plus saillante. Quelle est l'idée la plus saillante dans la plupart des composés ? évidemment celle du premier membre.

[1] Il est cependant à remarquer que les prépositions qui sont

idées principales se liaient ensemble, le principe est resté le même en général ; seulement dans la langue allemande, devenue de plus en plus immobile, le principe est devenu une habitude qui a donné lieu à des fautes d'analogie : elle accentue invariablement la première syllabe de chaque composé, c'est-à-dire qu'elle accentue de même *Friedenstœrer* et *Stöerenfried*, *Récht-haber* et *Háberecht*, *Füerchtegott* et *göttesfüerchtig*, etc., quoique dans les composés dont le premier membre est un verbe, le principe du dernier déterminant soit évidemment violé.

Dans les langues méridionales et surtout néo-latines, où le principe de l'analyse domine presque exclusivement la syntaxe, et dont la flexibilité paraît moindre, des composés comme *Storenfriend*, *Haberecht*, μισόπονος, sont naturellement les plus nombreux. Aussi les différents membres en sont-ils écrits séparément, et le dernier, qui est aussi le dernier déterminant, a-t-il l'accent principal. Car ces langues suivent, comme on sait, dans l'ordre des mots, la marche descendante; par exemple : *arc-en-ciél, taille-fér, tire-bótte, vaurién* [1]. Dans la déclinaison et la conjugaison, le même changement qu'en allemand s'est opéré, et les terminaisons, autrefois si vivaces et si énergiques, sont devenues quelque chose comme de faibles proclitiques, sans accent et sans valeur intrinsèque.

---

proclitiques et même *atona*, lorsqu'elles se trouvent devant le nom dont l'idée les implique pour ainsi dire, ne le sont plus dès qu'ils se trouvent après lui. On dit en allemand : *bergaúf* (en montant), *bergáb* (en descendant), *thalein* (à l'intérieur de la vallée), *himmelán* (jusqu'au ciel); en anglais : to put *ón*, etc. Ceci cadre assez avec l'accentuation des désinences grecques.

[1] Diez, *Grammatik der romanischen Sprachen*, II, p. 335, 360.

Particules et enclise.

Caractéristique.

§ 48. On se rappelle que nous avons distingué deux classes de racines, les unes d'où dérivent les verbes et les noms, les autres qui donnent naissance aux pronoms et aux particules. Nous arrivons à cette seconde classe de mots; s'ils ne constituent pas le fond et l'âme du discours, ils en sont le lien nécessaire, et il n'y a qu'une grammaire aussi superficielle que celle de la langue chinoise, qui ait pu les appeler *les mots vides du discours.* Ce sont les premiers mots, les premiers sons de la langue; c'est par leur union avec les autres racines inertes qu'ils vivifient, que se forment la plupart des mots [1]. Premiers mots de la langue, ils ont créé tous les autres, et diffèrent en cela de la matière inerte sur laquelle ils avaient agi. Tout en se fondant avec elle et en s'y effaçant, ils conservent pourtant, en grande partie du moins, leur liberté propre et leur indépendance. Ce sont eux qui, par conséquent, ont donné naissance aux déclinaisons et aux conjugaisons, à la formation des mots mêmes, et, qui plus est, au mouvement et à l'expression de la phrase; ressemblant assez aux pions dans le jeu d'échecs, qui pour être les derniers dans la hiérarchie des pièces, n'en sont pas moins considérés par les joueurs habiles comme le pivot et l'âme du jeu.

On sait que la forme plus faible et plus délicate des particules grecques leur interdit certaines places dans le discours (la première, par exemple), et appelle moins sur elles l'effort de la voix. Or ici une question grave se présente. Est-ce la faiblesse de leur accent qui motive l'ordre et le rang qu'elles occupent, ou est-ce la faiblesse de leur valeur intrinsèque qui a diminué la force

---

[1] Bergmann, *Poèmes islandais, glossaire,* p. 380 sqq.

de leur accent? Mais quoique ces deux phénomènes paraissent tellement se tenir qu'on peut les prendre indifféremment tous deux pour l'effet ou pour la cause, certains faits et la marche historique même de la langue nous conduisent à penser que l'accent affaibli provient de l'amoindrissement de la forme, qui résulte à son tour de la nature de plus en plus abstraite de la pensée. Pour la première fois se présente ce fait remarquable d'une hiérarchie : les idées fortes jusqu'à un certain point dépouillent les idées faibles de leur accent. C'est là le premier exemple éclatant du triomphe du principe logique sur le principe, antérieur et plus naturel, du dernier déterminant. Dans la flexion, dans la conjugaison, dans la formation des mots simples, les particules occupaient le dernier rang; car c'est ainsi seulement qu'elles déterminaient, qu'elles créaient le mot, qu'elles lui donnaient sa forme définitive; et en revanche, ou elles gardaient l'accent pour elles-mêmes, ou quand l'unité commençait à devenir plus intime, elles s'efforçaient au moins de l'attirer près d'elles. En effet, à mesure que les mots deviennent plus *uns*, le sentiment de la dérivation s'y perd, et l'influence du principe logique grandit, dans les limites cependant que la quantité lui assigne. Mais c'est dans la phrase surtout que cette influence se manifeste. Le choc des idées pressées les unes contre les autres fait paraître au grand jour la faiblesse des particules; car, si dans la formation des mots elles avaient pu garder leur accent comme derniers déterminants, indépendantes elles n'eurent plus la même valeur et furent effacées par les mots auxquels elles avaient prêté leur force. Idées faibles, elles furent attirées par les idées plus fortes, et reçurent désormais une place de plus en plus stable. Les prépositions, par exemple, que nous trouvons proclitiques dans les temps classiques, ont encore une grande indépendance dans Homère et dans les *Védas*, quoique dans le sanscrit elles soient presque partout composées et fondues avec les verbes[1]. Aussi a-t-on remarqué avec justesse que ce que les grammairiens ont appelé *la tmèse* est un terme faux, et que cet état de séparation dans lequel les prépositions gardent plus d'indépendance et un accent plus énergique (elles sont alors paroxytons), est l'état primitif. En allemand, les prépositions ont été originairement toutes séparables, et aujourd'hui encore un très-petit nombre font exception, et seulement dans le cas où leur signification locale s'est entièrement perdue[2], par exemple : *üebersetzen*, traverser, *uebersétzen*, traduire.

La langue présente de nombreux exemples de l'amoindrissement de la forme, qui précède l'affaiblissement de l'accent. Les pronoms personnels ἐμοῦ, ἐμοί, ἐμέ, pour devenir enclitiques, ont besoin de se raccourcir en μου, μοι, με ; les disjonctifs μέν, δέ sont abrégés de formes plus longues : μόν-ος, εἷς, μία, = 1° et δϜίς = 2°[3] ; περ de περί ; κε, κεν de *kim* (sanscrit), pronom indéfini neutre[4] ; ἄν du sanscrit *ana*, celui-là ; (cp. lat. *an* dans *utrum-an*) ; νυ, νυν de νῦν = νέον (ou du sanscrit *anu*, post)[5] ; θήν de θεόν (?)[6] ; ῥα, peut-être mutilé de ἄρα (ἆρα est composé de ἦ + ἄρα)[7] qui aurait changé d'accent pour rendre l'aphérèse possible[8]. Φι n'est qu'un tron-

---

[1] Bopp, *Krit. Gramm. der Sanscritaspr.*, p. 55, note 2.

[2] Pott, II, p. 360.

[3] Pott, II, p. 137, 324.

[4] Pott, II, p. 135

[5] Pott, II, p 149.

[6] Pott, II, p. 323.

[7] Pott, II, p. 175.

[8] C'est ainsi que ἵνα a dû devenir oxyton faible, avant que la forme gr. moderne νά ait pu naître. Comparez aussi à cet égard ἄλλα (*alia*) et ἀλλά (*sed*). Ce dernier est certainement oxyton faible,

çon de *abhi* (préposition sanscrite); δέ dans δομόνδε
ἐνθάδε vient ou du pronom démonstratif *dja* (sanscrit),
ou de δῶμα, δῶ [1] (cp. goth. *du=zu* et *endo*, *indu* en
latin); θα, θι, θεν sont d'origine pronominale; τε et γε
sont déjà en sanscrit enclitiques (*c'a* et *hi*) et ne peuvent se trouver au commencement de la proposition [2].

Classification des enclitiques.

§ 49. Si donc une certaine fixité dans le rang que les
particules occupent nous est une preuve d'une enclise
plus ou moins prononcée, nous devrons distinguer trois
classes d'enclitiques : 1.° celles qui, quoique exclues de
la première place dans la phrase, gardent encore toute
leur indépendance, comme μέν, δέ, οὖν, δή, ἄν, γάρ, ἄρα,
γοῦν, même αὐτός quand il ne marque pas l'identité de
la personne [3]; 2° celles qui, quoiqu'elles rejettent
leur accent sur le mot précédent, gardent encore une
certaine indépendance : ce sont celles qu'on trouve
énumérées comme enclitiques dans toutes les grammaires; et 3° celles qui, après avoir rejeté leur accent,
se réunissent en outre au mot sur lequel elles s'ap-
puient, sans cependant se fondre avec lui entièrement :
ce sont les enclitiques suffixes : θεν, θα, θι, σε, δις, δε,
et φι.

Sur les enclitiques suffixes.

§ 50. La plus indépendante, celle qui, par conséquent, se rapproche le plus de la seconde classe, est δίς

---

puisqu'il est entièrement privé d'accent lorsque l'apostrophe lui en-
lève sa dernière syllabe.

[1] Pott, II, p. 261.

[2] Bopp, *Krit Gramm. der Sanscritaspr.*, p. 357.

[3] Gottling, p. 396. — Les anciens grammairiens dans ce cas lui
retiraient quelquefois l'accent. Par exemple, *Il.*, XII, 204 : Κόψε
γαρ αὐτον ἔχοντα.

(forme dor. pour δε qui est plus faible), qui se joint régulièrement à un accusatif; par exemple : χαμάνδις (de χαμά? cp. χαμάζε, χαμαί), ἀγράνδις, qui est probablement pour ἀγοράνδις[1]. Ὀλυμπιάνδις paraît avoir été accentué d'après une fausse analogie; car si la pénultième est longue, ou si le mot compte plus de trois syllabes, δίς garde son accent, et, tout enclitique qu'il est, il a trop de poids pour être porté par l'antépénultième; par exemple : ἀμοιβαδίς, ἀμβολαδίς, αἰφνηδίς. Par la même raison, l'accent ne peut remonter au delà de la pénultième dans χαμάδις, φυγάδις, κρυφάδις, μιγάδις (νυν), parce que, relativement aux deux premières, la dernière a presque la valeur d'une longue. Même lorsque δίς s'est affaibli en δέ, il a eu la force de déplacer l'accent dans quelques pronoms, c'est-à-dire des mots qui n'ont pas une grande valeur intrinsèque, comme dans ἐνθάδε, τηνικάδε, τημόςδε, τοσόςδε[2], mais dans φύγαδε, οἴκαδε, Παλλήναδε, Θήβαδε, il paraît descendu au rang d'une simple terminaison[3]. Déjà dans οἴκαδις ou οἴκαδες cette accentuation plus moderne commençait à percer; ἄμυδις et ἄλλυδις paraissent des formes analogues. Mais à ces exceptions près, qui s'expliquent par le fréquent usage qu'on faisait de ces mots, δέ s'ajoute comme enclitique à la forme régulière de l'accusatif; ainsi : ἅλαδε, πόλινδε, οἰκόνδε, Ἀβδηράδε, etc., même lorsqu'il se fond avec la désinence ς du nom en ζ; par exemple : Ἀθήναζε, Θήβαζε. Mais lorsqu'il prend la forme de σε, il suit l'accentuation des particules φι, θεν, θι, qui n'apportent aucune modification à celle du nom, lorsque la pénultième de ce dernier est longue, et qui en font régulièrement

---

[1] Gottling, p. 344, 345. Ahrens, II, p. 373.

[2] Gottling, p. 359.

[3] Göttling, p. 345, 356.

un paroxyton lorsqu'elle est brève [1]. Dans ce cas, la voyelle est toujours ο, soit que le nom suive la deuxième déclinaison, soit qu'il suive la troisième, et qu'alors l'ο ait été inséré pour des motifs euphoniques [2]; par exemple : κοτυληδονόφιν, νηδυιόφιν. C'est encore la longueur relative de la dernière syllabe qui nous vaut cette accentuation exceptionnelle, comparable à celle des optatifs en οι et αι. Mais lorsque la pénultième est longue par position ou par nature, les désinences φι, θι, θεν, σε, qui avaient eu plus de poids qu'une simple brève, sans atteindre au poids d'une véritable longue, rentrent dans les conditions exigées pour les proparoxytons. Car la voix, qui descend graduellement, après avoir surmonté une syllabe longue, a encore assez de force pour faire entendre une brève, quelque forte qu'elle soit, tandis que cette chute graduelle doit l'empêcher de faire entendre une dernière plus forte qu'une pénultième, lorsqu'elle s'est laissé déjà trop tomber pour prononcer celle-ci. (Voyez p. 73, 74.) Cette accentuation exceptionnelle cesse aussitôt que la langue ne reconnaît plus deux éléments distincts dans les mots ainsi composés; ce qui arrive naturellement moins aux substantifs, qui ont une forme trop indépendante, et qu'on rencontre trop souvent sans ces suffixes, qu'à des expressions adverbiales, où ils ne figurent plus que comme désinences; par exemple : πάντοθεν, ἄλλοθεν, ἕκαθεν, ἄποθεν, πάντοσε, ἄλλοσε, ἕκτοσε [3] (οἴκοθεν, οἴκοθι paraissent les seuls mots formés ainsi d'un substantif), etc. La plus grande énergie, toute la force primitive du suffixe δέ se montre surtout, quand on considère ces derniers exemples : τηνικάδε, τοσόνδε, etc., où sa valeur intrin-

---

[1] Gœtling, p. 349.

[2] Küchner, I, p. 298, 299.

[3] Gœtling, p. 349

sèque balance celle du premier mot, valeur qui ne
s'affaiblit que lorsqu'il prend la forme σε.

Si l'on considère la nature hybride de ces suffixes, qui
sont un peu moins que des enclitiques, un peu plus
que de simples désinences, on ne conclura pas avec
M. Göttling (p. 37) que les nombreux oxytons de la
langue grecque pourraient bien n'être que des tronçons
de formes plus fortes, telles que κυκλόσε, οὐδαμόσε, Ἀργόθεν,
ἐμέθεν, bien que quelquefois cela puisse être vrai; mais
réfléchissant à l'accentuation si mobile de la particule
δις, par exemple, dans κατωμαδίς, αἰφνηδίς, ὀκλαδίς, puis
à des compositions telles que ἐπειή, ἠμέν, ἠδέ, οὐκοῦν,
τιητιδή, ἐπήν, οὐμενοῦν, δηλαδή, δηλονότι, ὡσάν [1], on y re-
connaîtra, au contraire, des traces manifestes de ce
système d'agglutination et d'agrégation que la langue
poursuivait lentement, mais sans relâche, pour arriver
à l'unité du mot d'abord, et ensuite à celle de la pensée
dans un sens plus vaste. Les petits mots qui servent à la
déclinaison, à la conjugaison, qui modifient noms, pronoms et verbes, qui, en fixant leur forme, les faisaient
naître, frappaient d'abord l'attention de l'homme primitif; plus tard son intelligence plus avancée voyant
que ces particules changeaient, tandis que le radical
restait immuable, jugea celui-ci plus important, et s'ef-
força de lui assurer la prédominance par l'accentuation.
Mais le suffixe résista longtemps, et ne succomba que
lorsqu'il était descendu au rang d'une simple terminaison, c'est-à-dire lorsque tout souvenir de sa valeur
primitive fut perdu.

Mais, précisément parce que les suffixes φι, θεν, θι,
σε, δε n'ont jamais perdu à ce point leur qualité de mot,
précisément, parce que la langue a eu la force de s'en
séparer sans devenir analytique, qu'ils ne se trouvent

---

[1] Göttling, p. 360 et 371.

que rarement joints aux noms de la troisième déclinaison, qui est la déclinaison forte, c'est-à-dire la plus
ancienne, qu'on les trouve au contraire très-fréquemment à la fin des noms des deux premières déclinaisons [1]
qui sont celles des adjectifs, partant les plus récentes et
les plus mutilées; nous ne pouvons nous rallier à l'opinion de M. Göttling, qui les considère comme des désinences de cas plus anciens que ceux du dialecte attique.
Le suffixe φι (scr. *abhi*) seul parait prêter à son assertion
une apparence de vérité; mais la langue grecque, qui repoussait d'instinct un suffixe trop fort pour devenir une
simple terminaison, n'y paraît avoir eu recours *de nouveau* dans un temps postérieur, que pour relever et pour
rendre plus sensible la flexion des mots mutilés de la
première et de la deuxième déclinaison. Au surplus, ni
θι, ni θεν, ni δε ne se trouvent dans la déclinaison
sanscrite, et la terminaison σι ne saurait être considérée comme une forme secondaire de δέ; car elle répond
au locatif sanscrit *su*. Ils sont donc tombés à mesure que
la langue, s'efforçant d'exprimer ses idées d'une façon
moins matérielle, prit un caractère plus logique, surtout à mesure que du pronom démonstratif ὀ, ἠ, τό,
sortit *l'article*[2], à peu près inconnu à la poésie d'Homère[3], et que les prépositions devinrent de plus en plus
proclitiques (que l'on compare, par exemple, οὐρανόθιπρό
à πρὸ τοῦ οὐρανοῦ). Ils ne restèrent plus dans la langue
que pour la désignation de quelques endroits, et comme
attirail poétique des tragiques, qui aimaient à relever
leur diction par des archaïsmes.

---

[1] Kühner, I, p. 299.
[2] Kühner, II, p. 423-426.
[3] L'article, ou le pronom démonstratif qui lui donna naissance,
ne se trouve jamais devant un substantif qui a un de nos suffixes;
ces derniers le désignaient suffisamment.

Sur les enclitiques φημί et εἰμί.

§ 51. Une distance assez grande sépare ces suffixes, qui se trouvent sur la dernière échelle de ce que nous pouvons appeler des *mots individus*, non-seulement des particules que nous avons rangées dans la première classe (δή, μέν, γάρ), mais aussi des verbes enclitiques, nous voulons parler de φημί et de εἰμί. Ce dernier garde son accentuation primitive, quand, au lieu d'être *copule*, il marque l'existence, surtout toutes les fois qu'il se trouve au commencement de la phrase, et il ne peut s'y trouver qu'en renfermant une idée principale, indépendante; (voyez page 147). Mais comme il garde cet accent même après οὐκ, καί, εἰ ou toute autre particule, par exemple ὡς, τοῦτο [1], auxquels l'*Etymologicum magnum* (p. 301) ajoute même μή et ἀλλά, il faut en conclure : 1° que les *proclitiques*, vulgairement appelés *atona*, et les enclitiques, quand elles se trouvent à côté les unes des autres, se neutralisent, le mot proclitique voulant s'appuyer sur celui qui suit, et l'enclitique sur celui qui précède ; 2° que d'autres mots, comme καί, τοῦτο et ἀλλά, quoique n'étant pas comptés ordinairement comme enclitiques, n'ont pas cependant une accentuation bien prononcée. Mais avant de trancher cette question, il importerait de savoir si dans les cas où ἐστί suit des particules aussi peu énergiques que καί et τοῦτο, il ne doit pas être considéré comme se trouvant à la tête de la phrase, c'est-à-dire comme ayant une signification particulière [2].

---

[1] Göttling, p. 394.

[2] On sait que les deuxièmes personnes du présent des verbes φημί et εἰμί ne sont pas considérées comme enclitiques par les anciens grammairiens ; la seconde personne répond au vocatif, et conserve toujours une certaine énergie. Cependant la forme plus étendue ἐσσί

Proclitiques.

§ 52. Comme d'après une loi qui a été pour la première fois hautement proclamée par Wilh. de Humboldt, les syllabes qui précèdent le *frappé* dans un mot composé de plusieurs éléments, s'y fondent plus difficilement que celles qui le suivent, on en conclura avec raison, que la prétendue *proclise*, comme Hermann[1] l'appelle, est sujette à plus d'un doute. Ce que l'on remarque d'abord, c'est le peu d'étendue qu'elle a pris dans la langue, ne s'appliquant qu'à l'article dans les formes ὁ, ἡ, οἱ, αἱ, aux conjonctions εἰ, αἰ, ὡς, à la particule οὐ (οὐκ, οὐχ), et aux prépositions ἐκ (ἐξ), εἰς (ἐς), ἐν[2]. De plus ce sont des manuscrits seulement d'une date relativement récente, qui nous présentent cette différence d'accentuation entre l'article *prépositif* (ἄρθρον προτακτικόν), qui n'y est jamais trouvé oxyton, et l'article *postpositif* (ἄρθρον ὑποτακτικόν), qui l'est toujours (ὅς, ἥ, οἵ, αἵ), et qui traitent les autres mots cités comme des *atona*, excepté au cas indiqué dans la note ci-dessous. Mais les anciens grammairiens grecs ne connaissent pas cette doctrine, ils ont considéré tous ces mots comme oxytons, faibles sans doute, mais non pas dépourvus de toute espèce d'accentuation[3]. Nous voulons parler, non-seulement des formes plus

---

(épique) est enclitique, tandis que εἰ (forme virtuelle) ne l'est pas.

[1] Hermann, *De emendanda rat. gramm. græc.*, p. 96.

[2] Nous n'avons pas besoin de répéter que tous ces mots reprennent leur accent primitif aussitôt qu'ils se trouvent après le nom, ou à la fin de la phrase. Par exemple : αἰετὸς ὥς. L'article lui-même, comme nous savons, n'est qu'une dégradation du pronom démonstratif.

[3] Göttling, p. 388, 389. Joh. Alex, p. 22, 16. Charax, p. 1153. Arcad., p. 178, chap. xii : Αἱ εὐθεῖαι καὶ αἱ αἰτιατικαὶ τῶν ἄρθρων ὀξύνονται.

fortes de l'article dans le dialecte dorien τός, τή, τοί, ταί, mais même de sa forme actuelle, plus exiguë dans le dialecte attique. Plus tard, il est vrai, l'usage s'établit de séparer l'article ou la préposition de son nom, et de l'accentuer, ou de les y réunir en ne les accentuant pas, par exemple, οἱπέπλοι ou οἱ πέπλοι, ἀμβωμοῖσιν, ἀμπεδίον ou ἀμ βωμοῖσιν, ἀμ πεδίον[1]. Quelques-uns appliquèrent même ce principe aux formes périspomènes de l'article en écrivant τουδεῖνος[2].

Influence de la crase sur l'accentuation.

§ 53. Cependant l'accent de ces soi-disants *atona* ou proclitiques était extrêmemeut faible ; ce qui le prouve, c'est que les prépositions bisyllabes qui précèdent un nom, de même que οὐδέ, μηδέ, ἀλλά, si elles perdent leur dernière syllabe par élision, ne retirent pas leur accent sur la syllabe précédente, comme font tous les mots qui ont quelque valeur intrinsèque, mais le perdent entièrement. Ceux-ci restent oxytons, même lorsque la syllabe qui précédait la voyelle élidée est longue de nature, de telle sorte que la longueur n'a pas d'influence sur leur accent, par exemple, δείν' ἄττα, *dira quæcunque*[3] ; c'est dans ce sens que se prononçaient au moins les grammairiens qui ont le plus d'autorité. En adhérant au principe que renferme cette règle, nous croyons devoir repousser la doctrine de Göttling et du plus grand nombre des hellénistes allemands, qui veulent marquer du circonflexe les paroxytons bisyllabes qui commencent par une voyelle, à laquelle se réunit, au moyen de la *crase*, quelque petit mot qui en est sus-

---

[1] Reiz, *De inclin.*, p. 40.

[2] Apollon., *De pron.*, p. 60.

[3] Gottling, p. 375.

ceptible, surtout l'article[1]; ainsi, τοὖναρ = τὸ ὄναρ, τἄλλα = τὰ ἄλλα, κἄτι = καὶ ἔτι, etc. Il nous paraît évident que de pareilles contractions ne peuvent être considérées comme de véritables synthèses, la première partie n'étant pas une partie intégrante du mot, mais plutôt comme des parathèses dans le genre de οὔτις, μήτις, ἤπερ, ναίχι, ou encore de χὥστις = καὶ ὅστις, χὦτι, etc. Les premiers de ces exemples pourraient être regardés comme des synthèses à plus juste titre que les crases citées par M. Göttling; car la langue, quoiqu'elle reconnût encore les éléments qui composaient ces mots, et qu'à cause de cela elle ne leur accordât pas le circonflexe, signe d'unité absolue, les regardait au moins comme des formes *fixées* auxquelles elle attachait toujours la même valeur; tandis que les crases ne lui offraient que les variations d'une forme, qui ordinairement avait une accentuation à elle propre, qui ne pouvait changer entièrement sans que la pensée attachée à cette forme périclitât. Nous sommes donc d'avis d'écrire non-seulement avec F. A. Wolf[2] τἄργα, τἄνδον, κἄτι, χἄμα, où l'ancien accent est conservé parce que de la contraction des deux voyelles ne s'est pas formée une nouvelle diphthongue; mais encore τοὔργον, τοὔψον, où la diphthongue ne reproduit aucune des anciennes voyelles et paraît donner plus d'unité au mot ainsi contracté; il semble d'ailleurs que cette position des accents (τὸ ἔργον) n'amène pas de nécessité le circonflexe. Nous jugeons ce dernier indispensable seulement lorsque le second mot, le mot principal de la crase, l'avait déjà. Nous écrirons donc avec tout le monde κᾆτα, κῷνος, etc.

---

[1] Göttling, p. 384, 85.
[2] Wolf, *Anal.*, II, p. 434.

Observations sur le principe et la nature de l'enclise.

§ 54. Pour saisir bien le principe de l'enclise grecque, il ne faut pas oublier qu'elle n'ôte pas l'accent au mot trop faible pour se maintenir indépendant, elle le force seulement de le reporter sur le mot précédent. Même quand l'accent de celui-ci suffisait en même temps pour celui de l'enclitique, une certaine nuance de la prononciation faisait sentir qu'il n'y avait pas unité absolue, qu'il y avait deux idées. Cette nuance était si sensible, qu'Hérodien et quelques autres voulurent accentuer la dernière des paroxytons terminés par un trochée, lorsqu'ils étaient suivis d'une enclitique, ainsi : λάμπέ τε, φύλλά τε, τυφθέντά τε, etc. [1]. Et si l'on se souvient que les Grecs aimaient à opposer l'accent et la quantité, on comprendra qu'ils n'aient pas voulu que l'accent de l'enclitique, qui tombait sur la brève, fût absorbé par l'accent et la quantité de la syllabe longue. Cependant cette accentuation, quoique spécieuse, n'a pas prévalu, grâce à l'autorité d'Aristarque, qui écrivait au commencement de l'*Odyssée* : ἄνδρα μοι, sans accentuer la seconde syllabe de ἄνδρα. Une difficulté semblable se présenta dans l'enclise des pronoms qui commencent par σφ, et surtout de ceux qui ont deux syllabes ; ayant un trop grand poids pour se réunir facilement au mot précédent, lorsqu'il était paroxyton, on voulait qu'il accentuât aussi sa dernière syllabe [2]. Mais ce *dochmius* n'a jamais pu se faire admettre dans l'accentuation. Il n'en est pas de même lorsque le mot qui précède est un propérispomène, le circonflexe permettant à la voix de baisser avant de se relever, par exemple οἶκός τις, οἶκός ἐστιν. Il faut cependant excepter les propérispomènes en ξ

---

[1] Gottling, p. 400.
[2] Hérodien, p. 1145.

et ψ, dont le circonflexe de fraîche date n'a jamais eu assez
de vigueur pour déprimer entièrement la dernière et
pour résumer en lui toute la force du mot. Aussi, dans
l'enclise, sont-ils considérés comme de simples paroxytons : φοῖνιξ ἐστί, φοῖνιξ τε [1].

S'il paraît désormais démontré que l'accent de l'enclitique reste toujours, jusqu'à un certain point, indépendant de l'accent du mot sur lequel elle s'appuie, on
comprendra que la prononciation distinguait toujours
entre un accent, qui était le signe d'une seule idée, et
celui qui répondait à deux, entre φῶς τι (*lumen ali-
quod*), et φῶτες (*homines*). Même lorsque le mot précédent était oxyton, et que l'enclitique relevait l'accent
aigu, qui sans elle serait devenu accent grave; il ne
faudra pas considérer cette enclitique comme une simple
terminaison, comme une partie intégrante du mot. Dans
ἐγώ γε, l'enclitique est encore un mot, mais elle a cessé
de l'être dans ἔγωγε, où l'accent, pour mieux exprimer
l'entière unité, s'est reporté sur l'antépénultième [2], en
observant une règle de quantité que nous connaissons
déjà. L'enclitique renferme donc toujours une idée, idée
subordonnée, dépendante, mais enfin idée; c'est comme
idée qu'elle a son accent, c'est par lui qu'elle marque
son existence. Ceci nous explique pourquoi, dans le
cas où plusieurs enclitiques se suivent, la suivante relève celle qui précède par l'accent aigu [3], par exemple, ἤ νύ σέ που δέος ἴσχει ou εἴπέρ τίς σέ μοί φησί ποτε.
L'accent grave, ici, serait impossible, parce qu'il ne
peut trouver place que là où, avec le mot, la pensée est
achevée; l'accent aigu, au contraire, devient nécessaire, quand il appartient plutôt au mot suivant, qu'il

---

[1] Göttling, p. 403. Bekk., *Anecdot.*, p. 1149. Arcad., p. 140.
[2] Göttling, p. 365.
[3] Göttling, p. 404.

annonce d'avance et qu'il tient sous son empire. Il va
sans dire que cette attraction continuelle des enclitiques, qui produit une grande tension de la pensée, et
par contre-coup de la voix toujours également élevée,
n'a rien d'agréable, et a été évitée autant que possible
par les Grecs[1]. Göttling, qui ne paraît avoir compris
ni le sens ni la nécessité de la loi dont nous venons de
parler, propose d'accentuer toute une série d'enclíti-
ques, non pas comme autant d'idées, mais comme des
syllabes qui, en se groupant par trois, formeraient des
proparoxytons. Il veut donc écrire πλούσιος τίς ἐστιν, et
et non pas πλούσιός τίς ἐστιν, de même ἤνυσέ που, et non
pas ἤ νύ σέ που, etc.

La quantité prosodique dans l'enclise.

§ 55. Quoique l'accent soit le véritable représentant de
l'idée dans les limites toutefois assignées par la quantité[2], son action ne devient nulle part si sensible que
dans l'enclise. En effet, dans l'enclise, l'accentuation
grecque se rapproche de celle des langues modernes,
en ce sens qu'apparemment les longues n'y comptent
que comme des brèves, et qu'il n'y a plus d'autre quantité que celle qui résulte du nombre d'émissions de voix
possible après que le *frappé* est passé; mais elle en diffère
profondément par la circonstance que toutes ces syllabes
brèves, pour l'accent, n'en restent pas moins réellement
longues par leur durée. Ainsi on écrira ἄλλου του, ἤκουσά
τινων, ἀνθρώπου μου, sans que pour cela la longue de του,
τινων, μου en ait le moins du monde à souffrir. Si le mot
qui précède l'enclitique est périspomène, le circonflexe
garde toute l'énergie de l'accent aigu, et l'enclitique

---

[1] Göttling, p. 405. Cp. Arcadius : Καὶ σπάνιον τὸ τοιοῦτον διὰ τὴν
τοῦ πνεύματος συνέχειαν δεομένην ἀναπαύσεως.

[2] Göttling, p. 399.

reste sans accent, fût-elle bisyllabe [1], par exemple :
ἥστινος, ὧντινων, φῶς ἐστι, et le datif épique τοῖςδεσι ou
τοῖςδεσσι pour τοῖσι δέ [2]. Mais en aucun cas l'enclise ne peut
dépasser trois temps, ce qui prouve jusqu'à l'évidence
que l'exiguité du mot a dû se joindre à la faiblesse de
l'idée, pour rendre ici l'enclise possible. Les formes ἡμῖν
et ὑμῖν, ἡμεῖς et ὑμεῖς, ἡμῶν et ὑμῶν, ἡμᾶς et ὑμᾶς n'ont jamais pu devenir de véritables enclitiques, parce qu'elles
renfermaient quatre temps. Mais à cause de la faiblesse
de leur idée, διὰ τὴν ἀπόλυτον σημασίαν [3], d'oxytons
qu'elles sont habituellement, elles pouvaient devenir
paroxytons et se rapprocher ainsi autant que possible du
mot précédent [4]. C'est surtout dans les formes ἡμῖν et
ὑμῖν qu'une grande fluctuation se manifeste; la voyelle ι
étant d'une valeur prosodique d'autant plus douteuse,
que la langue ne se souvenait plus des formes primitives ἡμέσιν, ὑμέσιν : mais quoique l'ι ait été considéré
quelquefois comme bref, jamais cependant ces formes
du pronom personnel ne sont tombées au rang de
simples enclitiques.

Valeur prosodique des enclitiques en poésie et en prose.

§ 56. On pourrait croire que ces mots, dont toute la
force semble disparaître avec l'accent, perdent au moins
en prose leur valeur prosodique, et qu'en poésie, s'ils
doivent compter par le poids matériel des syllabes, il
leur est interdit d'occuper ce que nous pourrions appeler les places lumineuses du vers, signalées par la *thesis*.

---

[1] Göttling, p. 403.

[2] Göttling, p. 41. Thiersch, *Gramm.*, p. 169.

[3] Apoll., *De synt.*, p. 166. La signification énergique est dési-
gnée par le terme ἡ ἀντιδιαστολή.

[4] Hermann, *De emendanda ratione*, p. 18 ; Göttling. p. 366-
68. — Ceci prouve la vérité de notre théorie qui place les barytons
entre les oxytons forts et les oxytons faibles.

11

On se tromperait. La *thesis* met très-souvent dans un grand jour les plus faibles enclitiques, sans ajouter pour cela à leur valeur réelle. Choisissons un ou deux exemples entre mille : (Soph., *Trach.*, 965) ξένων γὰρ ἐξό-μιλος ἥδε τις βάσις et : (*ib.*, 1012) κατά τε δρία. C'est ainsi que les poétes latins aiment à faire ressortir la petite particule *que,* qu'ils allongent par les consonnes doubles qui commencent le mot suivant, par exemple : (Virg., *Æn.*, IX, 767) *Alcandrumque Haliumque Noemona*QUE *Prytanimque.*

Mais, en prose même, les enclitiques ont longtemps su maintenir intacte leur valeur prosodique : un écrivain postérieur à l'époque classique, Denys d'Halicarnasse, nous en fournit des preuves incontestables. Car en nous expliquant (*De compos. verb.*, c. XVIII) la quantité de cette proposition de Démosthène : τοσαύ-την ὑπάρξαι μοι παρ' ὑμῶν εἰς τουτονὶ τὸν ἀγῶνα, il nous dit qu'elle commence par deux *palimbacchii* suivis d'un *creticus ;* le *creticus* est évidemment formé des syllabes μοι παρ' ὐ-. Après vient un spondée μῶν εἰς, etc. (ἔπειτα κρητικὸς ᾧ συνῆπται σπονδεῖος).

La quantité et l'accent en prose.

§ 57. Pour que nous ne puissions douter que toutes les finesses, toutes les fluctuations de la prosodie grecque se reproduisent en prose, nous trouvons quelques lignes plus haut, dans l'analyse d'une autre phrase : ὅσην εὔνοιαν ἔχων ἐγὼ διατελῶ τῇ τε πόλει καὶ πᾶσιν ὑμῖν, cette assertion que le premier pied métrique est un *palimbacchius,* mais que le second peut être considéré, soit comme un *bac-chius* (εὔνοιᾱ), soit comme un dactyle (εἶτα βακχεῖος, εἰ δὲ βούλεταί τις, δάκτυλος). Hermann[1] a raison sans doute de blâmer Denys d'Halicarnasse de ne voir, dans une

---

[1] *De differentia prosæ et poet. orat. et opusc. I,* p. 122-124.

belle période, que des valeurs prosodiques, *nulla*, comme il dit, *accentus ratione habita;* mais il n'en est pas moins vrai que l'accent n'altérait en rien ces valeurs prosodiques, que par conséquent ces dernières avaient la plus grande influence dans la composition des périodes des anciens. Je ne puis donc comprendre la manière dont il divise une phrase de Démosthène, dans laquelle Longin [1] croit voir dominer le mètre dactylique : Τοῦτο τὸ ψήφισμα τὸν τότε τῇ πόλει περιστάντα κίνδυνον παρελθεῖν ἐποίησεν ὥσπερ νέφος. Voici la manière de diviser de M. Hermann :

$$\text{—}\ \smallsmile\smallsmile\ |\ \text{—}\ \text{—}\ \smallsmile\ |\ \text{—}\ \smallsmile\smallsmile\ \text{—}\ |\ \smallsmile\ \text{—}\ |\ \smallsmile\smallsmile\ \text{—}\ \smallsmile\ |\ \text{—}\ \text{—}\ \smallsmile\ |\ \smallsmile\ \text{—}\ \smallsmile\ |\ \text{—}\ \text{—}\ \smallsmile\ |\ \text{—}\ \text{—}\ |\ \smallsmile\smallsmile$$

Il est vrai que lorsque la simple prose renfermait quelque vers échappé involontairement à l'auteur, comme l'exorde de Tite Live : *Facturusne operæ pretium sim,* ou dans celui de Tacite : *Urbem Romam a principio reges habuere,* le vers était bien moins sensible qu'il n'eût été en poésie précédé et suivi de vers semblables; mais les oreilles plus délicates des anciens le saisissaient plus rapidement que nous ne pourrions saisir nousmêmes un fragment de vers au milieu de nos discours. C'est que l'influence de l'accent était moindre alors, et il n'est pas douteux qu'un des principaux traits de la période de Démosthène, citée plus haut, n'empruntât son charme principal à sa chute violente. En effet, le concours des deux mots ὥσπερ νέφος, et surtout de celui de la dernière syllabe du premier avec la première syllabe du second, en allongeant l'enclitique et en lui donnant une valeur inattendue, exprime, d'une manière pittoresque, la soudaineté du péril dont Démosthène veut parler [2]. Longin, en parlant de la marche

---

[1] Sect. xxxix.

[2] Les anciens paraissent avoir regardé leur langage poétique ou

dactylique imprimée à la période de Démosthène, ne s'exprime peut-être pas assez exactement; il pensait surtout à l'effet général qu'il éprouvait. Mais qui pourra y méconnaitre un rhythme choriambique suivi d'une *catalexis* de plusieurs *cretici?*

$$— \cup\cup — — \cup\ |\ — \cup\cup — \cup\ |\ — \cup\cup —\ |\ \cup —\ |\ — \cup\cup — \|\ — \cup —\ |\ — \cup —\ |\ — \cup \bar{\cup}\ ).$$

Ce rhythme ne ressemble-t-il pas beaucoup à celui de la *IIIe Néméenne,* strophe v. 1[1] :

$$— \ \overset{'}{—} \cup\cup — \cup — \cup \overset{'}{—} \cup\cup — — \overset{'}{—} \cup —$$

et surtout au premier, troisième et quatrième vers de l'épode :

$$1.\quad \overset{'}{—} \cup\cup — \cup — \cup\cup — \bar{\cup} \overset{'}{—} \cup — —$$
$$3.\quad — \cup \overset{'}{—} \cup\cup — — \cup — \cup\cup — \bar{\cup}$$
$$4.\quad \overset{'}{—} \cup\cup — \cup — \cup \overset{'}{—} \cup\cup — — \cup — \cup\cup — — \cup — \cup$$

On voit que la différence du rhythme pindarique et de celui de Démosthène, est surtout dans la *catalexis,* qu'il importait de tenir à une certaine distance du rhythme poétique.

---

prosaïque comme une toile d'un seul tissu ; aussi, quand ils écrivaient, depuis les brahmanes du Gange jusqu'aux esclaves *ab epistolis* de Rome, avaient-ils coutume de ne mettre ni ponctuation, ni intervalles soit entre les mots d'une même phrase, soit entre les phrases du même discours. La forme n'était qu'un entrelacement perpétuel qui enveloppait l'idée. Mais telle est, au contraire, la vertu analytique de la pensée dans la langue la plus moderne, l'anglais, que même les différentes parties d'un mot composé s'écrivent séparément ou se joignent tout au plus par des traits qui accusent hautement l'impuissance de la forme; par exemple : *wedding liveries, diamond ear-rings,* a *silver pencil-case,* a *never to be forgotten calamity,* etc.

[1] Pindari *Carmina,* edit. Dissen, *Nem. III;* Munk, *Metrik der Griechen und Römer,* p. 249, 250.

RÉSUMÉ.

§ 58. Sans vouloir fixer, dès à présent, d'une manière définitive, la différence entre la poésie et la prose des anciens, différence qui, du reste, n'était rien moins qu'absolue, puisque le dithyrambe ressemblait assez souvent à la prose fleurie [1], et que les périodes d'Isocrate renfermaient des mètres de tous les genres ; qu'il nous suffise, pour le moment, de déduire de ce qui précède les résultats les plus importants pour notre matière, à savoir : que l'élément de la quantité fut toujours prédominant dans la langue grecque, même en prose, même dans l'enclise ; que par conséquent le caractère de cette enclise diffère profondément de ce qu'on a voulu désigner par ce nom dans nos langues modernes, comme les articles en allemand et en anglais, comme les pronoms personnels en français ; que l'enclise grecque était quelque chose de trop délicat, de trop subtil, de trop délié pour que nos sens plus grossiers la puissent sentir, et notre raison parvenir à la comprendre autrement que par induction. L'enclise nous prouve, jusqu'à l'évidence, qu'une immense distance séparait, dans les beaux jours de la littérature grecque, les deux principes jumeaux de la langue, et que si celui de la quantité résistait par la fermeté qui lui est propre, celui de l'accentuation était assez subtil et immatériel pour pénétrer sans les altérer ces belles formes, un peu inertes par elles-mêmes, et leur prêter déjà quelque chose de ce spiritualisme qui fait la force et le charme de nos idiomes modernes.

Mais enfin, nous demandera-t-on, comment se faisait sentir l'enclise dans la langue des Grecs ? La réponse,

---

[1] Müller, *Geschichte der griech. Literatur*, II, p. 289. Denys d'Halicarnasse, περὶ Συνθέσεως ὀνομάτων, c. XXVI.

maintenant, est bien simple : les enclitiques ne pouvaient rien perdre de leur valeur prosodique, mais
tandis que des élévations et des chutes alternatives de
la voix coloraient, d'une manière particulière, tous les
autres mots de la phrase, et exprimaient l'harmonie de
la forme et de l'idée, les enclitiques restaient privées
de cette musique et se prononçaient plus sourdement.
Elles étaient, pour ainsi dire, les *parties ternes* du discours. Mais qu'on n'aille pas trop loin, qu'on ne dise
pas, comme cela s'est fait de nos jours [1], que le langage
des anciens, des Grecs surtout, n'a été qu'une opposition continuelle d'ombres et de lumières. Tout est lumière dans la langue si *plastique* des Grecs, tout y
prend des formes nettes, précises, et surtout belles ;
toute idée, toute pensée s'y révèle d'une manière palpable, matérielle, et surtout *adéquate*. L'espèce de
perspective des modernes qui donne à volonté à tel
mot, à tel élément de la phrase, un éclat qu'ils n'ont
pas par eux-mêmes, tandis qu'elle couvre comme
d'une ombre d'autres mots, d'autres phrases importantes par elles-mêmes, accessoires pour l'objet du
moment ; cette perspective qui fait que la même phrase
prononcée avec des accents différents change de sens,
et pour ainsi dire de valeur, qui met tout dans la pensée de l'homme plutôt que dans le mot, était incon-
nue aux anciens. L'enclise, il est vrai, la contient en
germe ; elle est le précurseur, mais le bien faible précurseur de l'accent oratoire proprement dit. Car toutes
les autres nuances de la pensée ne devaient, ne pouvaient encore être exprimées que par des rapports de
quantité et par L'ORDRE DES MOTS QUI N'EN EST QUE LE
COURONNEMENT.

---

[1] Weil, *Sur l'ordre des mots*, p. 121.

CHAPITRE V.

ACCENTUATION LATINE

Principes.

§ 59. Une grande distance sépare l'accentuation latine même de celle des Éoliens, qui, parmi toutes celles que nous connaissons, nous a paru s'éloigner le plus du type primitif. Presque tous les oxytons étaient devenus barytons dans la prononciation un peu grossière de cette race sensuelle et violente; mais le principe de la quantité s'étant maintenu, ou à peu près, la dernière syllabe y était encore restée comme la règle de l'accentuation. Eh bien, chez les Romains, cette règle s'est profondément altérée, et le système entier a subi un changement total. La langue latine s'étant arrêtée plus tôt dans son développement que la langue grecque, perdit de bonne heure la flexibilité propre aux langues primitives; mais en s'immobilisant de plus en plus ses mots gagnaient en fermeté et en indépendance. Les mots latins se sont affranchis de la phrase dont l'ancienne continuité les assujettissait à de nombreuses modifications euphoniques; ils ont leur valeur propre, et dès lors la distinction entre la terminaison et le thème primitif, entre ce qui ne lui donne que sa forme extérieure et ce qui renferme son idée même, commence à s'établir. La terminaison étant reconnue par l'instinct de la langue comme relativement sans valeur pour la pensée, a perdu toute valeur pour l'accent, de façon que, longue ou brève, elle est considérée comme les diphthongues οι et αι le sont dans certains cas en grec, c'est-à-dire comme la *partie terne* du discours. Si d'un autre côté nous avons cru trouver dans ces parties *ternes* de la phrase grecque, relativement rares (v. p. 166), des signes précurseurs de l'accent

oratoire ou moderne, ce dernier sera déjà plus sensible
en latin, où chaque mot en est, pour ainsi dire, affecté,
ou plutôt atteint. La langue, après avoir senti que la
dernière syllabe ne pouvait plus déterminer l'accent de
ses mots, devait chercher ailleurs un déterminatif plus
sûr et plus puissant. Retourner, par conséquent, à
l'ancien principe que la nature même paraissait avoir
posé dans l'accentuation sanscrite, au moins pour les
mots composés, comme ont fait les langues teutoniques?
c'est ce qu'elle a essayé sans y pouvoir bien réussir, parce
qu'elle avait trop complétement oublié l'origine étymologique de ses mots. Cet oubli, nous l'avons vu,
avait plus d'une fois altéré la langue et l'accentuation
grecque; mais celle-ci, placée plus près de la source,
avait conservé plus de force et s'était moins laissé dominer par des influences purement euphoniques[1]. Ces
dernières sont toutes-puissantes dans la langue latine,
à laquelle beaucoup d'associations de consonnes, ad-
mises par le grec, paraissent impossibles : *bd, pt, dm,
tm, cm, sm, pn, cn* (jadis *gn*, au commencement des
mots), et qui n'autorise plus que les paires de consonnes
suivantes : *bl, pl, fl, cl; br, cr, pr, fr, gr, tr, dr* (rare)
sc, st, sp, etc. Il en résulte que la langue finit par perdre le sentiment du rapport de la pensée et de la racine, comme dans les mots : *Natus, natura, nomen* =
gnatus, gnatura, gnomen; narro = *gnarigo* (*gnarum
ago?*)*; rado, rodo* = *grado, grodo* (allemand : *krat-
zen*)*; lamentum* = *clamentum* (κλαίω)*; laudo* = *claudo*
(κλυ + δ)*; latus* = πλατύς.

C'est surtout *l'ecthlipsis* qui rend les racines méconnaissables, comme dans *talus, palus, qualus, scala*

= *taglus*, *paglus*, *scandla* ou *scadla* ; *remus* = *resmos* (ἐρετμός) ; *cæmentum*, *ramentum*, *sarmentum*, *examen* = *cædmentum*, *radmentum*, *sarpmentum*, *exagmen ;* *somnus* = *sopnus* (ὕπνος). *Puellus*, *villum*, *passio* sont des formes adoucies de *puerlus* (*puerulus*), *vinlum* (*vinulum*), *patsio ; publicus* de *puplicus*, *camœna* de *casmœna* (part. prés., celle qui chante) ; *cœna*, *cœsna* (= *co-ed-na*), etc.

La langue ayant perdu, dans l'accentuation, son premier guide, l'intelligence de son propre développement, eut recours pour la fixer à l'élément plus primitif et plus matériel de la quantité, qui, malgré d'assez fortes lésions produites surtout par la dépression des désinences, était restée encore vivace. Dès ce moment, l'accentuation et la quantité, que le génie de la langue grecque avait su tenir à une certaine distance l'une de l'autre, tendent à se réunir de plus en plus ; la pénultième devient la syllabe qui détermine l'accent ; quand elle est longue, elle force l'accent de s'y fixer, quand elle est brève, elle permet à l'accent d'atteindre à l'antépénultième, quelle que soit la valeur prosodique de la dernière, par exemple, *hómĭnēs*. L'accentuation du latin forme donc un contraste frappant avec celle du grec qui aime à vaincre la longueur de la pénultième, lorsque la brièveté de la dernière le lui permet. Le génie de la langue latine soumet l'accent à la quantité de la pénultième ; en un mot, si ce n'était la dépression de la dernière syllabe toujours brève par l'accent, on pourrait dire que les syllabes accentuées se trouvent avec les syllabes qui ne le sont pas absolument dans le rapport de la *thesis* à l'*arsis*, c'est-à-dire de 2 : 1 ou de 1 : 1, ainsi *temere* úυυ, *Camillus* ύ‿υ, *rosa* ‿υ = ῦυυ, *fretum* úυ ; même l'accentuation úυ- (*legeres*) ou ‿υ- pourrait se concilier encore avec le même principe ; il n'y a donc que ú- (*Cátō* ; mais au génitif *Catónis*, la longueur de la pénultième attire sur elle l'accent), qui lui répugne, et qui rappelle encore faiblement l'accentuation grecque. Mais il importe de savoir que ce qui distingue profondément la langue latine des langues teutoniques, c'est que même dans les composés, quelque longs qu'ils soient, ce sont les dernières syllabes, qui, comme en grec, attirent l'accent, même si le dernier déterminant précède comme dans *misericórdia*. La raison en est précisément dans la prédominance du principe de la quantité; aussi lorsque ce dernier commença à absorber de plus en plus celui de l'accent, comme l'unité du mot aurait pu souffrir du retour de plusieurs syllabes longues, la langue latine paraît plus tard avoir évité les composés trop longs; et quand cela ne se pouvait pas, la quantité des syllabes longues qui avaient attiré l'accent, pesait avec tant de force sur les autres, que leur longueur périclita d'abord, et finit par périr tout à fait. C'est que la quantité réunie à l'accent n'est plus la quantité, mais un nouveau principe qui s'élève sur les débris des deux autres, ou si l'on aime mieux, se forme de leur fusion. Cette fusion a eu lieu aussi dans les langues teutoniques; seulement si dans celles-ci l'accent a fini par attirer et par vaincre la quantité, c'est au contraire la quantité qui, en latin comme dans les autres langues méridionales modernes, a attiré et dominé l'accent[1].

Nous joindrons à cet exposé rapide, tracé d'après les grammairiens latins, quelques remarques qui résultent nécessairement de leur théorie[2]. Quelques-uns ont

---

[1] Rien ne prouve mieux l'étroite limite qui séparait encore les deux principes que la remarque de Quintilien, que dans des mots comme *volucris*, *tenebræ*, qui ont l'accent sur l'antépénultième, il descend sur la pénultième, lorsque le mètre veut qu'elle devienne longue.

[2] Quintilien, I, c. v. Priscien, *De accentibus;* edit. Basil., 1545, p. 836. Diomèdes, *De orat. et part. orat. et vario genere metiorum,* edit. Putsch. Hanov., 1605, II, p. 425. Zumpt, *Lat. Gramm.,* p. 27.

voulu revendiquer l'accent sur la dernière pour des
prépositions et des pronominaux ; ils ont voulu distinguer *circum*, accus. de *circus*, de *circúm*, autour ; *quán-
tus, quális*, pronoms interrogatifs, de *quantús, qualis,*
pronoms relatifs ; *poné*, derrière, de *póne*, impér., etc.
Mais Quintilien nous dit en propres termes, que ces
distinctions ne sont que de vaines subtilités, que dans
circum littora, par exemple, les Romains ne recon-
naissaient, ne prononçaient plus qu'un accent, celui
de la première syllabe de *littora*, et considéraient la
préposition comme *atonon*. Ils faisaient de même dans
les mots *Trojæ qui primus ab oris*, où *qui*[1] doit se lire
soit avec *Trojæ*, soit avec *primus*, et *ab* avec *oris*.
Cette circonstance jointe à la remarque expresse de
Quintilien : *Ea vero, quæ sunt syllabæ unius, erunt
acuta aut flexa, ne sit aliqua vox sine acuta*, nous
fait croire que l'accent grave a péri ou à peu près en
latin, et que cette langue ne connait pas de milieu
entre des mots sans accents, et des mots qui ont l'accent
aigu ou circonflexe. C'est dans ce sens que Diomèdes
(*De solæcismo*) nous dit que *post*, quand il est préposition, n'a pas d'accent (car l'*accentus gravis* dont il
parle ici, n'est pas celui qu'on a l'habitude de marquer),
tandis qu'il garde l'accent aigu lorsqu'il est adverbe,
comme dans *longo post tempore veni*[2]. Il résulte bien
de ceci, ce nous semble, que le langage plus rude des
Romains admettait deux accents côte à côte (*póst tém-
pore*) ; seulement il ne faut pas oublier que la nature
de ces accents même devait avoir subi un changement
sensible. Elle était sans doute moins musicale, et se rap-

---

[1] Liscov, qui voudrait écrire *qui* avec le circonflexe, se trompe
évidemment. *Aussprache des Griechischen*, p. 216.

[2] Foster, *Essay on accent and quantity*, p. 119.

prochait davantage de cet effort de voix qui caractérise l'accentuation moderne [1].

Un autre fait non moins important nous paraît le signe certain de ce rapprochement : c'est que l'accent de l'antépénultième pèse surtout sur la pénultième et l'écrase quelquefois au point d'amener une syncope, par exemple : *valde* = *valide*, *caldus* = *calidus*, *faxo*, *rapso* = *faceso*, *rapeso*, *periclum* = *periculum*; quoiqu'il ne faille pas se dissimuler que le grec présente quelques cas analogues, mais non pareils, par exemple : ἐξαίφνης, ὦλξ, κεϐλή = ἐξαπίνης, αὖλαξ, κεφαλή. L'affaiblissement de l'*u* en *i* paraît devoir être attribué à la même cause dans *optimus*, *maximus* = *optumus*, *maxumus*.

Mais quelle était l'influence de l'accent sur la dernière syllabe? Est-ce qu'elle se relevait de nouveau, comme l'analogie de l'accent latin avec l'accent germanique et avec les lois de la *thesis* en général paraît le faire croire? Car dans *lieblichèr*, *freúdigèr*, *kœniglìch*, les dernières syllabes tendent évidemment à se soustraire à l'influence de l'accent de l'antépénultième, tandis que ces mêmes syllabes *er*, *lich*, sont moins accentuées dans *freudigere* ou *freud'gere*, *liebliche*, etc. La dépression de la dernière syllabe en latin paraît rendre cette hypothèse improbable; mais comme elle conserva encore longtemps sa quantité primitive, il est impossible de résoudre la question d'une manière définitive.

---

[1] Il ne saurait y avoir de doutes sur la grossièreté de l'accentuation latine comparée à celle des Grecs, d'après le témoignage de Quintilien même, XII, c. x : *Accentus quoque quum rigore quodam, tum similitudine ipsa minus suaves habemus.* Le grammairien qui suit Ammonius, dans l'édition de Valckenaer, p. 191, 2, 4, considère comme un barbarisme la prononciation romaine de quelques mots grecs, comme βουλῶμαι, ἀρχῶμαι. Foster, p. 119.

Traces de l'ancienne accentuation latine.

§ 60. Telle est l'accentuation latine d'après la théorie des grammairiens latins, appliquée sans doute dans les meilleurs temps de l'empire. On se tromperait pourtant si l'on croyait qu'il en a toujours été de même, et il reste certaines traces d'une accentuation plus ancienne et plus mobile. Par exemple, le vocatif de *Valérius* était *Váleri*, encore du temps de Nigidius, l'accent se portant sur l'antépénultième, malgré la longueur de la pénultième, tandis que du temps d'Aulu-Gelle[1], l'accent s'étant conformé à la quantité, on prononçait *Valéri*[2]. On ne saurait en douter, les formes contractées *amásti*, *amārunt*, *dixti*, *intelléxti*, *surréxe* (qui se lit encore chez Lucrèce), s'expliquent par l'accentuation primitive de *amávisti*, *amáverunt*, *dixisti*, *intelléxisti*, *surréxisse*. *Rósæ* vient de *rósai*, car si l'accent avait été sur l'*a*, jamais la contraction n'aurait pu avoir lieu. On peut ajouter aux exemples déjà cités : *virgo* probablement = *virago*; *quæstor*, *quæstio*, *oppertus* = *quaésitor*, *quaésitio*, *oppéritus* ; *frutéctum*, *filictum*, *salictum*, *carectum*, *arbústum*, contractés de *fruticetum*, *filicetum*, *salicetum*, *arbósetum*[3]. Dans *illīus*, *stétērunt*, *dédērunt*, c'est surtout l'accent sur l'antépénultième qui a contribué à rendre la pénultième douteuse. Les contractions *aúdeo*, *gaúdeo* et *árdeo*, ont été déjà longuement expliquées par les règles de l'accentuation sanscrite :

---

[1] Aulu-Gelle, *Noct. att.*, XIII, p. 25.

[2] Il ne faut pas confondre avec ce vocatif des formes comme *Domiti*, *Mercúri*, qui ont l'accent sur la pénultième, quoique brève, à cause de l'apocope d'un *e*. Servius, *ad Æneid*, I, p. 451 (Foster, p. 187.) L'accent se trouve sur la pénultième aussi dans les verbes composés de *facere* par *parathèse* comme : *tepefácit, calefácit*. Zumpt, p. 77.

[3] Schneider, *Lat. Grammatik*, p. 173.

ávideo, *gávideo*, *árideo*[1]. Dans *déjero*, *péjero* pour *déjūro*, *pérjūro*, Pott a voulu trouver le langage plus familier des basses classes[2]. On peut rapporter aussi à une haute antiquité *gni* pour *gno* dans *cógnitus* et *ágnitus*, par suite de l'accent qui a pesé de tout son poids sur la préposition[3]. Une double consonne paraît en général fixer l'accent avec plus de force qu'une voyelle longue, par exemple, *momórdi*, *teténdi*.

Il ne faudrait pas croire non plus que la langue latine n'ait connu, de tout temps, que les mots barytons. Les mots *sum*, *dens*, *nos*, *clam* sont évidemment formés de *esúm* (éol. ἔσμι, ἔμμι), *edéns* (éol. ἔδων, att. ὀδούς), *enós* (pour *nos*), *calám* (rac. *cal*, *occulere*, *cælum*; all. *hohl*)[4]. Dans *ĕram* l'accent paraît avoir été d'abord aussi sur la dernière, sans quoi la brièveté de l'*e* serait difficile à expliquer, puisque le même temps est *āsă* (*asām*) en sanscrit. *Cíbus* serait un paroxyton primitif, s'il était formé par aphérèse de *ascíbus* (rac. *aç*, manger), comme Pott le veut[5]. Mais *idem* avant de devenir *atonon* a dû longtemps être oxyton, puisqu'il se dit pour *iddem* (*id*+*dem*).

Redoublement et dédoublement de consonnes amenés par l'accent.

§ 61. La difficulté qu'éprouvaient les Romains à observer ensemble les deux principes, résulte clairement

---

[1] Agathon Benary, *Rom. Lautlehre*, p. 101.

[2] Pott, 1, p. 67.

[3] Pott, I, p. 180.

[4] On ne peut douter qu'un mot, avant de subir l'aphérèse, ne doive pas ou ne doive plus avoir l'accent sur sa première syllabe. La particule gr. mod. νά ne vient donc pas de ἵνα, mais bien de ἰνά, de même que les pronoms anc. haut all. *inan*, *imo*, *ira*, *iru*, *unsih*, avànt que de reporter l'accent de la pénultième sur la dernière, devaient être passés au rang d'enclitiques. Lachmann, *Ueber die Betonung im Althochdeutschen*, p 256.

[5] Pott, II, p. 175.

d'un passage déjà cité de Quintilien même[1], qui commence par ces mots : *Adhuc difficilior (quam syllabarum quantitas) observatio est per tenores*. On ne s'étonnera pas, si, de même que l'ancienne accentuation s'est maintenue souvent aux dépens de la quantité des syllabes qui suivent le *frappé*, l'accentuation plus moderne a attaqué celle des syllabes qui précèdent. On sait avec quelle facilité les consonnes liquides se redoublaient, soit sous l'influence de la *thesis*, soit même sous celle de l'accent[2], par exemple, dans : ἄλληκτος, ἔλλαϐεν. Mais cette influence de l'accent se faisait sentir d'une manière contraire, et provoquait le retranchement de l'une des deux consonnes[3], quand par suite d'une dérivation il descendait et se rapprochait de la fin. C'est ainsi que de *făr* (*farris*), *māmma*, se forment *fărīna*, *māmilla* ; qu'on dit *ŏmitto*, *ăpĕrio*, *ŏpórtet* (all. *ge-bürt*), pour *obmitto*, *obperio*, *obportet*. *Mŏléstus* venant de *mŏles*, *nătare*, *nătare* venant de *nătum* (*no*, *navi*, *nātum*), rentrent déjà dans la classe des abréviations irrégulières dont nous traiterons bientôt. Dans *perdere*, *dedere*, etc., qui sont nés de *pérdăre*, *dédăre*, l'énergie de l'accent a encore amoindri le poids de la pénultième qui déjà était brève.

L'accent en latin a-t-il jamais pu allonger une voyelle brève[4]?

§ 62. Quoique les limites des deux grands principes de la langue commencent à se confondre, le latin ne paraît pas encore avoir de longues produites par la seule action de l'accent, comme en ont les langues modernes, et surtout les langues teutoniques. L'*e* dans *legēbam* et l'*o* dans *lupōrum* forment, en vérité, des syllabes d'une lon-

---

[1] Quintilien , *Inst.*, 1 , c. v.

[2] Spitzner, *Griech. Prosodik*, p. 11.

[3] Bergmann , *Théorie de la quantité prosodique*, p. 30.

[4] Düntzer, *Lateinische Wortbildung*, p. 179.

gueur anormale[1], et il ne paraît pas qu'on doive voir dans le premier un reste de l'augment. Mais l'impératif *dā* pourrait bien n'être qu'une forme contractée, et dans les nominatifs *lar, par, sal, mas, vas, pes*[2], de même que dans les monosyllabes qui se terminent par une voyelle, il est plus prudent de reconnaitre l'ancienne loi de la compensation que la loi plus virtuelle, d'après laquelle, en ancien haut allemand et en moyen haut allemand, beaucoup de monosyllabes à forte valeur intrinsèque s'allongent et forment ainsi un contraste plus marqué avec les *atona* de plus en plus nombreux de la langue[3]. D'un autre côté il est incontestable qu'à une époque plus récente le principe de *l'apocope* a apparu dans la langue et a été employé par elle pour produire un contraste entre le nominatif et les autres cas, contraste que fit ressortir plus fortement la différence des valeurs prosodiques. C'est ainsi que nous trouvons *cŏr = cord*, *mĕl = mĕli*, *fel = felle*?, *ŏs* (scr. *asja*), et au génitif *cordis, mellis, fellis, ossis*, même *orātŏr orātōris* (tandis que le grec donne ῥήτωρ, ῥήτορος), tout à fait comme en ancien haut allemand *lŏp* forme un contraste avec *lōbes*, *răt* avec *rādes*, *tăch* avec *tāges*[4].

De ces allongements plus ou moins singuliers et obscurs, il faut bien distinguer ceux qui ont été amenés par la dérivation à l'aide du *guna* et du *wriddhi*, et auxquels l'accent est entièrement étranger. Nous don-

---

[1] Bopp, *Vggl. Gramm.*, p. 769.

[2] Dans *trigintă*, *quadragintă* le prolongement s'explique par le retranchement du nasal primitif qui s'est conservé en *novem, decem*, (scr. *navam, das'an, panc'an*). Bergmann, *Théorie de la quantité*, p. 25. Quand *hic*, *hoc* sont longs, c'est à cause de l'enclitique *c*, pour *ce*, qui s'y joint. Schneider, *Lat. Gramm.*, p. 666-669.

[3] Grimm, *Deutsche Gramm*, 1, p. 50.

[4] Pott, I, p. 67, 68.

nerons ici une liste des mots dont la longueur est marquée comme irrégulière dans les grammaires[1] :

Hūmanus de *hŏmŏ*.
Littera, non pas de *līno*, mais de la rac. *likh, pingere*.
Mācero de *măcer*.
Sĕcus et *sēcius* de *sĕquor*, mais la deuxième forme seule a pris
    le *guna*.
Sēdes de *sĕdeo*.
Sēmen de √*sa* (Pott, I, p. 216). Cp. ancien haut all. *sămo*. Le
    lat. *sĕro* est formé par redoublement : *se-s-o*. Cp. *sēvi* et *săturn*,
    où le redoublement est tombé.
Tēgula de *tĕgo*.
Lēgis, lēgem de *lĕgo* ou *lĭgo*.
Rēgis, rēgem de *rĕgo*.
Vox, vōcis de *vŏco*.
Suspīcio de *spĭcio*.
Imbēcillus de *băculum*.
Dīco de la racine *dĭc*, qui est encore brève dans *judex, judĭcis*,
    dĭcax, causidĭcus.
Dūco de la racine *dŭc*, dont est formé *dux, dŭcis*.

C'est ainsi que *innŭbus, pronŭbus* ne viennent pas
de *nūbo;* mais ce dernier est un dérivé, plus éloigné encore que les deux adjectifs, d'une racine *nŭb, nĕb. Fīdes*
et *perfĭdus* sont relativement plus anciens que *fīdo* et
fīdus (cp. goth. *bidjan* et gr. πείθω; la racine primitive est πιθ — ἔπιθον). *Păciscor* ne vient pas de *pax*,
ni *sŏpŏr* de *sōpire*, mais l'un de la racine *pac'*, lier,
l'autre de √*swap*, dormir. *Stătus, stătio, stăbilis*
viennent de *sisto; stātum* et *stāre*, qui ont la même
origine et ne diffèrent que par le *guna. Ambĭtus* vient de
amb (*i* retranché) et *ire*, ou tout simplement d'après
l'analogie de *ĭter, ĭtum* (cp. *ambĭtum* de *ambĭ* + *ĭtum*)[2].

---

[1] Zumpt, p. 116 sqq.
[2] Chansselle, *Traité de la formation des mots latins*, p. 14, 18.

Persōna a été rapporté par une étymologie absurde à *persŏnare* ; il est plus raisonnable de le regarder comme une corruption de *porsosna* (rac. *os, oris*) ou *porsopna* [1] (cp. προςωπεῖον, *Proserpina* et Περσεφόνη). *Odium* se rattache à *hăz*, all. *dadh* scr., et κότος. *O* dans *ōdi* est le redoublement du parfait ou bien cet allongement virtuel qui en est la compensation. C'est le même fait que nous reconnaissons dans *vēni*, *fūgi*, *lēgi* = *věvěni*, *fŭfŭgi*, *lělěgi*; mais dans *rŭi* de *rŭo*, *ru* s'abrége à cause de la voyelle qui suit. Dans *bibi*, *dedi*, *fidi*, *steti*, *stiti*, *tuli* (cp. *tetuli*) *scidi* la compensation n'a pas eu lieu.

Abréviations par l'influence virtuelle de l'accent.

L'enclise.

§63. S'il y a peu d'exemples d'allongements, pour ainsi dire irrationnels, en revanche les abréviations causées par l'influence virtuelle de l'accent abondent. Nous commencerons par *l'enclise*, dont la doctrine est bien moins compliquée en latin qu'en grec et rappelle les commencements un peu vagues de l'enclise sanscrite. Les enclitiques les plus importantes sont [2] : *que*, *ve*, *ne*, auxquelles on peut ajouter *ce*, *te* (*tŭtě*) et *pte*. Ces mots sont tous brefs; mais à cause de la très-grande dépendance où l'accent se trouve de la quantité, en jetant leur accent sur le mot précédent, ils lui ôtent le sien, ou plutôt ils le fixent sur la dernière syllabe à côté d'eux, par exemple : *Limináque laurísque Dei; Hyrcanésve, Arabésve parant; hominésne feraéne* [3]. Le mot ressemble ainsi à un paroxyton grec à désinence

---

[1] Pott, II, p. 285.

[2] Zumpt, *Lat. Gramm.*, p. 18.

[3] Diomèdes, II, p. 105. Haganoæ, 1526, per Joh. Secerium.

brève, dans lequel l'instinct de la langue sentait et reconnaissait encore les différents éléments. Mais aussitôt que l'enclitique se fondait avec le mot pour ne former avec lui qu'un tout et une seule idée, l'accent suivait les règles générales. C'est pour cela qu'il faut distinguer entre *itáque* (et ainsi) et *ítaque* (par conséquent)[1], qui n'est que le même mot, dont, à une époque plus récente, on avait oublié l'origine. De même *utíque* (et comme) et *útique* (en vérité, certainement). Il en résulte que la nature de l'accent qui, dans *musa* par exemple, est la même pour le nominatif et l'ablatif, doit changer quand le mot est suivi d'une enclitique. On dira *musā'que*, mais *musăque*.

Abréviations dans les désinences.

§ 64. Non-seulement dans les enclitiques, mais dans des mots aussi d'une valeur intrinsèque plus considérable, le principe de l'accentuation montre une influence que nous ne lui avons pas connue jusqu'à présent. Il y a dans les langues une transition du principe plus matériel de la quantité au principe plus spirituel de l'accent. Cette transition est un des traits caractéristiques du latin; elle se marque par l'instabilité, l'incertitude de la quantité, par le grand nombre des syllabes douteuses. Les *désinences* sont atteintes les premières de cet affaiblissement; aussi avons-nous vu que sous le rapport de l'accent elles étaient entièrement déshéritées. Sous le rapport de la quantité la marche fut plus lente. Les *a* de la première déclinaison se sont abrégés; mais ce fait s'était déjà produit dans le dialecte éolien; la désinence *o*, (quantité douteuse) dans les noms et les verbes, appar-

---

[1] Zumpt, p. 25.

tient au latin seul, par exemple *sermŏ, rogŏ, pulmŏ*
(gr. πνεύμων, τύπτω). La longueur s'est maintenue longtemps dans le verbe, dans la haute poésie de Virgile,
dans les *Odes* d'Horace, dans les *Métamorphoses*[1];
mais dans la poésie légère la briéveté a prévalu de
bonne heure, et elle a fini par dominer tellement que,
du temps de Diomèdes[2], quiconque aurait voulu employer cet *o* comme long se serait exposé au ridicule. Il
est vrai que l'*o*, à l'ablatif de la deuxième déclinaison, est
toujours long; mais dès que cet ablatif prend la valeur
plus vague et plus générale d'un adverbe, de façon à
faire oublier à la langue l'origine du mot, l'*o* s'abrége
encore. C'est ainsi qu'on dit *mŏdó, immŏ* (= *infimo*,
car *immo* exprime une négation[3]), *illicŏ, citŏ*[4]; *ergō* est
resté long et n'est devenu bref qu'à une époque plus
récente. Mais *egö* (ἐγώ), *ambŏ* (ἄμφω), *cedŏ* = *dic* ou
da (cp. français : *tiens*) et *duo* sont toujours brefs. La
terminaison *i* est douteuse dans *mihĭ, tibĭ, sibĭ, ibĭ, ubĭ*;
celle de *e* dans quelques impératifs descendus au rang
d'interjections (cp. *cedo*), *cavĕ, vidĕsis* = *cavē, vidē*.
Et si *e*, dans les adverbes dérivés d'adjectifs de la
deuxième déclinaison, est long, *inferne* et *superne* l'ont
souvent bref, *benĕ* et *malĕ* toujours. Dans les langues
modernes, en italien, par exemple, *béne* est devenu un
trochée à cause de l'accent qui a allongé le premier *e*,
et figure ainsi de la manière la plus frappante le contraste
du principe ancien (*bĕ'nē*) et du principe moderne
(*bĕ'nĕ*). La forme vulgaire *bĕnĕ* tient le milieu.

---

[1] Zumpt, *Lat. Gramm.*, p. 21.

[2] Diomèdes, même édit., p. 107 : *Sed etiam ridiculus sit, qui eam produxerit.*

[3] Pott, II, 65, qui compare οὖκ = scr. *awak, deorsum.*

[4] Zumpt, p. 20.

Abréviations à l'intérieur des mots.

§ 65. Les prépositions, comme mots d'une valeur très-faible, ont pu facilement subir un amoindrissement de leur valeur prosodique. *Prō*, par exemple, est long en général, comme dans *prōdo*, *prōmitto*, mais il est bref dans *prŏfugio*, *prŏfugus*, *prŏnepos*, *prŏfiteor*, *prŏfari*, *prŏficiscor*, etc. Il est probable que l'analogie de la préposition grecque πρό a produit cet effet. *Præ* s'abrége chaque fois qu'il est suivi d'une voyelle[1]. *Nē* paraît avoir gardé sa longueur, surtout lorsque l'idée de la négation devait ressortir : *nēquam*, *nēquidquam*, *nēquāquam*. *Nĕqueo* l'abrége d'après la fausse analogie de *nĕquĕ*, de même que *nĕfas*, *nĕfastus*, *nĕfandus*[2]. Mais dans *quăsĭ* = *quamsi*, *nĭsĭ* = *nīsī*, *hŏdie* = *hōcdie* les longues se sont abrégées par suite de l'affaiblissement de l'idée, qui, à partir du latin, atteint généralement toutes les particules.

Abréviations dans les poëtes comiques.

§ 66. Mais si l'on veut voir à quel point le principe de l'accentuation avait grandi, c'est dans les comédies latines qu'il faut l'étudier. On n'y trouvera ni l'observation de la quantité prosodique comme chez les Grecs ou dans la poésie élevée et savante des Latins mêmes; ni l'accentuation un peu vague, mais en général fortement dessinée des langues teutoniques, mais un mélange et même une confusion des deux principes, confusion qu'il est impossible de réduire à des règles fixes.

---

[1] Le préfixe inséparable *di* n'est long que lorsqu'il a perdu son *r* ou *s* ; quand il garde sa forme primitive, il reste bref. Par exemple : *dĭr-imere*, *dĭs-ertus*.

[2] L'enclitique *ne*, qui est toujours brève, pourrait bien, par une fausse analogie, avoir occasionné cette abréviation.

Trois points semblent cependant résulter des recherches savantes, mais encore incomplètes, qui ont été
faites sur ce sujet :

1° Il y a un grand nombre de particules, pronoms,
conjonctions, prépositions, la plupart monosyllabes ou
bisyllabes, auxquels il faut joindre des interjections et
quelques adverbes d'un usage très-fréquent, que l'influence de la pensée et de l'analyse fait souvent descendre presque au rang des *atona*[1] et à la valeur des
brèves.

2° Dans des mots d'une étendue plus considérable et
d'une grande valeur intrinsèque, toutes les syllabes longues, excepté celle où se porte en même temps l'accent,
paraissent susceptibles d'être abrégées au besoin, ce qui
a fait dire à Bentley[2] que les syllabes longues de nature
maintenaient toujours leur quantité. Cette règle, qui,
disons-le, est encore une exception, s'explique facilement lorsqu'on se rappelle que l'accent, à mesure qu'il
se fortifie, tend à résumer le mot dans une unité toujours plus intime, plus énergique, plus serrée, par conséquent plus brève.

3° Il y a cependant certaines licences que les deux
principes cités tout à l'heure ne suffisent pas pour expliquer; il y a des noms, des verbes même qui, sans motif imaginable, perdent leur ancienne valeur prosodique sans gagner du côté de l'accent. Ici, il faut se
souvenir de la remarque judicieuse de Bentley[3], que
ces licences paraissent permises surtout au commencement, quoique les autres parties du vers n'en soient pas
exemptes. Mais cette raison ne justifie pas assez des
abréviations aussi violentes que celles ci : *mănŭm da,*

---

[1] James Harris, *Philological inquiries* ; 1781 , p. 82.
[2] Bentley, *Schediasma de metris Terentianis*, c. VIII.
[3] Bentley, *l. citato.*

manum si (Plaute, *Bacch.*, I, 1, 54; *Pseud.*, III, 11, 71), auxquelles Wase, Schneider et Hermann [1], malgré l'accent, voudraient remédier en écrivant *m' num da, m' num si; căpŭt deponit* (*Curc.*, II, 111, 81; *caput tibi, senĕx adest, sĕnĕx gymnasium* (*Aulul.*, III, 1, 5), etc. [2]; *pătĕr dedit, sŏror dicta est, cŏlor verus, ămŏr misericordia* (Ter., *Eun.*, I, 11, 27; II, 111, 27); *ĕrĭt melius* (*Adelph.*, II, 1, 26); *ămat, dabitur* (*Ad.*, I, 11, 38); *ăgĭt gratias* (*Merc.*, I, 1, 84); *dolet dictum, jŭbĕt frater, tăcĕt cur*, etc. [3], et même *solĕnt esse, stŭdĕnt facere, hă¹ ĕnt despicatu, adest optume*. (Dans *pŏtĕst usurpari, potest* comme verbe auxiliaire n'a que la valeur d'une particule.) C'est qu'il ne faut pas oublier que, déjà du temps de Quintilien [4], l'habitude de déprimer et même de ne pas prononcer les dernières syllabes des mots était devenue si générale, qu'il croyait devoir recommander aux professeurs de ne pas permettre aux élèves de les supprimer, *curabit etiam, ne extremæ syllabæ intercidant*. Le langage vulgaire, on le voit, dans ces temps si éloignés du nôtre, se rapprochait déjà de celui des dialectes modernes de l'Italie et de l'Espagne. Scoppa [5] nous apprend qu'à Naples les expressions : *che volete, vattene, state zitto*, se prononcent presque comme si l'on écrivait *ch bolit, vatténn, statt zitt;* que dans tout le pays de Bergame et de Brescia, ainsi qu'à Bologne, on dit *prim ball, vostr sempr, pair tedaisk, madr*, pour *primo ballo, vostro sempre, padre tedesco,*

---

[1] Schneider, *Lat. Gramm*, 718-721. Herm., *Elem. doctr. metr*, p. 181, 347.

[2] Bentley, *ad Phorm.*, p. 5, 9, 34 : *Senex per unam syllabam vel duas breves sæpe habes apud nostrum.*

[3] Schneider, *Lat. Gr.*, p. 734.

[4] Quintilien, I, c. xxix.

[5] *Des vrais principes de la Versification*, III, p. 101.

madre, etc. Cette apocope, il est vrai, n'atteint que des voyelles; mais comparons un instant la conjugaison italienne à la conjugaison latine : *canto, canti* (can*tas*), *canta* (can*tat*), *cantamo* (canta*mus*), *cantate* (canta*tis*), et nous reconnaîtrons qu'on mettait peu de scrupules à retrancher les consonnes finales *s* et *t.* Quant à *m,* nous avons *cantáva* et canta*bam.* Mais déjà de vieux monuments latins de divers siècles [1] nous fournissent des exemples de l'apocope du *t :* on y trouve *dedicarun, exposuerun, fecerum,* φαικάερομ [2] = *dedicarunt, exposuerunt, fecerunt.* Festus nous cite *attinge, recipie* [3] pour *attingam, recipiam ;* et qui ne sait combien le son de l'*m* était faible et obscur, puisque en poésie, devant une voyelle, il éprouvait l'élision? Qui ne sait que l'*s* final chez les anciens poëtes latins, surtout chez Ennius, avait si peu de consistance, qu'elle se retranchait ou se conservait suivant le besoin du vers; par exemple : *laterali' dolor certissimu' nuntiu' mortis* [4]? Cicéron, dans sa traduction d'*Aratus,* use encore, quoique rarement, de cette liberté. Si l'on joint à tous ces faits la remarque faite plus haut sur l'indépendance que les mots latins commencent à acquérir des mots qui les entourent et de la phrase en général, et que de cette remarque on tire la conclusion naturelle que la dernière syllabe d'un mot terminé par une consonne ne devait plus nécessairement être longue par position quand ce mot était suivi d'un mot commençant de même [5], les violations de la quantité prosodique et du rhythme du vers, que nous avons citées,

---

[1] Diez, *Roman. Gramm.,* II, p. 105.

[2] Maffei, *Istor. dipl.,* p. 166. Cp. Egger, *Rell. lat. serm.,* p. 208 et 280.

[3] Schneider, p. 307.

[4] Schneider, p. 347.

[5] Herm , *Elem. doctr. metr.,* p. 64, 65.

quelque fortes qu'elles soient, n'en paraîtront pas moins dures, mais ne seront plus inexplicables. Quant à leur dureté, il ne saurait y avoir le moindre doute, puisque Cicéron [1] dit en propres termes que les poëtes comiques ont fait quelquefois des vers dans lesquels on avait peine à reconnaître un rhythme ou une règle prosodique. *Manum, caput, senex, pater, soror, erit, amat, tacet, solent, student, habent*, auront été prononcés *manu* (it. *mano*), *capu* (it. *capo*), *senes* ou *sene* (it. *sene*), *patr* (*padr* dans le dialecte de Bologne et dans le Bergamasque), *soro* (esp. *sor*) *ama, tace* (conjugaison italienne), *solen, studen, haben* ou encore *studem, habem*, où le nasal pouvait n'être que très-faiblement entendu. *Erit* peut être regardé comme *atonon*.

Nous donnerons maintenant les particules et pronoms les plus importants, qui ont été traités comme brefs par les comiques latins, malgré le nombre de leurs syllabes (deux, quelquefois trois), et contre les règles de la quantité qui demanderait qu'on les regardât comme longues par position. Ce sont de véritables *atona*, presque dans le sens moderne du mot [2]:

hŭnc, Amphitr., III, ii, 36.

nĕmpĕ, Bacch., II, ii, 11.

ĕnĭmvero, Cistell., II, i, 43.

ĕssĕ, Merc., V, iv, 1.

quŏd (par pos.), Miles, I, i, 15 (*Dīcăm; quod* s'explique par la ponctuation.)

ĕst, Pœnul., I, ii, 63.

ĭd (malgré la pos.), Rud., I, ii, 88. Phorm., V, viii, 86.

quĭdĕm (malgré la pos.), Rud., III, i, 3. Heautont., I, i, 35.

ĭn (malgré la pos.), Rud., IV, iv, 118. Hec., V, iv, 11.

hĕrclĕ, Rud., V, iv, 45.

ĕccă, Eun., I, i, 34.

---

[1] Cic , *Orat.* cap. LV.

[2] Comparez la liste un peu confuse que donne Bentley, *Sched. de metris Terentianis*, c. viii. Schneider, p. 714 sqq. et Harris, » 89

ĕx, Adelph., I, ɪ, 15.
ĕrĭt (malgré la pos.), Adelph., II, ɪ, 16.
ăd (malgré la pos.), Adelph., II, ɪɪ, 28,

auxquels il faut encore ajouter *tamĕtsi*, *hĭc*, *ăpŭd*, *ĭllŭd* et *ĭstĕ*, tous les deux une infinité de fois; *quamobrĕm*, bisyllabe et brève; *ŭt*, *tămĕn* (bien entendu, toujours malgré la position); *prŏptĕr*, *sĭnĕ* (à prononcer *sn'* en *sine invidia*), *hĭnc*, *sĭmŭl* (*sĭmŭl consilium cum re.* Eun., II, ɪɪ, 10), *ĭndĕ*, *ătqŭe*, *ĭllĭco*. Quelquefois deux particules brèves commencent le vers : *Sĕd hĭc Pāmphilus.* — *Sĕd ĕstne ĭllc.* — *Sĕd ŭt tacita.* — *Módo ŭt póssim* [1].

Citons maintenant quelques exemples de mots où la force de l'accent réunie à celle de la quantité sur la même syllabe a rendu brèves les autres : *Grăvătĕ* (cp. *bĕnĕ*) Plaute, Bacch., III, vɪ, 3; *Imprūdens* (Epid., V, ɪɪ, 64); *ŏccāsum* (Menæchm., II, ɪɪɪ, 82); *ŭxōrem* (Merc., I, ɪ, 20); *cŏnquĭsĭtóres* (Merc., III, ɪv, 8); *pér ĭmplŭvium* (Mil., II, ɪɪɪ, 16); *măgĭstrátus* (Pers., I, ɪ, 34); *sŭpĕlléctile* (Pœn., III, ɪɪɪ, 26); *vŏlŭptás mea* (Pseud., I, ɪ, 50); *mĭnĭstrémus* (Stich., V, ɪv, 1); *ĭntĕlléxi* (Eun., IV, v, 11); *vĕnŭstátis* (Hect., V, ɪv, 8); *ĭgnŏrábĭtur* (Menæchm., III, ɪɪ, 3); *ĭgnávĕ* (Eun., IV, vɪɪ, 7); *sĭnĕ ĭnvídia* (Andr., I, ɪ, 39); *bŏnŭm ĭngénium* (Andr., III, ɪ, 8); *ĕxclúdor* (Eun., I, ɪɪ, 79); *jŭvĕntútis* (Herm., El. doctr. metr., p. 64); *pĕr ŏppréssionem* (Adelph., II, ɪɪ, 30). Ce qui facilitait cette violence faite à la quantité prosodique, c'était sans doute l'habitude de réunir dans la rapidité du discours familier deux syllabes, dont les éléments phoniques s'y prêtaient, presque dans une seule, comme

---

[1] Il va sans dire qu'on négligeait la position dans ces particules bien plus fréquemment et avec bien moins de scrupules que dans des mots d'une valeur intrinsèque considérable.

magistratus = *maïstratus*, *per impluvium* = *prim-pluvium*, *per oppressionem* = *proppressionem*, *sine invidia* = *sninvidia*, etc. Ces syllabes sont appelées *Schleifsylben*, syllabes liées, non séparées, par Lach-mann [1]; car elles se trouvent aussi dans l'ancien haut allemand, dont la prosodie se rapproche souvent de celle du latin.

Une *élision* paraît devenir nécessaire dans ce vers de Plaute (*Asin.*, 1, iii, 88) :

> *Portitorum s'millïmæ sunt januæ lenoniæ,*

s'il ne faut pas prononcer *portitoru' simillimæ*, etc. C'est ainsi qu'on a dit probablement *Ph'lippicum, Ph'lippi, Ph'lippei* pour *Philippicum, Philippi*, etc., et Schneider [2] se trompe évidemment en considérant comme brève la syllabe *ipp* et dans les mots que nous venons de citer, et dans ce vers :

> *Illi; ibi nominät Stratïppóclem Périphanaï filium.*

C'est la syllabe suivante qu'il faut abréger ainsi : *nominát, Stratïppòclëm*, etc. Souvent aussi il faut, pour bien lire ces vers si irréguliers, employer la *synérèse* comme en *continŭo, pŭer sum* [3]. Même chez les au-teurs classiques on trouve *genŭa, tenŭia, abjete*.

Si l'on peut comparer à quelque chose cette poésie, où la quantité et l'accent se disputent la primauté, il faudra chercher des analogies dans ces hexamètres al-lemands, faits au xiie siècle, dont Lachmann [4] nous fournit un échantillon :

> *Dappfere mein Teutschēn ädelich von Gemüth und Geplüte.*

---

[1] Lachmann, *Althochdeutsche Betonung u. Verskunst* (Mémoires de l'Académie de Berlin , 1832), p. 235 sqq.

[2] Schneider, p. 738.

[3] Schneider, p. 729.

[4] Lachmann , p. 240, 245.

Mais il faut reconnaître que, si en latin il y a de fréquents exemples d'une violation de la quantité par l'accent, c'est tout au plus si l'on peut parler ici d'une quantité dans les valeurs prosodiques du vers, quoiqu'elle existe encore assez pour choquer nos oreilles modernes, qui n'y sont plus habituées.

La langue latine n'a pas toujours été une langue fortement accentuée.

§ 67. Si nous avons réussi à bien caractériser cette époque de l'accentuation où, contenue encore par le poids de la quantité, elle se prépare déjà à dominer seule dans la langue, il faut s'étonner à juste titre de voir des philologues[1] d'un haut mérite proclamer la langue latine comme ayant été de tout temps une langue accentuée, dans laquelle le principe de la quantité n'aurait gagné du terrain que grâce à l'influence grecque, et prétendre que l'accent latin, en s'écartant de l'ancienne règle, qui lui aurait permis de se fixer sur la quatrième et même la sixième syllabe, comme dans *tétigero, misericordia*, se serait rapproché de la fin, attiré par le poids prosodique des syllabes. En effet, serait-il possible d'introduire ou seulement de réveiller dans une langue la quantité éteinte, dès le moment que l'accent seul est maître? Peut-on revenir ainsi sur le passé? On a prétendu que l'ancien grec, dans ses chansons populaires, n'avait pas observé les règles de la quantité prosodique, et s'était laissé gouverner par l'accent. Mais d'un côté, on sait maintenant que la muse grecque s'est à peine arrêtée dans ces basses régions de la poésie, et que les chants d'Homère déjà sont un chef-d'œuvre[2]; de l'autre il est difficile de méconnaître,

---

[1] Bernhardy, *Römische Literatur*, p. 42.

[2] Du Méril, *Principes et formes de la versification,* p. 21, *Rem.* 1. Patin, *Études sur les tragiques grecs,* t. I, p 1.

même dans le *refrain des meunières*[1] (ἄλει μύλα, ἄλει) et dans la chanson de *l'Hirondelle*[2] et de *la Corneille*, malgré de grandes licences, les mêmes lois prosodiques qui se retrouvent dans toute la poésie grecque. On peut affirmer de même que la langue latine, à une époque qui ne nous est plus connue, avait comme toutes les langues à leur origine une accentuation extrêmement faible; et que si elle n'a pas profité de la prédominance du principe de la quantité pour produire des œuvres semblables à celles des Grecs, c'est que sous d'autres rapports, ni elle ni le peuple qui la parlait, n'étaient assez heureusement doués par la nature. Par la seule force du temps et de la pensée ou du principe logique, qui se développent avec une certaine fatalité, la langue arriva à l'état de fluctuation dans lequel nous la trouvons au IIe siècle avant notre ère. Si les Romains n'eussent eu de rapports avec les Grecs que quelques siècles plus tard, la quantité prosodique, qui existait encore, mais qui s'éteignait peu à peu faute de poëtes qui sussent l'employer heureusement, et empêcher sa décadence prématurée, aurait succombé infailliblement, et la langue latine se serait peut-être présentée à nos yeux sous des traits semblables à ceux des anciens dialectes allemands.

Confusion de l'accent et de la *thesis*.

§ 68. Le principe de la quantité était donc encore en vigueur et balançait celui de l'accentuation; tous les deux se partageaient la langue, mais sans limites régulières. Que cette réhabilitation d'un principe près de s'éteindre ait eu de l'influence sur l'accent, qui en doute?

---

[1] Bernhardy, *Griech. Literaturgesch.*, II, p. 415.
[2] Athénée, VIII, p. 360; Ahrens, II, p. 478; Herm., *El. doctr. metr.*, p. 462.

Mais ce n'est certainement pas l'accent grec que les Romains adoptèrent; le caractère de leur accent national, si différent de celui du grec et du sanscrit, nous en fait foi. Il faut donc être fort en garde contre des accents aussi singuliers que *tétigero, misericordia, miseria, fámiliam, rédiero*[1]. La plupart pourraient être expliqués par une sorte de *synérèse*, en lisant *tét'gero, miserja, fámilja*, etc., or, en ce cas, ce serait plutôt l'accent grec qu'il faudrait reconnaître et non pas l'accent latin, tel que les grammairiens nous l'ont décrit. Que dans *misericordia*, dans *rédiero* on puisse trouver une analogie avec l'accentuation sanscrite, c'est ce qui, au premier aspect, ne paraît pas invraisemblable; mais il est permis de douter qu'elle se soit maintenue si longtemps dans la langue, malgré la lutte engagée avec la quantité prosodique. Toutes ces difficultés disparaissent, si l'on veut se souvenir que la poésie est un garant peu sûr de l'accentuation des mots, surtout dans les langues anciennes, et que dans ce vers de Térence, par exemple :

Poeta quum primum animum ad scribendum appulit,

la première syllabe de *scribendum* ne reçoit pas l'accent logique qui reste sur *bén*, mais la *thesis* du vers, comme cela a lieu dans *cóncede huc, sécede huc*. De même dans ce vers :

Amor, misericórdia hujus, nuptiarum sollicitatio,

on peut voir que l'accent reste sur l'antépénultième de *misericordia*, tandis que la *thesis* tombe sur la première.

Ce contraste entre la *thesis* et l'accent était peut-être le plus grand charme de la poésie des anciens, comme on peut s'en convaincre par les analogies que présente l'allemand moderne. Dans cette langue il y a des

---

[1] Herm., *El doctr metr.*, p. 64.

mots composés à deux accents, l'un fort, et qui est le signe logique du dernier déterminant, l'autre plus faible appelé l'accent secondaire, celui du membre déterminé, par exemple : *Haúsvàter*, père de famille ; surtout des verbes composés avec des prépositions séparables, comme *aúfdècken*, découvrir ; *vórlèsen*, lire à quelqu'un, etc. Comme en allemand la longueur d'une syllabe est déterminée par l'accent, tous ces mots ont les deux premières syllabes longues, mais la seconde moins que la première, parce qu'elle a l'accent le moins fort. Eh bien, en poésie, la *thesis*, en se posant sur cette seconde syllabe, peut la rendre la plus forte et la plus longue, et l'étrangeté du son qui en résulte ne laisse pas d'être d'un effet charmant, comme dans cette fin d'hexamètre :

Wĕr mĭt Mắth aŭsdaắĕrt dĕr kŏmmt ắn.

(Celui qui persévère courageusement arrive à son but).

Qu'on lise avec les accents ordinaires : *Wer mit Muth aúsdauert der kommt án*, et il n'y a plus même de vers. Il est vrai que la *thesis* des anciens, même en conflit avec l'accent, devait être d'un effet moins violent, parce qu'elle changeait rarement le mot, ne lui ôtait ni son accent, ni sa quantité, mais enfin, comme c'était surtout par un coup, par un effort de la voix qu'elle se faisait sentir (voy. *l'Introduction*), elle devait par là ressembler à celle de nos langues modernes.

La poésie nationale des Romains ; *versus saturnius ;* rôle qu'y jouent l'accent, la quantité et la *thesis.*

§ 69. La prosodie des comiques romains différait entièrement de la prosodie élevée de Virgile et d'Horace. Mais toute remplie de beautés que soit cette littérature, elle ne fut jamais populaire, elle ne dépassa jamais la

sphère des classes aisées, instruites, savantes[1]. Elle fut
plus sévère dans l'observation de la quantité prosodique
que les Grecs mêmes, qu'elle imitait, parce qu'elle
avait la conscience que la langue ne pouvait arriver à
une forme parfaite que par un travail continu, une attention de tous les moments. Il fallut renoncer à la
grâce naïve, au laisser-aller de la poésie grecque, qui
revêtait sans effort les formes les plus harmonieuses. Les
Romains, on le sait, sont parvenus à une poésie, à une
littérature, comme ils sont parvenus à l'empire du
monde, par l'énergie d'une volonté que les obstacles
n'effrayaient pas :

Tantæ molis erat Romanam condere gentem!

Mais aussi leurs poëtes classiques, quelque plaisir
que nous prenions à les lire, ne sont guère supérieurs
aux meilleurs des Alexandrins, auxquels ils ressemblent
souvent par la pureté savante de leur langage et par
une diction recherchée.

En résumé, il paraît certain que la poésie latine, à
son début, n'était autre chose qu'un mélange confus de
rhythmes que la quantité, l'accent et la *thesis* domi-
naient tour à tour. Le célèbre *versus saturnius* nous
en fournit la preuve. Souvent ces vers ne s'achevaient
pas et s'entremêlaient de prose; rarement leur cadre
(dimètre ïambique catalectique et trois trochées, *ithy-
phallicus*)

$$\cup \acute{\underline{}} \cup \acute{\underline{}} \cup \acute{\underline{}} \bar{\cup} \mid \acute{\underline{}} \cup \acute{\underline{}} \cup \acute{\underline{}} \bar{\cup}$$

Malúm dabúnt Metelli | Náevió poétæ.

se montrait dans toute sa pureté : très-souvent le mouvement ïambique est changé en mouvement trochaïque

---

[1] Horace, *Epist.*, II, 1, 160 : *Sed in longum tamen ævum Man-
serunt* HODIEQUE *manent vestigia ruris.*

par l'omission de la première brève, qui ne paraît avoir été considérée que comme une *anacrousis* [1] : souvent il est remplacé par le mouvement dactylique ; mais la *catalexis* trochaïque est ordinairement plus régulière. On doit blâmer, par conséquent, les philologues qui n'ont voulu voir dans ce rhythme que des trochées mesurés par l'accent [2], et qui, en négligeant toute quantité, ont rendu plus détestable encore cette poésie si grossière. Voici comment M. Munk dispose l'épitaphe de Cornélius Lucius Scipion Barbatus :

> *Gnaivod pátre prognátus | fórtis vir sapiensque,*
> *Quoíus fórma virtu | tei parísuma fúvit,*
> *Cónsol, cénsor, áedi | lís qui fúvit apúd vos.*
> *Taúrasiá Cisaúna | Sámnió (que) cépit.*
> *Súbicit ómne Lucánia | óbsidésque abdoúcit.*

On voit, en effet, que le seul principe auquel M. Munk veuille se conformer n'est pas observé dans *virtutei, áedilis*, que la quantité perce malgré lui dans *Taúrasiá, sapiénsque?* On voit enfin que, pour moins violenter la langue et pour être moins dur, il faut une disposition qui se rapproche davantage du modèle donné plus haut :

> *Cnaivód patré prognátus | fórtis vir sapiénsque*
> *Quotus (cp. illius) forma virtu | tei paríssuma fúvit*
> *Consól censór œdílis | qui fuvit apúd vos.*
> *Taurásiá Cisaúna | Sámnió (que) cépit.*
> *Súbĭcit omné Lucáni | a óbsidésque abdoúcit.*

Dans *patré prognátus*, dans *virtutei*, dans *consól censór*, etc., nous avons des exemples de cette quantité, qui, surtout lorsqu'elle est soutenue par la *thesis*, ba-

---

[1] Bernhardy, *Röm. Literaturgeschichte*, p. 10. Hermann, *El. doctr. metr.*, p. 611 sqq.

[2] Munk, *Metrik der Griechen u. Römer*, p. 130.

lance l'accent. Dans *fuvit*, la *thesis* seule allonge la syllabe ou lui donne au moins assez de force pour maintenir une espèce de rhythme. Bernhardy, en disposant l'épitaphe du second des Scipions, suit la même méthode, comme le prouve entre autres ce vers :

Consól, censór œdílis, hic fuét apúd vos.

Un commencement trochaïque se trouve dans celui-ci :

Lúciòm Scipiónem filiós Barbáti.

Nous verrons plus tard que ces grossiers débuts de la poésie valent encore mieux que la décadence, à laquelle ils ont quelquefois l'air de ressembler.

DEUXIÈME PARTIE.

ROLE DE L'ACCENT DANS LA DÉCADENCE DES ANCIENS IDIOMES.

§ 70. A l'origine, le mot, qui n'était que le calque fidèle des impressions ressenties, était complexe comme elles. Il renfermait une foule d'idées que la lente analyse du temps a fini par affranchir des liens de la forme et par rendre indépendantes. Cette révolution s'accomplit par l'influence toujours croissante de l'accent. L'harmonie intime des choses et des mots ayant cessé, la langue, désormais moins préoccupée de frapper les sens que d'éclairer la pensée, chercha surtout à faire sentir l'idée principale et prédominante du mot. Considérant alors l'accent comme signe de cette idée, elle appuya de plus en plus sur la syllabe privilégiée qu'il frappait ; elle donna ainsi la prépondérance à l'élément *virtuel*, qui distingue seulement des syllabes *fortes* ou *faibles*, sur la quantité qui ne connaît que des brèves et des longues. Il en résulta une unité plus intime du mot, qui, en le resserrant, en effaça et en obscurcit les parties : et l'intelligence, qui de jour en jour perdait le souvenir de la composition primitive, finit par ne plus chercher, par ne plus trouver dans les mots qu'une seule idée, celle de la racine. C'est ainsi que s'explique la perte des terminaisons. Elles finirent par n'être plus claires : dès lors on les remplaçait par des mots indépendants, qui, à leur tour, ne devaient exprimer qu'une seule idée dans toute sa simplicité et dans la forme la plus concise. Τετύφοιτο renferme cinq idées, et nous les retrouvons dans la traduction anglaise : *he might have been beaten*. Le langage des modernes présente une

suite d'idées qui se déterminent entre elles par l'ordre
dans lequel la pensée les range ; le langage des anciens
offre, au contraire, une série de formes qui enveloppent
les idées et se suivent dans l'ordre des sensations produites sur l'imagination de l'homme par les objets
mêmes.

CHAPITRE PREMIER.

LES LANGUES DU NORD.

Radical accentué.

§ 71. Les langues modernes étant ainsi une sorte de décomposition des langues anciennes, cette analyse de la
pensée, cette réduction du mot à sa forme la plus simple
et la plus facile, a été tentée par toutes, mais il n'y a
que les langues du Nord auxquelles elle ait bien réussi.
C'est que la faculté de l'abstraction paraît avoir été
donnée de préférence à ces peuples, qu'un soleil plus
froid et un ciel moins beau excitaient moins à la con-
templation des belles formes de la nature. C'est à cette
faculté de l'abstraction que nous attribuons le tact sûr
et presque infaillible avec lequel les peuples teutoniques
ont trouvé, au milieu des autres syllabes d'un mot, le
radical, et lui ont affecté l'accent. En a-t-il été toujours
ainsi? c'est une question que nous ne prétendons pas
décider ; mais il est permis de croire qu'à l'époque où
le gothique, le plus ancien dialecte allemand, n'était
pas encore séparé du sanscrit, les mêmes règles prési-
daient à l'accentuation des deux langues, si toutefois il
y avait accentuation. Le principe du dernier déterminant ne s'est maintenu dans les langues teutoniques que
pour le cas où il y avait des préfixes ou des prépositions,
parce qu'elles ne se sont fondues que rarement avec le

corps du mot, et qu'elles ont ordinairement donné à
ce dernier l'air d'un véritable *composé*. Il en est ré-
sulté pour la langue allemande que presque tous ces
mots ont l'accent sur la première, et que les désinences,
dont toute force vitale se retirait, ont de très-bonne
heure subi de grandes mutilations. A l'époque d'Ulfilas,
le gothique, grâce à l'influence analytique de son accent, était déjà entré dans la voie de nos langues modernes. Il ne connaissait plus que deux temps simples,
le présent et le prétérit; il ne conservait que de très-
faibles traces d'un passif formé, comme le passif du
latin et du grec, sans verbe auxiliaire. Quoique le principe de la quantité prosodique fût encore en pleine vigueur (car en aucune langue les voyelles brèves et les
voyelles longues ne se distinguent plus facilement),
et qu'il en reste encore des traces dans les poésies
des *Minnesaenger* du xiiie siècle; les terminaisons ont
déjà souffert; la déclinaison et la conjugaison ont déjà
subi de fortes *apocopes*. L'accent appuyant sur le radical, et la force de ce dernier résidant principalement
dans les consonnes, surtout dans la consonne initiale,
les langues teutoniques s'attachèrent de préférence à la
conservation de ces dernières, et négligèrent de plus en
plus l'élément euphonique, les voyelles, en particulier
celles des désinences. Tandis que les langues méridionales
craignaient de terminer leurs mots par des consonnes et
admettaient tout au plus des liquides, le gothique déjà
aime à dépouiller le mot de ses accessoires, pour mieux
en faire sentir l'idée principale. Que l'on compare : *fisks*
= *piscis; juk = jugum; gasts = hostis; akrs = ager*
(*agerus*), ἀγρός, (cp. *puer* pour *puerus*); *calds =*
gelidus; veihs = οἶκος; *gans = anser; gards = hor-*

‘ Grimm, I, p 39; édit. 1840.

tus; tagr = δάκρυ; *thak* = *tectum*; *daur* = θύρα
(*fores*); *hol* = κοῖλος, etc.

La déclinaison a conservé une grande variété de
formes; la conjugaison connaît encore le duel que le
latin a perdu; mais que l'on compare [1] :

SANSCRIT.	GREC.	LATIN.	GOTHIQUE.
S. *vahā	mi.*	ἔχω.	*veh-o.*	*vig-a.*
*vaha	si.*	ἔχ-ει-ς.	*veh-i-s.*	*vig-i-s.*
*vaha	ti.*	ἔχ-ε-(τ)ι.	*veh-i-t.*	*vig-i-th.*
Pl. *vah	ā	mas.*	ἔχ-ο-μεν.	*veh-i-mus.*	*vig-a-m.*
*vah	a	ta.*	ἔχ-ε-τε.	*veh-i-tis.*	*vig-i-th.*
*vah	a	nti.*	ἔχ-ο-υσι.	*veh-u-nt.*	*vig-a-nd.*

Nous voyons que dans la conservation des terminaisons primordiales le gothique est encore inférieur
au latin, qui est inférieur, à son tour, au grec. Mais
malgré son caractère plus *virtuel*, le gothique ne repousse pas des formes qui doivent leur origine à une
forte synthèse. MM. Bopp et Grimm ont découvert que
le prétérit de la conjugaison faible *habaida, sokida*, pl.
habaidedum, sokidedum (*habebam, quærebam*) et le
subjonctif *habaidedi* ou *habaidedjau*, pl. *habaidedei-
ma* étaient formés de la racine du verbe et de l'imparfait d'un verbe *da* (angl. *to do, I did have, seek*) qui
existe encore dans le substantif *deths*, action [2]. On peut
s'étonner du tact de la langue qui, dans sa marche analytique, a su réduire ces formes si compliquées au bisyllabe *ich hatte* (= *habite*) en allemand, et au monosyllabe *I had* en anglais, sans trop effacer le radical. Quel
était dans ces mots le rapport de l'accentuation déjà si
développée à la quantité prosodique encore si ferme?
Si l'on compare les mots allemands *Tăge* (*dies*), *Wĕge*

---

[1] Bopp, *Vgl Gramm.*, p. 733.
[2] Bopp, *ibid.*, p. 866 sqq.

(*vias*), *Steĭnĕ* (*lapides*) à leurs formes primitives, en gothique : *dăgōs, vĭgōs, staīnōs*, ou bien *hat* (*habet*) à l'ancien haut allemand *hăbĕt*, il est évident que les formes anciennes sont sur la même ligne, ou à peu près, que les formes latines : *mŏdōs, pásserēs, ménsās*[1]. L'accent a fait des trochées de mots anciennement, ou ïambes, ou spondées, ou pyrrhiques; cp. *dăgōs* et *Tăgĕ*, *gĭbĭt* et *gībĕt*, *lĭsĭt* et *lĭesĕt*, *fătĕr* et *Vătĕr*, *staīnōs* et *Steĭnĕ*, tout à fait comme *légĭt* et *léggĕ*, *pătĕr* et *pădrĕ*, *bĕnĕ* (lat.) et *bĕnĕ* (ital.).

Gradation des accents.

§ 72. Mais dans les mots composés (peu nombreux il est vrai en gothique), dans des formes comme *sókidédeima*, la comparaison des langues anciennes cesse de nous être utile, leur accent étant jusqu'à un certain point subjugué par la quantité. On arrive alors forcément à la conclusion qu'il s'est établi de bonne heure, dans les langues teutoniques, ce que j'appellerais une gradation d'accents, et que l'individualité du mot était exprimée par l'accent le plus *fort*[2]. Cette gradation a dû être peu sensible au commencement, parce que le principe de la quantité en aurait reçu une trop forte atteinte; mais avec le temps elle s'est tellement développée que souvent la partie du mot qui avait l'accent subalterne en a été obscurcie, par exemple *Jŭnkĕr* (jeune seigneur, de *Júng Hèrr*), *Năchbăr*, voisin, de *Náhebaüer* (*prope incolens*), *Welt* = *Wèràlt* (*hominum nutrix*), *Zŭbĕr* = *Zuí-pàr*, *Wĭmpĕr* = *Wíndprăwe*, etc. Cela est arrivé quelquefois à la racine, même quand le préfixe a conservé l'accent principal,

---

[1] Grimm, I, p. 13.

[2] Nous désignerons l'accent secondaire par le signe qu'on affecte ordinairement à l'accent grave `.

par exemple *Amt*, emploi = *Ánd-báht* (d'où le fr. *am-bassadeur*), *bĭedĕr* = *bĭdèrb*, brave, courageux, *bĭllĭg* = *bi-leiks*, juste, convenable, *Bild* = *pĭlàdĭ* ou *bĭ-làdĭ*, image, de *lĭtan*, voir ; (de même les formes latines *cōgnĭtus*, *dējĕro*). Ces cas cependant sont très-rares, bien plus rares que ceux où le radical, quoique n'étant pas le dernier déterminant, a fini par l'emporter sur le préfixe, dont le sens primitif allait s'affaiblissant, comme dans les verbes au sens métaphorique, composés avec *über, unter, durch, um, hinter*, quelquefois avec *un*. Les anciens préfixes *bi, gi* (*be, ge*), paraissent avoir eu un accent flottant, et même le plus souvent ils en étaient dépourvus [1].

Nature de l'accent teutonique.

§ 73. La gradation des idées ayant de bonne heure provoqué la gradation des accents, ces derniers ont, dans les langues teutoniques, une nature différente de ceux des langues méridionales. Les syllabes, suivant qu'elles en sont affectées, s'appellent *fortes, moyennes* ou *faibles* (*tonlos*). Dans *Ménnìsco* (*Mensch, homo*) la première avait l'accent principal, la seconde l'accent moyen ou secondaire, la troisième n'en avait pas ; de même dans *fĭshări* (*fischer*, pêcheur), et *sálbòta* (*salbte, unxi*). Dans *lebéndig*, que Gryphius, poëte dramatique du xviie siècle, accentue encore d'après la règle, l'accent secondaire (*lĭbàndĭ*) a gagné de la valeur et a fini par absorber l'accent principal. Dans le xiie siècle la quantité balançait encore assez l'accent pour qu'on pût faire rimer *Menischen* (*homines*) et *Fischen* (*pisces*) [2].

On comprend maintenant comment, par la coïnci-

---

[1] Grimm, I, p. 22.

[2] Grimm, I, p. 23. — La dernière syllabe de *Fischen* et *Me-nischen*, et la pénultième de *Ménischen* n'étaient pas encore entièrement privées de ton.

dence de l'idée et de l'accent, les langues teutoniques modernes ont pu arriver, surtout en anglais, à l'expression la plus analytique de la pensée, l'accent principal dans chaque mot finissant par tuer les autres et forçant les idées qu'ils représentaient à se reproduire par des mots et des formes indépendantes. Mais comme ces formes ne purent jamais arriver à une force égale à celle du mot principal, il s'établit entre les mots forts et les mots faibles une espèce d'accentuation *grammaticale*, différente de l'accentuation *oratoire*, où la pensée seule de celui qui parle donne ou ôte aux mots leur valeur, par exemple : *nicht* VÉR*hoèren, sondern* ÉR*hoèren sollt ihr uns* [2].

Rareté de l'aphérèse dans les langues du Nord.

§ 74. Si les langues méridionales, dans leur développement, s'éloignent de plus en plus de leur source et par suite de synthèses et de dérivations toujours nouvelles, finissent par perdre l'intelligence d'elles-mêmes, les langues teutoniques, au contraire, reproduisant la pensée d'une manière moins matérielle et plus idéale, de peur d'effacer l'une par l'autre, n'ont jamais perdu la mémoire de leur propre origine et doivent à cette unité, à cette identité de l'accent et de l'idée, cette verte fraicheur et cette poétique énergie qui les distingue encore aujourd'hui. Rien n'est plus rare dans ces langues que l'aphérèse ; Grimm ne mentionne, dans les noms, que le seul *tunthus* (*dens* = *edens*, celui qui mange). Dans les pronoms nous trouvons *kein* (aucun) = *enchein* ou *nechein* (*non unus*), dans les prépositions *neben, nebst* = *in eben* (*in plano*), peut-être *bi* = *abi* (gr. ἐπί) et *du* = *adu*.

---

[1] Grimm, III, p. 70, 254.

[2] « Exaucez-nous, ne nous interrogez pas. »

CHAPITRE II.

LANGUES MÉRIDIONALES.

Dialectes hindous.

§ 75. Si dans les langues du nord le radical reste ordinairement intact, et que les consonnes qui le constituent conservent leur fermeté, il n'en est pas de même dans les langues méridionales qui ont une prédilection marquée pour un développement plus riche des désinences et pour les voyelles. Ce n'est pas que le principe de la quantité ait échappé à la déchéance dont nous l'avons déjà vu menacé en latin. Dans les dialectes plus modernes du sanscrit il est déjà fortement ébranlé. Dans le *Pali*[1] les grammairiens considèrent, en beaucoup de cas, l'usage des voyelles brèves ou longues comme entièrement indifférent; il en est de même dans le *Prakrit*[2]. Souvent dans ce dialecte, des voyelles brèves à l'intérieur des mots sanscrits, deviennent longues (*bhanāsi, bhanāti* = scr. *bhanăti*); des voyelles longues, surtout dans les désinences, brèves. Il est impossible d'attribuer ce changement à d'autres causes qu'à l'empire croissant de l'accentuation. Le *Zend*, le dialecte le plus ancien, trahit déjà une tendance assez marquée à émousser l'énergie des terminaisons en abrégeant presque tous les *ā* à la fin des noms polysyllabiques et en déprimant l'*a* dans l'*-am* de l'accusatif des noms en *ĕ*[3]. Chose singulière, le *Prakrit*, malgré la perte de la quantité prosodique,

---

[1] Lassen et Burnouf, *Essai sur le Pali*, p. 161.
[2] Hoefer, *De pracrita dialecto*, p. 20 et 178.
[3] Bopp, *Vgl. Gramm.*, §§ 64 et 137.

a su conserver avec de certaines modifications toutes les désinences de la déclinaison, à l'exception du datif, dont l'usage s'est aboli comme en grec moderne, et toutes les désinences de la conjugaison, au duel près. Nous ne parlons ici que de celles qui désignent le nombre et les personnes; car la plupart des temps sont exprimés par des verbes auxiliaires. En revanche les radicaux sont généralement obscurcis par l'assimilation des consonnes, par leur retranchement même, retranchement qui est de rigueur à la fin des mots; et rien n'est plus fréquent dans cette langue que de trouver des mots entièrement composés de voyelles [1] comme : *uao, uae, hiaāe,* etc. L'hiatus, que repoussait le sanscrit, le Prakrit le recherche avidement. Dans les dialectes hindous d'aujourd'hui toute trace, tout souvenir de leur origine s'est perdu, et les formes mutilées de leurs mots offrent moins de ressemblance avec leur type primitif que nos idiomes européens [2], qui le reproduisent d'une manière encore bien plus sensible malgré l'immense distance de l'espace et du temps et la distance plus grande encore des civilisations. M. Bopp trouve la raison de ce fait remarquable dans la rapidité avec laquelle tout ce qui éclot sous le soleil brûlant des tropiques, l'époque de la maturité une fois passée, se précipite vers son déclin. Nous ne combattrons pas en tout cette opinion de l'illustre savant, qui nous paraît avoir un fond de vérité; mais si les dialectes hindous de nos jours, par un contraste singulier avec nos idiomes européens, n'ont pu sortir de cet état de dégradation dans lequel les avait plongés la destruction de la quantité prosodique, nous en croyons trouver la raison dans l'extrême faiblesse de l'accentuation sanscrite qui a fa-

---

[1] Hoefer, *De prac. dial.,* p. 15.
[2] Popp, *Vggl. Gramm.,* IV. Abtheil, *Vorrede,* p x.

vorisé et hâté l'oubli du sens et de la valeur primitive
des formes. Dès qu'elles ne disaient plus rien à l'intelligence elle sont arrivées à cette décrépitude prématurée qui les rend méconnaissables. C'est par là que ces
dialectes sont diamétralement opposés aux langues teutoniques, dont la fleur tardive, mais vivace, n'est due
qu'à la force du principe logique, lentement mais mû-
rement développé. D'une part l'amour de la forme
poussée jusqu'à l'énervement, de l'autre la prédominance du radical et de la consonne au mépris souvent
des lois de l'euphonie, voilà les extrêmes, où peuvent
aboutir les langues du midi et les langues du nord.

IDIOMES EUROPÉENS.

Accent et quantité.

§ 76. Le grec et le latin ont éprouvé des changements
semblables, mais, protégés par une accentuation déjà plus
énergique, ils ont pu se relever et se reconstituer. Le
besoin de clarté, joint à l'oubli de la valeur des formes
primitives, y produisit d'abord les mêmes effets que
dans les dialectes hindous. La syllabe surmontée de l'accent resta la seule véritablement longue; les autres,
qu'elles renferment des diphthongues ou de doubles
consonnances, devinrent relativement brèves, c'est-
à-dire *faibles*. Dès que la pensée ne s'attache plus à une
syllabe, il serait inutile de la fortifier, de la grossir par
des moyens matériels, par le cumul des consonnes, etc., la
pensée y glisse rapidement pour arriver à celle qui seule
paraît contenir l'essence du mot. Que l'on compare
autúnno ᴗ _́ᴗ, *infinitó* ᴗᴗ _́ᴗ, *naturále* ᴗᴗ _́ᴗ, *mortále*
ᴗ _́ᴗ, *lontáno* ᴗ _́ᴗ, *costúme* ᴗ _́ᴗ à *autumnus* __ _́ᴗ,
naturalis ___ _́ᴗ, *mortalis* __ _́ᴗ, *infinitas* ___ _́ᴗ.
La nature de l'accent moderne est donc tout à fait opposée à celle de l'accent ancien. Ce dernier abrégeait un

peu la syllabe même longue sur laquelle il se posait ; celui-ci allonge toujours cette voyelle ou cette syllabe,
fussent-elles brèves. Seulement, dans la langue moderne,
le besoin du rhythme peut rendre longue (forte) une syllabe privée de l'accent, pourvu que ce ne soit pas celle
qui précède ou suit la syllabe accentuée. C'est ainsi que
infinito, *náturále* (it.) *recóncilie* (fr.) peuvent être prononcés avec deux accents. Mais si le mot italien perd la
voyelle qui forme la désinence, la *thesis* peut impuré-
ment, en poésie, remonter sur la syllabe qui précède
l'accent : *mórtal*, *natúral*. C'est aussi pourquoi les mots
français, qui, grâce à l'influence de l'accentuation germanique, ont pour la plupart perdu les voyelles finales,
reportent si facilement l'accent de la dernière à une
des syllabes précédentes, surtout dans un mouvement
pathétique ; par exemple : *séntiment*, *chármant*, etc.
Cette mobilité de l'accentuation s'explique par la nature identique de la *thesis* et de l'*accent moderne*, qui
tous deux s'expriment par un effort, par un coup de la
voix.

Grec moderne.

§ 77. Le grec moderne aussi ne reconnaît plus de différence entre ο et ω, ε et αι, ι, η et ει, etc., etc. L'ω dans
ἄνθρωπος se prononce bref comme le premier ο dans ἔμ-
πορος, tandis que celui de πόλις a le son de l'ω dans ῥώμη.
Γέφυρα, qui, en grec ancien, était un amphibraque
ᴗ‿ᴗ, est devenu dactyle ʼᴗᴗ. La différence du circonflexe et de l'accent aigu résultant du poids des
syllabes finales a cessé, puisqu'il n'existe plus de
quantité distincte de l'accent, et on peut écrire indifféremment τώρα et τῶρα. Qu'on ne nous oppose pas
la différence qui s'est établie dans nos langues modernes entre l'accent de *produzione*, qui a lieu dans les
syllabes *ouvertes*, par exemple : uómini, Césare, et

l'accent de *rinforzo*, qui a été toujours amené par la double consonnance : *frónte*, *átto*, *góndola*, etc. Ces accents se distinguent l'un de l'autre d'une manière purement phonique; l'accent de *produzione* allonge la voyelle dans la syllabe ouverte, pour réunir dans celle-ci toute la force de l'élément virtuel et de la quantité; mais l'accent de *rinforzo* n'est pas forcé d'allonger la voyelle, parce que la double consonnance, qui seule ne pourrait jamais empêcher une syllabe d'être brève, doublée par la force de l'accent, allonge non la voyelle, mais la syllabe. Pour la métrique cette distinction est indifférente, et en latin déjà la première syllabe de *cāna* (grise) passait pour avoir le même poids que la première de *canna* (jonc). Mais il n'en est pas de même pour la rime, qui veut sur tout une identité de *son*. On voit, au premier coup d'œil, que le premier de ces deux accents ne saurait être comparé au circonflexe, qui, en grec, en latin, en lithuanien même, n'a jamais pu remonter jusqu'à l'antépénultième, tandis qu'il se trouve en italien sur la quatrième avant la fin, et même plus avant; par exemple : *recápitano*. Le grec moderne, en confondant l'aigu et le circonflexe, ne permet pourtant pas à ces accents de remonter au delà de l'antépénultième. Il est vrai qu'on peut écrire ἐϐράδυασεν et ἐτέλειωσεν [1], mais à condition de lire ces mots par synizèse, comme s'ils ne formaient que quatre syllabes : ἐτέλ-jωσεν, ἐϐράδ-jασεν. L'enclise, dont il ne reste presque plus de trace dans aucun autre dialecte moderne, s'y est maintenue avec quelques modifications. On y dit ἄνθρωπός μου, πατήρ τις, etc. Mais comme le circonflexe n'y a plus une valeur distincte de l'accent aigu, on y dit δῶρα τινά et non pas δῶρά τινα. On serait porté à croire que le principe,

---

[1] Schinas, *Gr elem du grec moderne*, p. 9.

qui détruit dans les langues modernes l'influence de la position, n'a pas entièrement prévalu en grec moderne, puisque la deuxième personne pluriel de l'imparfait se prononce ou ἐγραφούμασθε avec *un* accent, ou ἐγράφουμάσθε avec deux.

Italien. Espagnol. Portugais.

§ 78. Comme dans les langues méridionales l'accent ne s'attache pas exclusivement au radical, semblables en ceci à leurs modèles anciens, elles font surtout ressortir la terminaison qui a donné au mot sa dernière forme. Ce n'est que lorsque le sens primitif de la désinence s'est obscurci qu'elle est passible de l'apocope, par exemple, dans les adjectifs latins en *-idus*; comme l'italien *limpido*, devient *limpo* en portugais; *frigidus* s'est changé en *freddo* en italien; en espagnol on dit *frio*. Si, au contraire, cette terminaison est encore comprise, et si elle devient ce que les grammairiens appellent une terminaison *productive*, la syllabe principale reçoit l'accent, et devient longue, eût-elle été brève dans la langue mère. C'est ainsi que *ĭa* devient *īa* (*cortesĭa*), *ĭnus*, *ĭno* (*cristallĭno*), *ĭcus*, *iégo* (esp. *indiégo*), *ŏlus*, *iŏlo* (*figliŏlo*). On accentue également sur la dernière les nouvelles formes synthétiques de la conjugaison : *avrai*, *avrébbe*, fr. *louerai*, *louerais*.

A mesure que nous quittons l'orient et le midi pour nous approcher de l'ouest et du nord, l'abstraction domine de plus en plus dans les langues, et l'intelligence de la forme, *même dans les terminaisons*, commence à se perdre. Les cas se trouvaient encore exprimés en Prakrit et en grec moderne; ils ne le sont plus en italien : mais l'amour des formes harmonieuses, des consonnances douces, des désinences qui se terminent presque toujours par des voyelles, garde toute sa vigueur, et rend encore possible, sans le secours de l'ar-

ticle, une distinction entre le masculin et le féminin;
le neutre s'est éteint. Les consonnances, à la fin des
mots, sont généralement retranchées, et telle est la
préférence que l'italien accorde à la voyelle, qu'il en
insère souvent dans le milieu des mots, pour en adou-
cir la prononciation; par exemple : *aliga* = *alga*,
crésima = *chrisma*, *astero*, *asima*, *spasimo* = *astro*,
asma (*asthma*), *spasma*, etc. Dans la troisième personne pluriel du présent, il aime mieux allonger la forme
que de conserver celle que le latin lui transmet, par
exemple : *amano* pour *amant*[1].

Français.

§ 79. Les considérations d'euphonie n'arrêtent plus
ni le provençal, ni le français, qui ont pratiqué libre-
ment la syncope de la voyelle à l'intérieur, et l'apocope à la fin des mots, exemple : *maravilla*, *mer-
veille*; *naturel*, *mortel*, *automne* pour *naturale*,
autunno, *mortale*. Par suite de ce retranchement et de
l'affaiblissement de toutes les voyelles finales (*a*, *o*) en
e muet, la plupart des substantifs n'ont plus d'autre
moyen de distinguer leur genre que *l'article*.

---

[1] Il est impossible d'admettre avec Raynouard (*Choix des poésies
des troubadours*, Préf , p LV) que le *toscan* aurait d'abord retranché
ses terminaisons à l'exemple du provençal, mais que plus tard il
les aurait reprises dans un intérêt d'euphonie, et séduit par le charme
de la prononciation sicilienne, qui les avait conservées. Comme
si la volonté personnelle des hommes pouvait déterminer la marche
des langues! Voici , du reste, le passage de Giambullari, dont
l'autorité paraît avoir décidé l'opinion de Raynouard : « *Dicono
adunque, que Lucio, considerando la nostra pronuncia e la sici-
liana, e vedendo que la durezza delle consonanti offendeva tanto
l' orecchio, quanto per voi medesimo conoscete per le rime de' Pro-
venzali, cominciò per addolcire e mitigare quella asprezza, non a
pigliare le voci de' forestieri, ma ad aggiungere le vocali nella fine
di tutte le nostre.* »

Il faut bien le dire, le français doit sa forme actuelle surtout à l'empire exclusif de l'accentuation latine outrée à une époque où les influences germaniques dans le langage gaulois ont été, sans doute, très-puissantes. Le mot, pour atteindre l'unité la plus absolue, se réduit souvent à une syllabe, celle qui avait toujours eu l'accent; ainsi : *rond* (*rotúndus*), *sûr* (*secúrus*), *coin* (*cúneus*), etc. Pour arriver d'emblée à cette syllabe accentuée, il n'est pas d'effort que la voix n'ait tenté; ni l'énergie des consonnes, ni le nombre des syllabes ne purent l'arrêter. Comme toujours, ce que le mot gagna en unité, il le perdit en clarté. Qui reconnaît *prehendérunt* dans *prirent*, *vitéllus* dans *veau* (vieux français *veél*), *digitále* dans *dé* (vieux français *deél*), *redemptiónem* dans *rançon*, *caúda* dans *queue*, *commeátus* dans *congé*, *quadragésima* dans *carême*, *prædicáre* dans *prêcher*, *nidifico*, *nidfico* dans *nicher*, *cálefacio*, *calfacio* dans *chauffer*, *appropínquo*, *apprópio* dans *approcher*, et ainsi de mille autres. La langue commençait par se débarrasser d'abord des consonnes; la contraction des voyelles s'ensuivait naturellement. Le vieux français a encore des formes comme *abbeésse*=*abba-t-essa*, *beveór* = *bibi-t-órem* (buveur), *chaine* = *ca-t-éna*, *forcheúre* = *forca -d-úra* (fourchure), *gaîne* = *va-g-ina*, *Loeis* = *Lu-d-o-vi-c-us*, *meúr* = *ma-t-úrus*, *reónd* = *ro-t-úndus*. De ces changements, qui bouleversaient la forme primitive, il ne résulta pourtant pas une langue à forte accentuation. La pensée n'y étant plus calquée sur la forme, comme dans les langues méridionales, ni indiquée d'une manière énergique par un accent conservateur du radical, comme dans l'allemand, elle eut recours au développement méthodique de l'ordre syntaxique. La forme étant devenue une chose pour ainsi dire indifférente, signe seulement, et non pas expression complète de l'idée, la pensée en devint *maîtresse absolue* et fonda cette accentuation *grammaticale*, qui peut servir de modèle à toutes les langues analytiques.

C'est pourtant la nature de son accent syllabique qui assigne au français, malgré ses nombreux éléments germaniques, sa place parmi les langues méridionales. Les mots allemands, pour devenir français, changent non-seulement leur forme extérieure, mais leur fibre la plus intime, l'accent. C'est ce dernier changement surtout qui rend parfois leur forme primitive si difficile à reconnaître. *Hérbèrge* devient *aubérge* (it. *albergo*), *Fáltstühl* (chaise à plier), *fauteuil*, *Krebs* (anc. h. all. *krébiz*), *écrevisse*, *Schöffe* (a. h. all. *scépeno*, latin du moyen âge *scabīnus*), *échevin*.

Mais si l'accentuation française est conforme au génie des langues du Midi, la forme y garde aussi quelque chose de leur sensibilité. Qui ne connaît l'horreur du vers français pour l'*hiatus?* depuis le xvII[e] siècle. Des expressions comme *tu es*, *tu auras*, *si elle vient*, etc., qui ne dépareraient pas la poésie d'une langue teutonique, y seraient intolérables. C'est qu'en effet l'oreille des méridionaux est plus délicate que celle des peuples du Nord. La langue française a une égale répugnance pour le choc de deux ou de plusieurs consonnes à la fin d'un mot et au commencement du mot suivant. On dira : *le*(s) *soldats prire*(nt) *la ville*, mais : le*s* hommes prire*t* un bain, etc.

C'est ainsi que dans *aime-t-elle*, *loue-t-il*, etc., la langue en insérant une consonne d'une valeur purement euphonique, semble faire seulement revivre pour un moment la forme primitive : *ama*т *illa*, *lauda*т *ille*, etc. Dans *l'on*, *si l'on* pour *on*, *si on*, l'insertion de l'*l* n'est pas le résultat du hasard ou d'un choix arbitraire, mais le reste de l'ancien *ille homo*, qui s'est maintenu pour obvier à l'hiatus. Dans *vas-y* cependant l'*s* pourrait bien ne pas faire partie de l'ancien verbe *vadere*. Il n'y a pas jusqu'à l'*enclise* dont la langue française n'ait gardé certaines traces; le pronom de la première personne *je*, placé dans l'interrogation après son verbe, relève par l'accent sa dernière syllabe, lorsqu'elle se termine par un *e* muet : *aimé-je, dussé-je*. N'est-ce pas là une véritable enclitique?

Mais ce qui constitue une différence notable entre la langue française et ses sœurs méridionales, ce qui la rapproche des langues du Nord, et lui crée pour ainsi dire une position intermédiaire entre les unes et les autres, c'est la fermeté des consonnes et même des voyelles au commencement des mots, ou la répugnance à l'*aphérèse*. Peut-être l'article *le*, *la*, *les*, restes de l'ancien *ille*, *illa*, *illos*, en fournit-il le seul et unique exemple[1]. Quant au verbe *voler*, que Diez (I, p. 21) fait venir de *involare*, son étymologie ne paraît pas assurée. Il ne faudrait pourtant pas accorder une trop grande valeur à cette particularité du français; car comme la syllabe radicale est loin d'être toujours la syllabe accentuée, que celle-ci se trouve, règle générale, plus souvent à la fin qu'au commencement du mot, bien qu'elle ne disparaisse pas entièrement, la racine n'en souffre pas moins de bien fortes mutilations. Dans *rond* de *rotúndus* la consonne *r* seule témoigne du radical *rota*; dans *semaine*, *se* seul fait encore deviner l'ancien *septem*, etc. Mais quel que soit le motif de cette singularité, elle n'en forme pas moins un contraste tranchant avec les autres langues méridionales, surtout avec

---

[1] Les pronoms de la troisième personne, *il, elle, ils*, etc., dérivent du même mot latin, mais par *apocope*. La valeur intrinsèque plus forte du pronom explique cette différence. On se rappelle, du reste, qu'en latin déjà *ille* pouvait être un pyrrhique ($\cup\cup$) et était presque devenu un *atonon* oratoire.

celles de l'Est, où l'aphérèse, c'est-à-dire la mutilation du commencement du mot, qui souvent renferme le radical, est un des faits les plus fréquents.

L'aphérèse dans les langues méridionales.

§ 80. Les anciennes langues en présentent déjà quelques exemples. Pott[1] donne un grand nombre de verbes sanscrits composés que la mutilation de leur préfixe a fait prendre pour des verbes simples. Rien n'est plus commun dans cette langue que la perte d'un *a* au commencement d'un mot, par exemple dans la conjugaison de *as* (être), *ac'* (gr. ἀκ, en ἀκή, ἀκοή); dans *vatansa* pour *avatansa*, pendant d'oreilles, *vatoka*, vache qui a avorté, pour *avatoka*[2]. L'ancien grec a τράπεζα évidemment pour τετράπεζα (*quadrupes*), μάστιξ pour ἱμάστιξ, etc. Dans les formes latines *sum = esum*, *dens = edens* (gr. ὀδούς, éol. ἔδων), on ne peut guère méconnaître l'aphérèse. Les noms de nombre de toutes les langues ont, de temps immémorial, éprouvé les plus fortes mutilations, par exemple sanscrit *sata* (100) = *das'ata*, latin *centum = decentum*, *viginti = dvi + decenti*, cp. *vicesimus*, etc. Mais c'est surtout dans les dialectes modernes qu'éclate avec toute sa force cette tendance à retrancher les syllabes non accentuées qui commencent le mot, surtout lorsqu'elles ne se composent que de simples voyelles, mais souvent aussi lorsqu'une consonne précédente aurait dû et pu les protéger. Sans nous arrêter au prakrit ou aux autres dialectes hindous, qui naturellement fournissent de nombreux exemples, occupons-nous surtout des langues européennes proprement dites.

---

[1] Pott, *Etymol. Forsch.*, I, p. 159-162.
[2] Benfey, I, p. 24.

Grec moderne.

Φίδι = ὀφίδιον, σπήτι = ὀσπήτι, ψηλά = ὑψηλά, σάν = ὡσάν, κονεύειν = οἰκονεύειν (*in domo habitare*), γίδι = αἰγίδιον, μάτια = ὀμμάτια, même δέν = οὐδέν (qui aurait pu croire que dans la négation même l'instinct du peuple se soit trompé et ait sacrifié le signe manifeste de la négation à la partie du mot qui n'exprime que l'idée accessoire? Comp. cependant all. *kein* = *enchein*) γραμμένον = γεγραμμένον, τός = ἀτός = αὐτός, τόμου = ἀτόμου (au moment; cp. ἐν ἀκαρεῖ, ἀκαρές de κείρω)[1], μέρα = ἡμέρα, πέθανα, πόθανα = ἀπέθανα, ἀπόθανα, *mortuus sum*, πέ, πές = εἰπέ, πάγω, πάω, πάνω = ὑπάγω, ἡμᾶς = μας (devenu enclit.), σαράντα = τεσσαράκοντα, etc., etc.[2].

Italien[3].

Aphérèse de l'*a* : *Lodola* (lat. *alauda*), *lena* (respiration, du lat. *anhelo*), *bottega* (lat. *apotheca*), *ragna* (lat. *aranea*), *rena* (lat. *arena*), etc. Aph. de *e* et de *ae* : *chiesa* (lat. *ecclesia*), *vescovo* (lat. *episcopus*),

---

[1] Nous donnons pour la première fois la vraie étymologie de l'adverbe τόμου, que Schinas fait venir à grand tort de τῆμος.

[2] Citons maintenant quelques exemples assez curieux de la syncope en grec moderne : Τρελός=θαρραλέος; λές, λέ, λέμεν, λέτε, λέν= λέγεις, λέγει, λέγομεν, λέγεις, λέγουν (anc. λέγουσιν); κλαῖς, κλαῖ, κλαῖμεν, κλαῖν=κλαίεις, etc., etc.; πάγω (ὑπάγω), πᾶς, πᾶ, πᾶμεν, πᾶτε, πᾶν (ce monosyllabe est le reste de ὑπάγουσιν); τρώς, τρῷ, τρώμεν, τρών=τρώγεις, etc., τρώγουσιν; θές, θέ, θέμεν, θέτε, θέν= θέλεις, θέλουσιν, etc. La forme θέ, qui sert en grec moderne de verbe auxiliaire pour former le futur et le conditionnel, est un des rares exemples d'une apocope violente. On sait qu'il est dit pour θέλει. Une forte syncope se rencontre aussi dans les nombres : Τριάντα, σαράντα, πενῆντα, ἑξῆντα, ἑβδομῆντα, ὀγδοῆντα, ὀγδόντα, ἐννενῆντα= τριάκοντα, πεντήκοντα, etc., etc.

[3] Diez, I, p. 152.

ruggine (lat. *aeruginem*). Aph. de *i* : *nello* = lat. *in illo*, *verno* (lat. *hibernus*), *rondine* (lat. *hirundinem*), *Spagna* (lat. *Hispania*), *storia* (lat. *historia*). Aph. de l'*o* et de l'*u* : *cagione* (lat. *occasio*), *licorno* (lat. *unicornis*). Aphérèse de la consonne et de la voyelle : *sdegno, scortese* = *disdegno, discortese, fante* (lat. *infans*), *fra* (lat. *infra*), *stromento* = *instromento, scipido* (lat. *insipidus*), *bilico* (lat. *umbilicus*), *tondo* (lat. *rotundus*), *mentre* = *domentre* (lat. *dum intra*), *desso* = *medesso* (lat. *met ipse*), et dans la formation de beaucoup de pronoms et de particules. Les noms propres, à cause de leur usage familier, sont naturellement aussi fort sujets à l'aphérèse : *Salonichi* = Θεσσαλονίκη, *Bastiano* = *Sebastiano*, etc., etc.

Espagnol.

Bispe (lat. *episcopus*), *pistola* (lat. *epistola*), *relox* (lat. *horologium*), *cobrar* (lat. *recuperare*), *tondo*, cerceau, (lat. *rotundus*).

Portugais.

No (it. *nello* = lat. *in illo*), *namorar* (lat. *in* et *amor*), *doma* (lat. *hebdómadem*).

RÉSUMÉ.

§ 81. Malgré leur plus grande douceur, les langues du midi sont donc bien inférieures aux langues du nord, où la forme et la pensée ne sont pas devenues aussi étrangères l'une à l'autre, et où respire encore l'énergie un peu dure, la poésie un peu sauvage des premiers temps. C'est que les langues méridionales, destinées surtout à briller par la beauté des formes, ont passé l'âge où elles jetaient le plus d'éclat : l'accent a ranimé leurs débris et a comme reconstruit leur charpente, mais pendant la barbarie qui les avait envahies au moyen âge, leurs formes plus molles et plus délicates n'ont pas su faire une résistance assez énergique, et l'accent, par la place qu'il y occupait, au lieu de protéger leurs parties essentielles, en auxiliaire maladroit, fit souvent ressortir l'idée subordonnée. Mais si les langues du nord ne se sont jamais distinguées par cette suave mélodie des formes, en revanche la pensée y ressort avec une précision, avec une netteté admirables : c'est que leur éducation a été faite par l'accent, dont l'influence, en les privant de la fleur exquise d'une maturité précoce, leur conserve une verdeur toute mâle à une époque où leurs sœurs, autrefois privilégiées, n'offrent plus que les ombres de leur ancienne magnificence.

TROISIÈME PARTIE.

COMPARAISON DES LANGUES SYNTHÉTIQUES ET ANALYTIQUES PAR RAPPORT A L'ACCENTUATION.

CHAPITRE PREMIER.

DU NOMBRE ORATOIRE ET DE L'ORDRE DES MOTS CHEZ LES ANCIENS.

§ 82. Nous nous rappellerons qu'en prose aussi bien qu'en poésie la nature de l'accent et de la quantité était restée la même; que supprimer l'accent au profit de la quantité ou altérer la quantité dans l'intérêt de l'accent eût été nuire également à l'intelligence et à la beauté de la langue. Le point saillant, qui marquait la limite entre la prose et la poésie, était donc la *thésis*, signe de l'unité du vers. Ce signe de l'unité manquerait-il à la prose? N'aurait-elle pas le droit de faire ressortir quelquefois davantage la partie virtuelle de la langue aux dépens de ce qu'on pourrait appeler son appareil matériel? en un mot, n'aurait-elle pas un accent *oratoire?* Cette question, nous y avons répondu déjà en partie dans le chapitre sur l'enclise. Nous avons dit que s'il y avait, en dehors des enclitiques connus, des mots qui quelquefois pourraient l'être, il faudrait, puisque la quantité prosodique ne doit jamais souffrir d'une privation d'accent, qu'un changement, qu'une dépression d'accent nous fît connaître leur condition. Que la langue ait pris cette liberté, on ne saurait en douter, si l'on compare ἄλλα (*alia*) et ἀλλά (*sed*), ποῖος (*qualis*) et ποιός (*qualiscunque*), mots qu'une modification de sens a rapprochés de l'enclise sans en faire toutefois de véritables enclitiques. Mais une accentuation, qui tienne le milieu entre celle des mots, qu'on pourrait appeler *grammaticale*, et l'accentuation de la phrase, qui exprime les sentiments, les mouvements de l'âme en général (comme *venisti*, tu est venu, *venisti?* est-tu venu?) une accentuation oratoire, en un mot, qui ait ses hauts et ses bas, ses ombres et ses lumières, nous ne saurions l'admettre chez les anciens.

Effets matériels produits par des moyens virtuels dans la phrase des anciens.

§ 83. En effet, ce que les grammairiens recommandent surtout, c'est de varier la phrase par des mots d'une quantité et d'un accent différents, pour éviter la monotonie et ne pas fatiguer l'oreille, κλέπτειν τῇ ποικιλία τὸν κόρον[1]. Mais c'est à peu près le seul précepte qu'ils donnent au sujet de l'accentuation de la phrase; tout le reste a trait au *nombre oratoire* proprement dit. N'oublions pas cependant une remarque curieuse de Quintilien (lib. IX, c. iv). Dans la clausule, dit-il, l'effet est bien différent, suivant que les deux derniers pieds sont contenus dans le même mot ou qu'ils en forment deux. La chute a quelque chose de mou et de faible dans le premier cas, comme *balneatóri, archipirátæ;* elle devient énervée si le nombre des brèves augmente, comme en *făcĭlĭtátes, tĕmĕrĭtátes;* elle est au contraire ferme et vigoureuse dans *crĭmĭnĭs caūsā*, et dans ces mots tant cités de Démosthène : πρῶτον μὲν — θεοῖς εὔχομαι πᾶσι καὶ πάσαις. Il en résulte que, surtout à la fin de la phrase, la monotonie d'une longue suite de syllabes que l'accent ne relevait pas, était un défaut[2].

En revanche les Grecs aimaient à terminer la phrase

---

[1] Dionys., Περὶ συνθέσεως ὀνομάτων, c. xii et xix. Hermogenes, Περὶ ἰδεῶν, I, c. xii.

[2] Il en paraît résulter en même temps, avec une assez grande évidence, que, dans ces mots si longs, il n'y avait plus d'accents secondaires. C'était ici ou jamais l'endroit d'en faire mention.

par un oxyton, ce qui lui donnait un tour plus énergique, Démosthène surtout, qui si souvent place le sujet
à la fin, surtout les pronoms, et, de préférence à tous
les autres, ἐγώ[1] (*orat. contra Midiam*, édit. Spalding,
p. 97) : Ὡς ἐσκεμμένα καὶ παρεσκευασμένα πάντα λέγω νῦν ἐγώ.
(*Ibid.*, p. 105) : Περὶ ὧν οὐδὲν ἂν εἴποιμι πρὸς ὑμᾶς φλαῦρον
ἐγώ. En poésie de même, Soph. *Trach.* v. 498, où la
phrase se termine par νίκας ἀεί. *Ibid.*, v. 513 : Ὁ δὲ Βακ-
χίας ἄπο Ἦλθε παλίντονα Θήβης τόξα καὶ λόγχας ῥοπαλόν τε τι-
νάσσων, παῖς Διός.

Nous avons ici quelques exemples, si rares comparativement, d'un effet matériel, produit par des moyens
virtuels ; l'enclise nous en fournit d'autres, mais rap-
pelons-nous bien que cette dernière, selon nous, n'avait
acquis son caractère virtuel que très-tard, surtout par
la fixité plus grande de la place qu'occupaient les mots
qu'elle atteignait. Mais nous croirons difficilement que
les enclitiques aient produit ce qu'on veut appeler des
repos d'accent, l'enclitique elle-même ayant trop peu
d'étendue pour donner le temps à la voix de s'arrêter
et de reprendre haleine, et pour compenser l'effort
double qui avait obligé la voix à donner deux accents au mot précédent. Si l'enclise grecque pouvait
être considérée comme un repos d'accent, un grand
nombre d'enclitiques qui se suivent devraient amener une chute très-molle dans laquelle la voix fini-
rait par s'endormir. Or, c'est justement le contraire
qui a lieu en grec, et il ne faut pas s'en étonner ; car
l'enclitique n'est pas un *atonon oratoire*. (Voy. p. 160.)

A part les exceptions que nous venons de citer, on
peut dire que la langue grecque employait toujours
des moyens matériels pour produire des effets virtuels,
c'est-à-dire qu'à l'aide de l'incroyable flexibilité et mo-

---

[1] Vigerus, *De idiotism.*, etc., p. 165.

bilité de ses formes et l'immense liberté qu'elle avait de les placer et déplacer, elle atteignait ce que nous ne pouvons atteindre que par des effets d'accentuation. C'est cette similitude de résultats, obtenus par des voies diverses, qui a pu conduire à appliquer les mêmes lois aux langues anciennes et aux langues modernes, et à méconnaître leur vraie opposition, comme il est arrivé à M. Weil dans son travail, du reste si remarquable, sur l'ordre des mots.

Critique du système de M. Weil.

L'ordre naturel et le nombre oratoire.

§ 84. M. Weil voit dans la phrase grecque une suite d'*arsis* et de *thesis* pour ainsi dire logiques, qui alternent et qui produisent l'harmonie et l'unité de la pensée. Quand cette règle du repos des accents est violée, c'est qu'il y avait une règle supérieure qui ramenait cette *arrhythmie* à une harmonie plus élevée [1]. Dans les mots de Lysias : Ἀντιφάνει δὲ οὐδὲν προςήκουσα πιστεύσασα ἔδωκεν εἰς τὴν ἑαυτῆς ταφὴν τρεῖς μνᾶς ἀργυρίου, on peut dire que προςήκουσα et πιστεύσασα, ainsi juxtaposés, forment une espèce de *dochmius*. Car voici comment je raisonnerais : La règle que donnent Denys d'Halicarnasse et Hermogène de ne pas mettre côte à côte des mots du même nombre de syllabes et d'une quantité à peu près identique, est évidemment renversée ; il y a plus : on sait avec quel soin Démosthène évitait le πάρισον, en éloignant les uns des autres des mots qui se ressemblaient trop par le son. Le témoignage d'Hermogène [2] à cet égard est positif. Eh bien ! le πάρισον ici est recherché avec intention. Qu'en conclure ? Évidemment que, pour faire ressortir l'antinomie de la pensée, l'orateur a employé une espèce d'arrhythmie phonique, c'est-à-dire que pour produire un effet virtuel, il a employé des moyens matériels. Voilà précisément où nous différons d'avec M. Weil. Il voit des accents oratoires là où nous ne voyons que des mots d'un nombre de syllabes, d'une quantité, d'un son semblables, juxtaposés, qui peuvent avoir frappé les oreilles des anciens, comme les accents oratoires frapperaient les nôtres. Cela est possible ; mais enfin l'accent oratoire n'a rien à faire dans

---

[1] Weil, *Sur l'ordre des mots*, p. 126.

[2] Hermogenes, Περὶ ἰδεῶν, I, c. xii.

ces deux mots ; il ne leur donne aucun relief, en réprimant, en re-
jetant dans l'ombre les autres parties de la phrase : ils ont la valeur
que leur assignent leur position respective, leur condition matérielle, rien de plus, rien de moins.

Continuons cet examen ; mais ayons soin d'éviter le mot
rhythme qui peut donner le change, parce qu'il tient à la fois de
l'ordre matériel et de l'ordre spirituel, et tenons-nous-en à ceux
d'accent et de quantité qui ont un valeur plus précise. Avons-nous
dans ces *hyperbates* de Platon : Ναὶ μὰ Δί᾽, ἔφη, ὦ Σωκράτης, ὁ Πολέ-
μαρχος, ou, pour nous servir des exemples de M. Weil même : Ὑβριστὴς εἶ, ἔφη, ὦ Σωκράτης, ὁ Ἀγάθων (*Banquet*, p. 175 **E**), une suite
de mots accentués et non accentués, forts et faibles, qui alternent ?
Je crois que non. Évitons l'hyperbate, rétablissons tant soit peu
l'ordre syntaxique : Ὑβριστὴς εἶ, ὦ Σωκράτης, ἔφη ὁ Ἀγάθων. Mais, me
dira-t-on, vous coupez la phrase en deux, le mot ἔφη, nécessairement intercalé dans le discours rapporté, comme l'*inquit* des Romains, n'arrive plus que lorsque ce dernier est fini. Cela est vrai ;
mais alors, pour éviter le solécisme, mettons les mots ἔφη ὁ Ἀγάθων
avant le vocatif. Qu'en résultera-t-il ? La parenthèse sera plus considérable non-seulement que la partie de la phrase qui la précède
(car cela serait fort permis), mais que celle qui suit, ce qui est
ridicule, surtout si elle ne rachète pas son peu d'étendue par une
valeur intrinsèque plus grande Or, on verra dans tous les exemples
d'une hyperbate semblable que cette figure a été amenée par l'ex-
trème brièveté de la phrase, qui, étant coupée en deux par la parenthèse, avait besoin de rétablir son unité, fût-ce même d'une manière
un peu artificielle. Il n'y faut donc pas voir des effets d'accentuation,
mais à la fois une considération d'équilibre prosodique qui nous force
d'insérer la petite phrase dans la grande, et l'intention d'empêcher
la phrase de se décomposer dans ses parties (1. ὑβριστὴς εἶ, 2. ὦ
Σωκράτης, 3. ἔφη ὁ Ἀγάθων).

Nous avouons de même que dans cette phrase : Ὁρᾶτε γὰρ.... οἷ
προελήλυθεν ἀσελγείας ἄνθρωπος, et dans d'autres semblables, nous ne
voyons pas plus d'accent oratoire que dans les exemples déjà cités.
Οἷ est un monosyllabe long, surmonté d'un circonflexe ; nous ne
voyons pas de possibilité de lui conférer encore un autre accent. Si
on le fait, ce ne peut être qu'en remplaçant la manière de lire et de
prononcer des anciens, qui ne nous est connue que très-imparfaite-
ment, par celle des modernes, chez lesquels l'accent syllabique ou
grammatical a, en effet, une valeur moins absolue. Nous irons plus
loin : dans σώματα μὲν ἔχοντες ἀνδρῶν ἥκετε οὐ μεμπτά, le participe

ἔχοντες ne nous paraît guère plus effacé que γνοίης dans la phrase que M. Weil nous donne comme modèle de l'hyperbate[1] : εἰ τὸν διδάσκαλον γνοίης τοῦ χοροῦ, ὅπως ἔχει περὶ μουσικῆς. On pourrait citer des exemples d'hyperbates bien plus frappants, comme celui-ci (Dém., *contra Midiam*, éd. Spalding, p. 93) : Ὧν οἱ μεν τεθνᾶσι, οἱ δὲ ἠτιμημένοι διὰ πολλῷ τούτων εἰσὶν ἐλάττω πράγματα. Eh bien ! εἰσί est une enclitique ; on serait donc disposé à croire que, puisqu'en cette qualité ce mot a un accent extrêmement faible, il serait tout à fait inutile de le cacher au milieu de tant d'autres qui lui sont pour ainsi dire tout à fait étrangers, et de le placer immédiatement avant la clausule, pour rendre sa position plus effacée encore. En effet, dans les langues modernes, dans l'allemand notamment, il suffit de prononcer un mot avec l'accent oratoire pour le faire ressortir entre les autres, comme il suffit de lui ôter cet accent pour le rejeter dans l'ombre. L'inversion peut avoir lieu en même temps, mais elle n'est pas nécessaire. Heyse, dans sa grammaire allemande[2], remarque fort bien que, dans cette phrase si vulgaire : *Er hat meinen Bruder allezeit unterstützt* (il a toujours soutenu mon frère), comme dans une infinité d'autres, il y a autant d'accents oratoires possibles qu'il y a de mots ; ceux-ci ne perdent pas leur accent grammatical à cause de ces pérégrinations de l'accent oratoire, mais ils ne le conservent pas dans la même fraîcheur. Ces six prononciations, qui présentent autant de modifications dans le sens de la phrase entière, ne pourraient être rendues en grec qu'en changeant nonseulement l'ordre des mots, mais encore en partie les mots mêmes. Car les langues anciennes ont précisément ceci de particulier, qu'elles expriment, qu'elles sont forcées d'exprimer chaque nuance de la pensée par un changement visible, palpable, matériel de la forme. Si *er* (sujet) n'avait pas l'accent oratoire, il ne s'exprimerait pas du tout, le verbe le contenant implicitement ; si, au contraire, la voix y appuyait, il équivaudrait à οὑτοσί. Il faudrait de même soutenir chacun des autres mots, s'il venait à renfermer l'idée principale, et par une position plus éclatante dans la phrase, et par les enclitiques γέ, τοί, μήν et autres. Tout cela devient superflu dans les langues modernes, où l'accent oratoire remédie à l'imperfection de la forme par la lumière instantanée dont elle éclaire la phrase. On peut donc dire que si l'accentuation oratoire remplace pour nous la

---

[1] *Ordre des mots*, p. 83.
[2] Heyse, *Deutsche Schulgrammatik*, p. 23.

mobilité et la liberté de construction des anciens, cette liberté, cette mobilité même remplaçait pour eux l'accentuation oratoire.

Dans la phrase de Démosthène que nous avons citée plus haut, ἠτιμημένοι se trouve en tête pour former une antithèse à τεθνᾶσιν. Si le participe eût été suivi immédiatement par εἰσί, la phrase aurait été coupée en deux, et aurait pris une marche analytique. L'orateur se sert donc du verbe auxiliaire comme *liaison*; et pour lui donner la position la plus effacée, il le place au milieu d'une expression attributive dont la dernière partie renferme en même temps la pensée principale de la proposition. Citons un exemple du même genre (*Ibid.*, p. 97) : Διὰ τούτων δ' αὐτὸν τῶν ἀνδρῶν ἀξιοῦν σωθῆναι, où αὐτόν est comme absorbé de la même manière par διὰ τούτων τῶν ἀνδρῶν; le pronom ne perd pour cela ni sa valeur prosodique, ni son accent; mais comme il se trouve encadré entre des expressions d'une plus grande étendue, dont il interrompt l'ordre syntaxique, le besoin qu'éprouve l'esprit de se rendre compte de cet ordre, fait que, par la nature des choses mêmes, la tournure attributive ressort davantage [1]. On pourrait appeler cet effort continuel des anciens d'animer, de spiritualiser la matière, c'est-à-dire d'en faire l'expression adéquate de la pensée même, une *tendance* vers cet accent oratoire, que nos langues modernes seules connaissent dans sa perfection.

---

[1] Dans les langues modernes, un mot peut tantôt être fortement accentué, tantôt descendre presque jusqu'au rang d'un *atonon*. Mais dans les langues anciennes, où la forme, et non la pensée, domine, ce changement soudain n'est devenu possible que pour un petit nombre d'enclitiques. Il est vrai qu'en grec moderne ἵνα est devenu νά, et αὐτός s'est décomposé en αὐτός, *idem*, oxyton fort, et τός enclitique ; mais pour arriver à ce résultat, il a fallu le travail des siècles. Ce qui aurait toujours empêché d'affaiblir l'accent du participe ἔχων, par exemple, ainsi que celui de ἄγων, φέρων, λαβών, ἰών (surtout chez Sophocle), c'est que ces mots, dans des cas infiniment nombreux, ont une *valeur très-marquée*, comme dans ἔχων, ἔχει, *tenens, teneris* (Soph., *OEd. Col.*, v 1075). Thésée veut dire que Créon est tombé dans le piége qu'il a tendu aux autres (cp. *Trach.*, v. 1239). C'est ainsi que αὐτός prend une valeur différente dans l'intervalle d'un vers (*Trach.*, 1221) : Μηδ' ἄλλος ἀνδρῶν τοῖς ἐμοῖς πλευροῖς ὁμοῦ κλιθεῖσαν αὐτήν (faible ἀντὶ σοῦ λάβοι ποτέ · ἀλλ' αὐτός, ὦ παῖ, τοῦτο κήδευσον λέχος. Ce qui relève ici surtout αὐτός, c'est l'interruption de l'ordre syntaxique par le vocatif ὦ παῖ. (Kühner, II, § 865, 5.)

Continuation du même sujet.

Influences prosodiques.

§ 85. M. Weil, dominé à son insu par les idées de M. Becker, foit applicables aux langues modernes, s'est efforcé de les retrouver en grec et en latin. Il les y a retrouvées en effet ; il a rencontré un germe enveloppé encore dans la matière, et il l'a pris pour un principe formé , pour un système accompli. C'est ainsi qu'il croit reconnaître une accentuation âpre dans la finale de cette période de Démosthène (*Ordre des mots*, p. 107) : Οὐ δὴ θαυμαστόν ἐστιν, εἰ στρατευόμενος καὶ πονῶν ἐκεῖνος αὐτὸς καὶ παρὼν ἐφ' ἅπασι, καὶ μηδένα καιρὸν μηδ' ὥραν παραλείπων ἡμῶν μελλόντων καὶ ψηφιζομένων καὶ πυνθανομένων περιγίγνεται. Mettons ici κρατεῖ à la fin , et tout l'effet de cette belle période est perdu. C'est que, s'il y a réellement quelque chose d'âpre dans cette finale, c'est à la valeur prosodique de περιγίγνεται que cela est dû, et non pas à un accent. Qui aurait voulu voir des effets d'accentuation dans cette belle période traitée par Longin, et examinée par nous plus haut, qui se termine par les mots ὥςπερ νέφος? Il y a dans περιγίγνεται un accent, mais celui-ci n'a rien d'extraordinaire, puisqu'il coïncide accidentellement avec la longueur de la syllabe ; l'âpreté est donc amenée par le grand nombre de brèves qui, contre l'habitude, finissent la période, formée elle-même en grande partie de longues.

Nous ne nions pas pour cela que la lecture des auteurs classiques ne nous procure une grande jouissance, quoiqu'elle soit certainement inférieure à celle qu'en éprouvaient les anciens eux-mêmes ; mais cette jouissance est surtout d'une nature bien différente. Les langues anciennes nous ravissent précisément par les points où elles ressemblent aux nôtres, par leur côté *spiritualiste*, c'est-à-dire par le talent merveilleux avec lequel la pensée a su percer l'enveloppe matérielle, devenue pour ainsi dire diaphane. Qui oserait nier qu'il y ait une harmonie pour les idées comme il y en a une pour les formes? Les Grecs savaient, plus que tous les autres peuples, produire l'une en produisant l'autre ; ce sera leur gloire éternelle ; mais ce qui les charmait surtout, c'était une pensée rendue par une belle forme, et ce n'est certes pas faire injure à leur génie que de dire que la beauté de la forme les préoccupait plus que le fond [1]. La délicatesse des anciens dans le choix des mots, des syllabes, dans la combinaison des valeurs prosodiques, était extraordinaire, et nous rencontrons à chaque instant des réflexions chez leurs critiques dont la portée nous échappe. Un des chapitres les plus difficiles d'Hermogène et de Quintilien est celui où ils traitent des finales *suspendues* (*clausulæ pendentes*) [2]. Ce sont celles qui, par le caractère particulier de leur quantité, ne peuvent pas terminer la période, qui ont besoin d'être relevées et soutenues par une nouvelle proposition, jusqu'à ce qu'enfin la pensée aussi bien que la forme s'arrondissent en un tout harmonieux. *Non vult P. R. obsoletis criminibus accusari Verrem*, semble à Quintilien une finale dure; mais comme Cicéron ajoute *nova postulat, inaudita desiderat*, la marche de la période lui semble rétablie (*salvus est cursus*). La proposition : *Ut adeas, tantum dabis*, se termine mal; car sa dernière partie est la fin

---

[1] Qui ne connaît, dans le discours *de la Couronne*, le beau récit où Démosthène peint la frayeur que répandit à Athènes la prise d'Élatée par Philippe? Je l'avais toujours lu avec plaisir; mais ce plaisir devint plus vif encore lorsque Hermogène (lib. II, Περὶ τοῦ γοργοῦ τοῦ λόγου) m'eut appris que Démosthène le commençait par une série de trochées, rhythme très-propre à exprimer des sensations violentes. Ainsi : Ἑσπέρα μὲν γὰρ ἦν | ἧκε δ' ἀγγέλων τις ὡς τοὺς | πρυτάνεις, ὡς Ἐλάτεια κατείληπται. Il est évident que la vivacité de ce rhythme ne peut être sentie par nous autres modernes que si, en faisant abstraction des accents, nous lisons ces périodes à peu près comme nous lirions les vers des anciens. Et dira-t-on encore, comme M. Weil, que, quoique nous lisions les œuvres de l'antiquité avec un accent tout moderne, nous n'en éprouvions pas moins le même plaisir?

[2] Quintilien, IX, c. iv. Hermogène, Περὶ ἰδεῶν, I, c. xii.

d'un trimètre ïambique, mais cet inconvénient n'existe plus dès qu'on continue : *Ut cibum vestitumque intro ferre liceat, tantum;* cette fin ne satisfait pas encore Quintilien ; *præceps adhuc*, dit-il ; il faut que les mots *recusabat nemo* viennent arrondir la période. Sentons-nous bien ce que Quintilien veut dire par ces remarques? et si nous le sentons, sommes-nous en mesure d'éviter les inconvénients qu'il nous signale? Mais Quintilien lui-même avoue son incompétence à donner des régles précises sur ce sujet si délicat. Dans cette période de Cicéron : *Neminem vestrum ignorare arbitror, judices, hunc per hosce dies sermonem vulgi, atque hanc opinionem populi Romani fuisse*, pourquoi, se demande-t-il, *hosce* plutôt que *hos* qui n'aurait pas été dur? pourquoi cette grande extension du second membre de la phrase puisque *sermonem vulgi fuisse* aurait suffi? Tâchons de répondre ici à la première question seulement. *Per* est un mot qui, en latin, n'a pas d'accent; il faut donc le considérer comme faisant partie du mot qui suit. Nous aurions alors un dissyllabe oxyton, espèce de mots qui n'étaient guère familiers aux Romains. Ce n'est pas tout; l'accent grave n'existant pas chez eux, nous aurions deux syllabes accentuées côte à côte, *hós díes,* à moins qu'on ne veuille réunir encore *hos* à *dies.* Mais alors que devient *per?* Englober ces trois mots, dont deux monosyllabes, en un seul, ne parait pas avoir plu à Cicéron; il a donc mis *hósce,* qui tranche la difficulté et rend la marche de la période douce et coulante. Quel sens trouver dans ces tournures si familières à Cicéron et à tous les anciens (*De orat.*, l. II, c. ii, 3) : *carissime frater* ATQUE OPTIME, ou : *ut laudem eorum.... ab oblivione hominum* ATQUE A SILENTIO *vindicarem?* Pourquoi cette marche descendante qui nous promet une idée neuve et plus importante, et qui ne nous donne que des synonymes? Je me trompe fort ou la raison en est purement rhythmique : il faut que la phrase soit pleine et ronde ; en écrivant *carissime atque optime frater, ab oblivione atque a silentio hominum*, le sens reste le même, mais il est moins harmonieusement exprimé. Il n'y a pas jusqu'à *atque* qui n'ait été mis de propos délibéré pour *et*, parce que ce dernier aurait tenu trop peu de place et que les deux membres n'auraient plus gardé une juste proportion. Dans le même chapitre nous trouvons : *Nam si ex scriptis cognosci* ipsi suis *potuissent. Ipsi suis* renferment la pensée principale, et d'après une construction qui est très-fréquente en allemand, ils précèdent immédiatement le verbe qui termine la phrase. Pourquoi alors, dans la ligne suivante, Cicéron abandonne-t-il cette construction pour assigner l'avant-dernière place à un mot d'une valeur intrinsèque moindre : *minus hoc fortasse mihi esse* putassem *laborandum?* Pour rendre la phrase plus une et plus coulante, me répondra t-on; peut-être aussi pour éviter l'uniformité des clausules, qui résulterait de *putassem* mis à la fin de la période. Oui; mais le sens de la phrase est-il pour quelque chose dans tous ces changements? Évidemment non. Nous croirons maintenant Quintilien (lib. VIII, cap. iv) sur parole, quand il nous assure que les mots de Cicéron : *Animadverti, judices, omnem accusatoris orationem in duas divisam esse partes*, ne se distinguent que par une certaine rondeur et par l'élégance d'une rédaction plus simple, mais plus dure (*durum et incomptum*), telle qu'elle aurait pu sortir de la plume de Caton peutêtre : *in duas partes divisam esse*. Il n'y avait, en effet, aucun motif pour faire ressortir *partes*, soutenu et expliqué déjà par *divisam esse,* et si c'était à *duas* qu'on eût voulu donner de l'importance, c'est à lui que revenait la dernière place de la proposition. Il faut bien le dire, les anciens ne s'y trompaient pas, et

Quintilien est le premier à nous signaler une hyperbate qui a pour résultat de donner plus de relief à quelque membre de la phrase : *Ut tibi necesse esset in conspectu populi Romani vomere* POSTRIDIE. Placez ce mot *postridie* ailleurs, ajoute-t-il, et l'élan de la voix, qui se porte vers la fin, l'aurait dépassé, les mots qui l'entourent l'auraient obscurci. Ainsi donc il ne dit pas un mot d'accent oratoire, où il était si naturel de le signaler ; c'est toujours la place, c'est la fin, c'est le commencement de la période, sur lesquels l'attention de l'auteur s'arrête naturellement, qui donnent seuls de la valeur au mot. Cet accent a-t-il besoin de tant de ménagements pour pouvoir éclater? Mais vraiment, s'il n'y en a pas ici, il n'y en a nulle part. Voici maintenant la traduction française : « Qu'il te fût impossible de ne pas vomir [*encore*] *le troisième jour* devant les yeux du peuple romain. » Et cependant l'ordre syntaxique, si puissant dans cette langue, tend à lui faire adopter l'accentuation du dernier mot de la phrase. Les langues modernes les moins libres ont donc une liberté qui manquait aux langues anciennes.

Historique du nombre oratoire.

§ 86. Il y a eu évidemment dans l'histoire du langage une époque où l'art de parler n'était pas encore parvenu à sa perfection ; on s'exprimait aussi clairement, mais d'une manière moins harmonieuse que plus tard. C'est que le nombre oratoire manquait encore (Cicéron (*de Orat.*, III, c. LI) le dit en termes précis : *Illi veteres terna aut bina aut nonnulli singula etiam verba dicebant*), quoique dans ce langage sans culture les germes de l'éloquence fussent déjà contenus[1]. Caton, suivant

---

[1] *In illa infantia naturali illud, quod aures hominum flagitabant, tenebant tamen, ut et illa essent paria, quæ dicerent, et*

Cicéron (*Brutus*, c. XVII), possédait déjà sa langue supérieurement ; il ne lui manquait, pour marcher d'égal avec les meilleurs auteurs, que le nombre oratoire. Il ne savait pas encore ce que le même Cicéron appelle *congmentare* (emboîter) *verba*. En effet, si l'on parcourt les fragments qui nous restent de cette première période, on reconnaît un ordre de mots plus libre sans doute que celui de beaucoup de nos langues modernes, mais moins serré, moins compliqué que celui d'un Démosthène et d'un Thucydide. Telle phrase de Caton ou du *senatus-consultum de Baccanalibus* peut se traduire littéralement en allemand [1]. Cicéron, dans le passage déjà cité de son *Brutus*, nous apprend que les anciens Grecs ont eu un style aussi dénué d'art. En effet, Hérodote, qui sait déjà grouper les idées et réunir les phrases, a encore l'habitude toute naïve de mettre le verbe en tête de la proposition. Chaque page de son ouvrage en peut fournir des exemples (lib. I, c. VIII, XIII, XVII, XXVI, surtout au commencement). Les poëtes tragiques ont conservé d'Homère la charmante tournure analytique : ἔστι νῆσος, etc., qui est si générale dans nos langues modernes. C'est déjà bien autre chose chez Thucydide, comme on peut s'en convaincre par l'exemple d'une phrase d'Hérodote transformée en une phrase de cet historien aux allures si fermes et si sévères [2]. Que faut-il conclure de ces faits ? Évidemment qu'à une époque où l'art de la composition n'existait pas encore, et où l'harmonie produite en prose par des valeurs prosodiques adroitement combi-

---

æqualibus interspirationibus uterentur. Comme on voit, ce sont toujours des termes qui désignent des rapports de quantité.

[1] Bernhardy, *Romische Literaturgeschichte*, p. 257.

[2] Dion. Halic., *de Comp. verb.*, c. IV. Οὐκέτι ἐπαγωγικὸν τὸ πλάσμα οὐδ' ἰστορικόν, ἀλλ' ὀρθὸν μᾶλλον καὶ ἐναγώνιον.

nées n'avait pas encore charmé les oreilles, les anciens
ne s'exprimaient pas moins bien, quoique plus simplement, et sans fausser la pensée, comme fit plus tard
Hégésias, dont M. Weil a analysé avec tant de talent
la syntaxe absurde. L'époque classique tient précisément le milieu entre ces temps où l'on ne voulait que
rendre clairement sa pensée, sans tenir compte du
nombre oratoire, et celui où, pour chatouiller par le
charme de la nouveauté des oreilles blasées déjà sur les
harmonies les plus parfaites, on sacrifiait la pensée dans
l'intérêt d'un nombre artificiel et maniéré.

Le nombre artificiel est-il toujours accompagné d'un style faux ?

§ 87. Le style faux et le nombre maniéré paraissent,
en effet, se confondre souvent, l'inversion dans les mots
produisant naturellement un changement dans le nombre. Cependant on trouvera quelquefois chez les anciens
l'ordre des mots violé en vue seulement d'arriver à une
harmonie de valeurs prosodiques irréprochable, et de
l'autre côté des constructions bonnes en elles-mêmes,
mais qui produisaient alors un rhythme désagréable.
Ainsi, Quintilien[1] blâme Virgile d'avoir écrit (*Æn.*, I,
v. 113) :

Saxa vocant Itali mediis quæ in fluctibus aras,

phrase tellement entortillée, que le sens en devient
inintelligible. Il blâme, pour la construction et pour le
rhythme, les propositions de Mécène : *Inter sacra movit aqua fraxinos,* et celle-ci : *Ne exsequias quidem
unus inter miserrimos viderem meas.* On peut se demander si, par un ordre recherché, on n'aurait pas voulu
produire un grand nombre de brèves (première phr. :

---

[1] Quintil., VIII, c. 11.

———◡◡—◡◡◡—◡—); car en écrivant *aqua sacra inter fraxinos movit*, on pouvait obtenir une finale plus ferme, sauf l'inconvénient de l'hiatus. Mais si le nombre n'était pas élégant, la marche des idées était plus naturelle. Dans la deuxième proposition, on pourrait être tenté de croire que c'est cette finale artificielle (◡——◡—) ' qui a été condamnée par Quintilien. Mais quelques pages plus loin il approuve cette clausule de Cicéron : *Mulierculā nīxŭs īn līttŏrĕ*. Serait-ce la construction seule qui l'aurait choqué, et s'en serait-il pris au nombre par mégarde? Ce serait peut-être l'avis de M. Weil. Nous ne pouvons le partager, car Quintilien condamne aussi : *Sole et aurora rubent plurima*. Il est vrai qu'il y a ici une hyperbate : car il y en a toujours, suivant Quintilien, lorsque le verbe ne termine pas la phrase. Mais y eut-il jamais hyperbate plus simple et plus naturelle? Ne serait-il donc pas permis de mettre *plurima* à la fin de la phrase, surtout lorsque, comme ici, il renferme une pensée importante? Ce qui blessait le goût de Quintilien, c'était donc évidemment le nombre. En effet, nous retrouvons encore la finale ◡——◡◡; mais il paraît que si elle est mauvaise ici, c'est que toutes les longues sont rejetées au commencement de la phrase, laquelle, au lieu de calmer son élan vers la fin, paraît, au contraire, comme arrêtée et suspendue au milieu. — Je ne sais si j'ai deviné Quintilien, mais y eussé-je réussi, quelqu'un oserait-il, muni de ces faibles expériences, prétendre plus ou moins bien écrire la langue de Démosthène et de Platon? Non, le plus savant des hellénistes modernes n'approchera jamais, même de loin, d'une perfection à laquelle les plus grands génies de l'antiquité n'ont atteint qu'au prix

---

' Quintil., IX, c. IV.

des efforts les plus persévérants[1]. Il pourra s'être assez familiarisé avec la langue de ces maîtres de la parole humaine pour les copier et les calquer parfaitement dans quelques tournures, et peut-être même dans des périodes. Mais qui le garantira de laisser échapper à son insu des bévues qui feraient éclater de rire le plus humble pêcheur du Pirée, le dernier des *capite censi* de Rome, s'ils pouvaient les entendre? Non, soyons modestes, et avouons courageusement une impuissance qui ne saurait être pour nous un déshonneur.

Remarques sur l'ordre des mots en latin.

§ 88. On pourrait croire que la langue romaine dut avoir une tendance plus prononcée vers l'accent oratoire que la langue grecque. La vérité est que, dans sa construction, il y a comme des points qui commencent à se fixer. C'est une règle générale que le verbe termine la phrase, excepté lorsque le nombre oratoire ou aussi le sens exigent le contraire. M. Becker[2] remarque avec justesse que les objectifs se suivent à peu près dans le même ordre qu'en allemand; par exemple : *ob eas causas ei munitioni legatum Labienum præfecit,* ou : *hic pagus unus patrum nostrorum memoria Cassium consulem interfecerat,* etc. Il a vu aussi que les pro-

---

[1] Qui ne connaît le *nonum prematur in annum* d'Horace ? Mais qu'on lise le xxv⁰ chapitre de Denys d'Halic., *De compositione verb.,* et on sera peut-être étonné d'apprendre que Démosthène calculait minutieusement l'effet que produiraient les combinaisons différentes des longues, des brèves, des accents (στρέφων ἄνω καὶ κάτω τὰ ὀνόματα), et que Platon même retouchait continuellement ses discours (διαλόγους βοστρυχίζων καὶ κτενίζων), et qu'à sa mort on trouva sous son chevet un manuscrit sur lequel la première phrase de sa *République* était arrangée de plusieurs manières (ποικίλως μετακειμένην).

[2] Becker, *Ausführliche deutsche Grammatik,* II, § 288.

noms précédaient habituellement le verbe : *Hi omnes lingua, institutis, legibus* INTER SE *differunt. Quum suis finibus* EOS *prohibent. Id hoc facilius* EIS *persuasit. Ut per suos fines* EOS *ire paterentur.* C'est la force du verbe qui attire le pronom et le fait descendre presque au rang d'une *proclitique* (comparez la construction des pronoms en français).

On sait que l'ordre descendant a pour effet de montrer les membres différents de la phrase un a un et dans une certaine indépendance. M. Becker, en appliquant ce fait à la position de l'adjectif, a cru trouver que, suivant la loi des langues modernes, les adjectifs qui précédaient le substantif étaient ceux dont il impliquait déjà, pour ainsi dire, l'idée, comme : *tristia bella, grandes cothurni*, auxquels il oppose *res publica, res adversæ, populus Romanus.* Nous ne partageons pas entièrement cette opinion; comme dans les langues modernes, dont l'ordre syntaxique a pourtant acquis une extrême fixité, en latin la place de l'adjectif et du nom dépend souvent surtout des conditions euphoniques et oratoires[1]. M. Becker a observé le premier

---

[1] Malgré une tendance vers l'accent oratoire, le latin n'en obéit pas moins, chaque fois que l'occasion s'en présente, plutôt à des raisons d'euphonie. Si l'on dit : *tristia bella,* on dit aussi *punicum bellum*, et cela dans des passages où il est impossible de penser à une inversion; si *res adversæ* est une expression reçue, l'ordre inverse *adversæ res* n'est rien moins que défendu (Cic., *De off.*, I, c. XXVI). A côté de *vir bonus,* nous trouvons *bono viro et grato* (*De off.*, II, c. XVIII); à côté de *populus Romanus, Romanum bellum* (Tite Live, II, c. XLV), *Romana pax* (Sénèque). Dans la définition de Cicéron : *Pax est tranquilla libertas,* le nom se trouve à la fin pour des raisons purement euphoniques. Mais c'est surtout le χιασμός, si familier aux auteurs latins, où la mobilité d'une forme que la pensée ne saurait entraîner et fixer, devient manifeste. Par exemple (Cic., *Legg.*, I, c. V, VI) : « Ea est enim *naturæ vis, ea mens ratio-*

que les pronoms possessifs suivaient d'habitude le nom auquel ils se rapportaient, et ne le précédaient que lorsqu'ils renfermaient l'idée principale : MEA *causa,* TUA *causa; ne* SUÆ *virtuti tribueret,* etc. Nous nous contenterons d'ajouter à ces remarques, qui aujourd'hui ne sont plus neuves, un cas où le verbe n'occupe presque jamais la dernière place de la proposition. C'est lorsque ce verbe est le verbe substantif *esse* lui-même; dans le style historique, on le met habituellement en tête de la phrase : ERANT *autem itinera duo;* ERAT *omnino in Italia legio una.* Mais ordinairement on s'efforce de lui assigner une place obscure au milieu de la phrase; chaque page de Cicéron peut en fournir des exemples (*de Orat.,* II, c. x) : *nam si qua* EST *ars alia,* (*ib.,* c. xi) *cum abs te* EST *Popilia, mater vestra, laudata,* etc., et avec une hyperbate, qu'il serait difficile de justifier par le principe logique (*ib.,* II, c. xc) : *Id autem committere, vide quam* SIT HOMINI TURPE CENSORIO.

CONCLUSION ET RÉSUMÉ.

§ 89. Mais, malgré une mobilité moins grande que le grec dans l'ordre des mots et la presque immobilité des accents, la langue latine ne paraît pas avoir connu l'accent oratoire proprement dit, ou si elle l'a connu, il était encore tellement faible qu'il a échappé aux recherches de Cicéron et de Quintilien. Tous les passages qu'on pourrait citer sont évidemment relatifs à l'accent pathétique, qui peint les mouvements de l'âme, et non

---

que prudentis, ea juris atque injuriæ regula. » Cic., *De orat.,* III, c. xxii : « Ut mihi non solum *orator summus,* sed etiam *sapientissimus homo* viderere. » Cp. *ibid.,* II, c. ix : *Quis cohortari,* etc., et une infinité d'autres passages. — Diez, *Grammatik der roman. Sprachen,* III, p. 414, 415.

pas celui de la pensée. C'est ainsi que Foster [1] se trompe en prenant pour des préceptes concernant l'accent oratoire les mots de Quintilien par lesquels il recommande aux jeunes gens de bien lire et de bien réciter les poëtes : *Quo loco versum debeat distinguere, ubi claudatur sensus, unde incipiat; quando* ATTOLLENDA, *vel* SUMMITTENDA *sit vox;* où il est évidemment question des accents ordinaires, si difficiles à observer pour les Romains (*adhuc difficilior observatio est per tenores,* Quint.). C'est, au contraire, l'accent pathétique qu'il désigne dans ce qui suit : *quid quoque flexu, quid lentius, celerius, concitatius, lenius dicendum, demonstrari nisi in opere ipso non potest.* C'est de cet accent que traite Cicéron, *de Orat.,* III, c. LVII–LX, où il parle des inflexions différentes de la voix, suivant qu'il s'agit d'exprimer la colère ou la pitié et la tristesse, ou la crainte, ou le plaisir et la joie. Il n'y a pas jusqu'au τονάριον de Gracchus [2] qui n'ait servi à gouverner le mouvement de la voix en général, et non pas à distinguer les idées principales des idées subordonnées. Les termes dans lesquels Cicéron en parle (*qui inflaret celeriter eum sonum, quo illum aut remissum excitaret, aut a contentione revocaret*) en feraient foi, si la nature des choses ne nous forçait pas d'avouer qu'une flûte ne saurait jamais servir à indiquer le mouvement de la pensée.

Les anciens, sans doute, n'ont pas approfondi toute chose; mais ils ont signalé à notre attention tout ce qui s'offrait à leur sens si délié, à leur jugement naturellement si droit. Ils n'ont pas découvert les mobiles secrets de la construction; le contraste de l'analyse et de la synthèse dans les langues leur étant inconnu, mais

---

[1] Foster, *An essay on accent and quantity*, p. 12, 13.
[2] Cic., *De orat.,* III, c. LX. Quintil., I, c. V.

ils sentaient la différence entre l'ὀρθότης et le πλαγια-
σμός [1]. Comment croire qu'ils eussent négligé de nous
parler de cet effort de la voix, au moyen duquel nous
marquons nos accents oratoires? Rien ne condamne
mieux le système, qui, non content d'attribuer des
accents oratoires aux langues anciennes, voudrait y
faire prédominer ces accents sur la quantité prosodique,
que ce silence si unanime des anciens eux-mêmes.

CHAPITRE II.

LANGUES MODERNES.

Ordre syntaxique et accent oratoire.

Principes.

§ 90. La différence de l'ordre des mots dans les langues anciennes et les langues modernes a occupé beaucoup de bons esprits du siècle dernier, et l'on peut
dire qu'ils ont réussi à en saisir les points saillants. De
Brosses [2] traduit ainsi ce passage d'Horace : *Durum, sed
levius fit patientia, quidquid corrigere est nefas.* « Tout
ce qui est sans remède est cruel, mais la patience
l'adoucit. » « Les idées, continue-t-il, sont rangées
dans le latin selon l'ordre qui a frappé l'esprit; la plus
vive est la première, *durum;* celle qui affecte le plus
promptement ensuite est l'adoucissement cherché à
l'affliction, *levius*, puis le moyen d'obtenir cet adoucissement, *patientia*. Ce n'est qu'après que l'esprit a
marqué ainsi les principaux objets dont il est frappé,
qu'il ajoute les autres mots qui ont fait naître ces affec-
tions. Le français suit *l'ordre de l'intelligence*, mais le

---

[1] Hermogène, *De formis orationis*, lib. I, c. III.
[2] *Traité de la formation mécanique des langues*, I, p. 70.

latin *suit l'ordre du sentiment et des mouvements du cœur.* » Il est impossible de mieux exposer le caractère qui distingue la construction des deux langues. Hâtons-nous d'en montrer la raison. Les langues anciennes reproduisent moins ce qu'on a appelé l'ordre des idées que l'ordre des choses et des impressions qu'en ressent l'imagination des hommes, et comme cet accord entre les choses et les mots a dû être rendu palpable pour devenir intelligible, les langues anciennes ont imaginé de l'exprimer en ajoutant une terminaison semblable ou pareille à tous les membres de la phrase réunis par le rapport syntaxique[1]. C'est ainsi que Hartung a fort bien remarqué que la phrase *Caju-s es-t stultu-s* veut dire *Caju-lui, être-lui, sot-lui,* l'*s* ou le *t* de la terminaison étant le reste de l'ancien pronom de la troisième personne *sa* ou *ta*. Il en résulte que les anciens connaissaient bien les rapports syntaxiques et leur signe extérieur, la flexion, mais non pas l'ordre syntaxique proprement dit. Il a existé pourtant, mais seulement en germe. S'il n'eût pas existé, il aurait été permis de placer les mots en grec et en latin arbitrairement; la plus audacieuse hyperbate, l'enclise la plus entortillée n'aurait mérité aucun blâme. Les entraves imposées à la liberté de la construction des langues anciennes peuvent donc être considérées comme le point de départ de l'ordre syntaxique. Car tel est l'accord des lois de notre raison avec l'ordre même des choses en dehors de nous, que si nous observons bien cet ordre, nous ne pouvons pas ne pas observer ces lois. Il n'y a donc jamais eu chez les anciens disconvenance entre l'ordre des choses ou de leurs impressions sur l'esprit humain, et l'ordre syntaxique, qui n'existait pas encore.

Si donc l'ordre des impressions chez les anciens était

____

[1] Pott, II, p. 614.

comme le calque de l'ordre des choses mêmes, et si la raison et la langue s'y conformaient fidèlement, qu'est-ce que c'est que cet ordre syntaxique qui vient se mettre à travers de l'ordre naturel? Ou nous nous trompons fort, ou il nous représente la loi *a priori* de la pensée humaine qui, en effet, n'est rien moins qu'identique avec l'ordre de nos impressions. L'ordre de la pensée ou l'ordre analytique est de choisir d'abord l'objet dont on veut énoncer quelque chose; c'est le sujet de la phrase. En énoncer quelque chose, c'est l'unir à un verbe. Ce dernier, à son tour, peut se décomposer en deux parties, l'affirmation proprement dite, qui s'exprime par le verbe substantif, et l'attribut. Les déterminants de l'attribut sont les adverbes. Tous, sujet, verbe, attribut, adverbes ainsi réunis, peuvent avoir un objet sur lequel porte leur action, ce sera un régime, etc. L'ordre de la pensée, comme celui de toute science, est d'aller du plus simple au plus composé, et toujours en ligne droite. Telle est du moins la construction française, qui peut être considérée comme un modèle de la construction analytique. Cette construction n'est cependant pas uniforme chez tous les peuples modernes, mais tous s'en sont approchés à des distances inégales.

Si nous demandons ensuite comment il a pu arriver que cet ordre dominât dans nos langues modernes, il est évident que la perte des terminaisons y est pour beaucoup; car c'étaient elles qui rendaient l'ordre naturel possible, sans qu'il en résultât d'inconvénient pour la clarté de la pensée. Mais à mesure que le développement logique de la langue tendit à remplacer les valeurs prosodiques par des effets virtuels, que les mots eux-mêmes cessèrent d'être les reflets des choses, pour devenir de simples signes dont on aurait pu convenir au besoin, à mesure que le rapport intime qui

unissait la forme et la pensée se fût rompu, la première n'eut plus la force de subsister par elle-même ;
elle se trouva comme frappée d'impuissance, et elle
eût besoin que l'esprit coordonnât d'une manière conforme à ses lois ces débris de mots, et en refît une langue dans un système nouveau. Qu'on me dise, par
exemple, la signification du mot anglais *remember*. Est-
ce l'impératif que vous voulez dire, me répondra-t-on,
ou bien l'infinitif? est-ce la première personne singulier
présent, est-ce une des trois personnes du pluriel?
Cette forme indéterminée en elle-même reçoit toute sa
valeur de son entourage et de la place qu'elle occupe;
et c'est là la loi saillante de nos langues modernes.

En un mot, s'il nous est permis de nous servir des
termes de la philosophie du siècle, le langage des anciens était tout *objectif*, c'est à-dire qu'il reflétait nécessairement et involontairement les choses de dehors
d'une manière toute matérielle; le nôtre est *subjectif*,
c'est-à-dire que nous plions l'ordre naturel aux lois de
notre pensée. Chez eux la langue développait l'esprit
et faisait, pour ainsi dire, son éducation ; chez nous
c'est l'esprit qui forme la langue; chez eux la forme
enveloppait souvent l'idée ¹ ou ne l'énonçait que d'une
manière peu précise et peu nette, parce qu'elle parlait
plus à l'imagination qu'à la pensée; chez nous la pensée
se voit très souvent forcée de suppléer à l'impuissance
de la forme par un effort virtuel qui lui est propre, par
l'accent.

On se tromperait en effet si l'on croyait que nous

---

¹ Voyez la note de Hermann, *Ad Vig.*, p. 891 : *Denique poetæ
Græci, maximeque tragici satis habentes, ut notiones omnes, quibus
opus est afferantur, sæpe nihil curant, utrum sic jungantur, ut par
est, an prorsus confundantur ac permutentur.* Eur., *Herc. fur.*,
v. 398.

sommes devenus incapables de ressentir aussi vivement,
ou presque aussi vivement, les impressions qui nous
viennent, soit de nos sens, soit de nos idées, que les
anciens eux-mêmes ; seulement, avant de se traduire
en paroles, elles subissent l'action analytique de la ré-
flexion, qui leur impose l'ordre dans lequel notre raison a l'habitude d'envisager les choses. Mais si elle a
pu soumettre la forme extérieure des mots, et inventer
l'ordre syntaxique, elle n'a pu, elle n'a pas voulu, pour
cela, supprimer cet effet instantané de l'impression
qui éclate dans l'*accent oratoire*. Celui-ci éclate d'autant plus, que la forme devient plus immobile et plus
insensible. C'est ainsi qu'il est impossible d'exprimer
de deux manières en allemand cette phrase incidente :
lorsque la mer gronde; car l'ordre des mots dans cette
sorte de phrases est rigoureusement fixé. Que ce soit
l'idée de la mer ou du bruit des vagues qu'on veuille
faire ressortir, la construction est nécessairement la
même. Il faut donc avoir recours à l'accent oratoire.
Les langues anciennes n'ont pas besoin de cet effort,
leur forme mobile calquant la pensée avec une exactitude parfaite : ἡ δὲ θάλαττα ὅταν βρέμῃ, *mare quum
æstuat.* Il faudrait vraiment plaindre la langue française,
si elle ne pouvait rendre l'antithèse contenue dans cette
phrase : « ce n'est pas le *jeune* Horace, dont nous déplo-
rons le sort, notre pitié est excitée par les malheurs du
vieil Horace[1]. » La langue grecque se passe de cet effort
de la voix et ne s'en exprime pas moins bien : τοῦ
νεωτέρου μὲν οὖκ, τοῦ πρεσβυτέρου δὲ Ὁρατίου οἰκτείρομεν τὴν
τύχην. C'est que l'ordre des mots et les particules anti-
thétiques μέν et δέ lui tiennent lieu d'accent oratoire.

M. Weil [1] a démontré avec un talent remarquable, que la véritable supériorité des langues anciennes était dans la continuité de la forme, représentant ainsi d'une manière toute sensible la marche pour ainsi dire fatale de nos sensations. Il reproche aux langues modernes, et notamment au français, *le décousu* de l'expression. Il se hâte cependant d'ajouter, que si les phrases grecques et latines forment une chaîne, dont les anneaux s'entrelacent, les phrases françaises sont comparables à un collier de perles uni seulement par le fil de la pensée. Or, si M. Weil prétend dire par là, que l'ordre syntaxique en français est très-conforme à la marche de la pensée même, qu'elle en est, on peut dire, l'image fidèle, et qu'elle doit à cette propriété, d'être devenue comme la mesure de toutes les autres langues analytiques, nous partageons son avis. Nous le partageons encore, quand il nous prouve que la langue française n'aime pas à interrompre par l'effort de l'accent oratoire la régularité d'une accentuation ascendante toujours en harmonie avec la construction descendante; nous enchérirons même sur ce qu'il a dit à cet égard (page 94), et nous croyons que c'est en partie pour placer toujours le dernier le mot qui doit recevoir l'accent principal, qu'elle fait un si fréquent usage de la tournure analytique : *c'est....* Le sujet, par exemple, est, par la position qu'il occupe dans la phrase, peu propre à recevoir l'accent principal. Il le pourrait cependant ; si, je suppose, on discutait pour savoir quel est le plus grand vice, et que plusieurs opinions étant émises, quelqu'un s'écriât : « Non, *l'ingratitude* est le plus grand des vices; » le mot *ingratitude* aurait évidemment l'accent oratoire ; il l'aurait

---

[1] Weil, *Ordre des mots*, p 39-43.

même d'une manière toute particulière[1], il l'aurait sur
la *première* syllabe, fait qui prouve jusqu'à l'évidence,
que l'accent syllabique et l'accent oratoire ne se confondent pas en français. Eh bien ! je crois qu'à moins de
vouloir s'exprimer avec une grande énergie, on aurait
préféré dire : *non, c'est l'ingratitude qui*, etc. Moyennant cet artifice, le français obtient deux phrases, dans
la première desquelles le mot qu'il a voulu distinguer est naturellement en lumière. C'est par ce fait
aussi que s'explique l'ordre des mots dans les phrases
suivantes : *Les ennemis*, nous les avons *battus;* et surtout dans l'interrogation : *Votre père*, est-il *revenu?*
Mais si partant de là, on venait à refuser l'accent oratoire à la langue française, et qu'on prétendît que
la pensée, pour passer d'une phrase à une autre, eût
besoin de se recueillir, de faire, pour ainsi dire, in-
térieurement et mentalement le sommaire de ce qui a
été dit, avant de saisir ce qui va suivre, nous croyons
être en mesure de contester une telle assertion. Choisissons un des exemples proposés par M. Weil, et
voyons si, par un effet instantané de l'accent oratoire,
la clarté ne se répand pas sur toute la période.

« Ce n'est point en effet *l'argent et l'or* qui procurent
une *vie commode,* c'est le *génie.* Un peuple qui n'aurait que *ces métaux* serait *très-misérable;* un peuple
qui, *sans ces métaux,* mettrait heureusement en œuvre
toutes les productions de la terre, serait *véritablement*
le peuple *riche. La France a cet avantage,* avec *beaucoup plus d'espèces* qu'il n'en faut pour la circulation. »

---

[1] Scoppa, I, p. 309, 310, reconnaît cet accent dans *séntiment,*
inconstant, pérfide, et dans les mots italiens : *séntimento, pérfidis-
simo, inconstante.* Il admet ces variations seulement pour l'accent
oratoire, et ajoute exprès : « L'accent grammatical reste toujours à
la même place que la nature lui a assignée. »

Nous disons que ces phrases sont parfaitement liées entre elles et forment un tout harmonieux ; que c'est, en effet, la pensée qui les unit, mais la pensée soutenue par le sentiment de la *force relative* des idées, laquelle éclate dans les accents oratoires tantôt plus forts et tantôt plus faibles. Ainsi, dans la première phrase, il y a deux accents principaux qui éclairent ses deux membres, *l'argent et l'or* et *génie;* encore ce dernier est-il plus fort. Un accent plus faible se trouve au milieu : *vie commode.* La symétrie des idées se répète maintenant sur une plus large échelle : *ces métaux* répond à *l'argent et l'or, très-misérable* à *commode.* La troisième phrase répond surtout à la seconde partie de la première. Par l'accent : *sans ces métaux,* elle présente un contraste très-fort avec *ne... que ces métaux;* par *productions de la terre,* elle répond à *génie;* par *riche,* à la fois à *misérable* et à *vie commode,* accent que la pensée supplée une seconde fois après *génie :* « C'est le génie *qui rend la vie commode.* » La dernière phrase résume toutes celles qui précèdent ; les mots *cet avantage* reproduisant brièvement l'idée : *mettre heureusement en œuvre toutes les productions de la terre,* et les mots *beaucoup plus d'espèces* répondant à *l'argent et l'or, ces métaux,* etc. Dans l'intérêt de la concision, l'ordre de ces deux membres de la quatrième phrase se trouve interverti (c'est le χιασμός); mais toute la lumière tombe sur le sujet : la *France.* C'est qu'en effet la phrase applique ici à un cas spécial l'idée exprimée dans la première. Les mots *cet avantage* ont un accent moins fort que *la France* et plus fort que *beaucoup plus d'espèces,* etc. ; de sorte que nous avons ici, si nous ne nous trompons, un exemple de la construction descendante réunie à l'accentuation descendante; et, loin de produire un effet désagréable, on pourrait dire que la conclusion de la pensée a amené une chute douce et harmonieuse de la période, si l'on peut appeler période un ensemble de phrases réunies par une seule idée.

Eh bien, toute cette analyse, qui tient tant de place sur le papier, la pensée l'a faite dans un instant; ce qu'un auteur grec aurait atteint par la continuité plus serrée de la forme, l'auteur moderne l'obtient par l'heureuse distribution d'accents forts et d'accents faibles qui se répondent. Ici la suite des idées figurées matériellement, ici leur force et leur faiblesse indiquées par un symbole virtuel. Les mots non accentués sont proprement ce que M. Weil appelle le remplissage, les mots vides du discours, mais dans les langues modernes seulement; dans les langues anciennes, où tout se révèle par la forme, leur rôle est trop important pour qu'on puisse les traiter si légèrement. Les langues anciennes en cela sont comparables à une belle mosaïque, qu'il faut examiner dans ses moindres détails pour admirer l'art avec lequel elle est composée; tandis que les langues modernes ressemblent plutôt à un beau paysage qu'il faut voir d'en haut pour en embrasser l'ensemble. Dans leurs périodes, il y a souvent défaut d'ordre, et comme des abîmes entre les mots; des inégalités, des détails choquants qui se perdent dans le tout, ou même quelquefois le font paraître plus harmonieux. A ne juger que par la forme, nos langues sont évidemment inférieures aux anciennes; mais l'esprit, qui vivifie la forme, est bien aussi quelque chose; sans cela le sanscrit serait préférable au grec. Nous sommes moins naïfs, moins naturels, moins poétiques peut-être; mais nous sommes plus clairs avec autant de profondeur; nous avons surtout plus de largeur dans les vues. Cette finesse que les anciens apportaient dans le détail de la forme, nous en faisons preuve dans l'analyse du sentiment, dans nos aperçus si délicats sur l'âme humaine.

Qu'on essaye de traduire dans la langue d'Homère et
de Platon les ouvrages de Byron, les romans de Gœthe;
qu'on essaye d'y traduire seulement cette phrase de
Bernardin de Saint-Pierre : « La *solitude* ramène en
partie l'homme au *bonheur naturel*, en éloignant de
lui le *malheur social.* » Il importe peu, après cela, que
nous ne puissions reproduire la forme antique dans sa
perfection; il nous suffit de nous en approprier la pensée. Les mots de Platon : Ὑπὸ μὲν οὖν τὴν ἰατρικὴν ἡ ὀψο-
ποιϊκὴ δέδυκεν [1], sont parfaitement rendus par la phrase
française : La *cuisine* s'est glissée sous la médecine,
pourvu qu'on donne au sujet son accent oratoire. Ce
vers d'Homère : Τὸν δ'ἀπαμειβόμενος προσέφη πολύμητις Ὀδυσ-
σεύς, ne peut se traduire littéralement. Sans doute, mais
si l'on s'obstinait, ce qui, je le répète, dans nos langues
modernes a moins de valeur, parce qu'elles parlent
moins à l'imagination, qu'à l'esprit, si l'on s'obstinait à
vouloir faire la transition de l'orateur qui a parlé à celui
qui va parler, est-ce qu'on ne pourrait pas dire : *A ces*
paroles répondit le prudent Ulysse? C'est ainsi que nous
pouvons plus souvent qu'on ne pense remplacer en
français une nuance de la forme par un effet virtuel.
Quand Aristote, pour définir la tragédie, se sert de la
construction descendante [2] : Ἔστιν οὖν τραγῳδία μίμησις
πράξεως σπουδαίας καὶ τελείας, et que plus tard, cette définition étant connue, il renverse l'ordre des mots,
quand il la rappelle : Κεῖται δ'ἡμῖν τὴν τραγῳδίαν τελείας καὶ
ὅλης πράξεως εἶναι μίμησιν, nous emploirions, pour rendre
cette phrase, la première fois, les accents oratoires sur
la première syllabe des mots, nous dirions : La tragédie
est donc l'*imitation* d'une action *sérieuse* et *complète*;
la seconde fois nous retirerions les accents oratoires et

---

[1] Weil, *Ordre des mots*, p. 42.
[2] Weil, *Ordre des mots*, p. 75.

nous laisserions les accents grammaticaux reprendre leur empire.

Nous le répétons, il est impossible qu'une langue reproduise entièrement, jusque dans les moindres nuances, la forme d'une autre ; pour y parvenir il faudrait qu'elle s'identifiât avec elle : mais ce que toute langue peut, ce que la langue française peut autant qu'une autre, mieux qu'une autre, c'est exprimer toutes les pensées, toutes les idées, quel que soit l'idiome dans lequel elles se soient produites. Elle leur donne même plus de clarté et de précision. Aussi le français peut être considéré comme une pierre de touche pour apprécier la valeur intrinsèque des ouvrages des autres peuples ; puisque par la nature de sa syntaxe, ce que ces derniers peuvent avoir de bon y ressort vivement, et que ce qu'ils cachent de faux, d'extravagant et d'absurde s'y montre dans sa véritable lumière.

LANGUE ANGLAISE.

§ 91. Il faut le dire, le besoin de clarté est si grand dans la langue française, que l'accent oratoire, avec sa liberté illimitée, ne lui suffit pas toujours, et que, comme nous l'avons remarqué plus haut, elle préfère souvent doubler le nombre des propositions, de peur de laisser un doute dans l'esprit du lecteur. La langue française, malgré la forte influence qu'y a exercée un jour le principe germanique, est une langue méridionale, et le respect qu'elle a encore aujourd'hui pour la forme est extrême. Le discernement de M. Weil ne s'y est pas trompé, et il a fort bien remarqué que le français s'efforce de donner à chaque membre de la phrase une forme d'autant plus développée qu'il y tient une place plus importante. Si les langues anciennes excellaient à donner une âme à la forme, la langue française, au contraire, ne sait pas sans peine donner à sa pensée une forme qui lui soit appropriée, et lorsqu'elle y réussit, ce n'est que pour devenir plus analytique et plus matérielle à la fois. Toutes les langues modernes ne procèdent pas de même, et il y en a, qui pour donner plus d'importance au mot essentiel, au lieu de grossir son volume par des épithètes ou d'autres appendices, aimeront mieux écraser davantage les mots moins essentiels, espèce de *remplissage* de la proposition. Dans la langue anglaise notamment l'accent oratoire est arrivé à une telle prépondérance, que dans les mots d'origine saxonne, il a fini par exterminer l'accent syllabique, précisément parce que celui-ci avait rendu presque tous ces mots monosyllabes, ainsi : *find*, all. *finden*, trouver; *burn*, all. *brennen*, brûler; *month*, *months* : all. *monat, monate*, mois, etc. Alors le contraste entre la terminaison, et la racine qui seule était restée debout, ayant cessé, les mots se subordonnaient désormais les uns aux autres, d'après la force ou la faiblesse relative de l'idée qu'ils contenaient, et de l'accent qui exprimait cette idée. Dans *ne'er, o'er = never, over*, nous reconnaissons seulement le principe qui déjà en latin a pu faire que *Davum, navem*, se prononçaient comme des monosyllabes ; mais dans : *I'll go* pour *I will go, I'd have* pour *I would have, I've done* pour *I have done, I can't* pour *I cannot, I wo'nt* pour *I would not*, c'est l'accent du verbe qui rabaisse et supprime à moitié l'auxiliaire ou la négation. De même l'accent oratoire a effacé le pronom et le verbe auxiliaire dans des phrases incidentes, comme : *When gone (when* HE WAS *gone), we all regarded each other with confusion* (Vicar of Wakef., chap. XIII) ; qu'il efface si fréquemment la conjonction *that* et les pronoms relatifs, *which, whom, that*, même *who*, entre la phrase principale et la phrase incidente, par exemple *the man I see* (l'homme *que* je vois) = *the man* WHOM *I see*, et qu'il arrive à exprimer l'unité de la pensée aussi fortement et bien plus clairement, pour nous du moins, que l'attraction ne pouvait le faire pour les anciens. C'est l'excès de l'analyse dans la partie étymologique de sa grammaire qui a amené forcément pour la langue anglaise une synthèse nouvelle, à laquelle ne manquent ni la vigueur, ni la clarté, ni même une certaine mobilité[1]. Ce n'est certes pas d'un manque d'unité, qu'on accusera des phrases comme celle-ci (Vicar of Wakef., chap. 11) : *They gazed at themselves in the glass; which even philosophers might own presented the page of greatest beauty*, ou bien *the physician, whose son I recommended you to*. C'est au mépris de la forme, c'est à l'affranchissement entier de la pensée, qu'il faut attribuer les nombreuses ellipses de cette langue, l'usage de plus en plus général des formes intransitives pour des verbes réfléchis (*to submit* pour *to submit one's self, to turn, to dress, to get*[2]); l'emploi hardi du passif pour le pronom indéfini *on* (*we were told, we were shown into a chamber*), enfin les combinaisons plus hardies, plus synthétiques encore : *his being afflicted by a heavy disease, a never-heard-of calamity*, etc., faits qui rappellent heureusement les plus grandes libertés du langage des anciens, et qui ont été amenés chez eux par la mobilité des formes, et chez les Anglais par l'énergie, la rapidité de la pensée.

LANGUE FRANÇAISE.

Accent et quantité.

§ 92. La langue française à l'époque de sa formation a ressenti autant que les autres langues modernes l'in-

---

[1] Voyez les règles sur l'emploi des pronoms relatifs et du rang syntaxique des prépositions et adverbes dans la grammaire de M. Spiers.

[2] Voyez la liste dans la grammaire de Churchill.

fluence délétère de l'accent sur la forme. Les syllabes qui suivaient la syllabe accentuée tombèrent; par exemple : *eurent = habuerunt, aimons = amamus*, *imáge = imáginem, húmble = húmilis, froid = frigi-dus, roide = rígidus*, etc. [1]. L'accent se portant ainsi dans la majorité des mots latins sur la dernière, ou dans les terminaisons féminines sur l'avant-dernière, l'oreille s'habitua à regarder ces syllabes comme celles sur lesquelles la voix devait s'appuyer naturellement. Une foule d'accentuations anormales naquirent ainsi, amenées par la fausse analogie de la grande majorité des mots, par exemple : *facile = fácilis, habile = há-bilis, catholique, musique = cathólicus, música*, de même *rigide, fragile, utile*, à côté de *roide, frêle* et de l'ancien *utle*, formes plus anciennes et plus conformes au principe du développement organique de la langue.

Mais ce mouvement étant une fois accompli, l'action de l'accent sur la forme s'arrêta; sa prépondérance fut moins sensible que dans les langues du Nord. La langue s'immobilisa. La raison en est manifeste. Et d'abord, l'accent étant généralement sur la dernière, devait se faire entendre de moins en moins dans le langage ordinaire, l'accent du mot précédent étant toujours émoussé par le mouvement ascendant du mot qui suivait. C'est ainsi qu'on en est venu aujourd'hui à douter même de l'existence d'une accentuation dans la langue française. D'un autre côté, le contraste entre l'idée principale et subordonnée, représenté dans le mot par celui de la racine et de la terminaison, s'étant effacé par là perte de ces dernières, on pourrait croire que cette circonstance eût dû donner un grand élan au dé-veloppement de l'accent oratoire. Il n'en est rien. Dans les langues du Nord, où l'accent, dès les premiers

---

[1] *Diez Grammat. der roman. Sprachen*, I, p. 121.

temps, s'est toujours fixé, s'est toujours maintenu sur la syllabe radicale, où celle-ci a gardé par conséquent jusqu'à nos jours même une certaine fraîcheur, et a conservé le lien mystérieux qui unit l'idée primitive au mot primitif; dans ces langues, il est vrai, l'action de l'accent ne s'est pas arrêtée un instant, parce qu'elle y est toujours restée l'expression à la fois virtuelle et *adéquate* de la pensée. Mais dans les langues du Midi, où l'abstraction n'a jamais pu prendre de fortes racines, où de bonne heure les influences prosodiques ont acquis une influence prédominante, où l'accent long-temps n'a été que l'expression de ces valeurs, et non pas de l'idée même, le principe virtuel, malgré la déchéance du principe de la quantité, n'est jamais arrivé à être le maître absolu de la langue, comme dans les idiomes du Nord. L'idée, ne s'attachant pas avec force à une syllabe, mais planant incertaine sur plusieurs, donne une valeur presque égale à toutes, et dans *comment* (vulg. quelquefois *c'ment*), *voilà* (vulg. *vlà*), *horreur, abominable, tromblon*, le retranchement de la syllabe moins accentuée, loin de nous conduire à une idée générale qui embrasserait un grand nombre de dérivés, ne nous laisserait la plupart du temps qu'une misérable terminaison. Car le principe du dernier déterminant est passé des langues anciennes dans les langues modernes, et même les formations toutes récentes du futur et du conditionnel en portent l'empreinte (*je louer-ai, je louer-ais, avrai, avr-ébbe*, etc.). L'accent, en français, ne marquant pas le siége de l'idée principale, a dû perdre de sa valeur dans une langue si profondément philosophique et qui, plus qu'aucune autre, sentait le besoin de bien faire ressortir la pensée par la forme. Comme elle ne pouvait le faire d'emblée par l'accent, elle rebroussa chemin, pour ainsi dire, vers la loi plus matérielle des anciens, et consacra le prin-

cipe, que M. Weil a si bien démontré, que le membre
de la phrase le plus important par la pensée soit aussi
le plus étendu par la forme. On ne s'étonnera plus
maintenant de voir quelquefois l'accent oratoire amor-
tir en français [1] l'accent syllabique, de sa nature si faible,
et on ne comparera pas cette licence, si licence il y a,
à cette licence plus grande de la langue allemande,
dans cet hexamètre déjà cité, où l'accent syllabique
est un peu effacé par la *thesis* :

> *Wer mit Muth ausdauert, der kömmt an* [2].

Opposition entre la langue anglaise et la langue française.

§ 93. Il y a donc évidemment une opposition assez
prononcée entre les langues du Nord et les langues méridionales, et notamment entre le français et l'anglais.
Dans le français, comme dans toutes les langues modernes, l'accent a vaincu la quantité, mais la victoire
n'a pas été complète. La quantité tenait une trop grande
place dans le latin pour qu'elle ait pu entièrement suc-
comber dans les idiomes modernes nés de cette langue.
C'est pourquoi le français, privé d'une accentuation assez
énergique, a dû s'efforcer de tout éclaircir par la parole, et il est quelquefois arrivé à faire tellement passer
sa pensée dans le style, par exemple, dans les ouvrages
de Voltaire, que des esprits superficiels y ont cru voir
une surface sans profondeur. Dans ce travail, le français a été aidé, il faut en convenir, par l'héritage que
le latin lui a laissé, et dont l'empire de l'accent n'a pas
pu le priver entièrement : par une conjugaison qui ne
manque pas d'éléments synthétiques, par le subjonctif
qui lui est resté en grande partie, par la distinction
entre les genres, par le rapport encore matériellement
exprimé entre le substantif et son adjectif, fût-il attri-

---

[1] Voyez p. 240 et 241.

[2] « Celui qui persévère courageusement atteint son but. »

but (*ma mère est* BONNE comparé à *meine Mutter ist* GUT), par l'accord dans certains cas toujours possible, toujours exigé du participe passé avec le nom auquel il se rapporte (*la lettre que j'ai* ÉCRITE, *litteras quas habeo* SCRIPTAS). Ces restes d'un organisme qui n'est plus, ont rendu possible au français une analyse plus complète, sans qu'elle en paraisse trop morcelée : tandis que les langues du Nord, pour ne pas trop nuire à l'unité de la pensée, ont eu recours à une synthèse nouvelle. Elles placent, par exemple, toujours l'adjectif devant le substantif, en allemand même l'objectif devant la partie attributive du verbe. Mais c'est l'anglais surtout qui est arrivé à un degré de spiritualisme et d'abstraction dont les autres langues indo-européennes ne fournissent pas d'exemples. Les cas, les genres, le subjonctif, l'accord du substantif et de l'adjectif [1], en très-grande partie la conjugaison même, ne

---

[1] L'accord de l'adjectif avec son nom ne s'exprime en allemand que lorsque l'adjectif est épithète. C'est qu'alors il est sous l'influence immédiate du substantif, et il subit une espèce d'attraction. Mais lorsqu'il est attribut, il acquiert une plus grande indépendance à cause de son plus grand éloignement. Il n'est plus envisagé alors simultanément avec son substantif. La langue française et toutes les langues méridionales sont restées ici plus fidèles aux anciennes traditions, et se sont pour ainsi dire moins détachées de la forme extérieure. Mais c'est, ici comme partout, que l'anglais a poussé l'analyse le plus loin ; car on sait que même l'adjectif épithète ne s'y accorde plus, au pluriel, avec son substantif. En effet, est-ce que l'idée de l'adjectif change le moins du monde lorsque je dis *un grand homme* ou *des grands hommes ?* Nullement. L'idée de l'homme au singulier frappe l'imagination autrement que cette même idée au pluriel. Mais l'idée de grandeur, qui y est attachée, reste la même. Dans le substantif il y a une différence de *quantité numérique.* Eh bien, pour qu'une différence semblable se fasse sentir dans l'adjectif, il faut avoir recours au comparatif et au superlatif, qui sont proprement la déclinaison de l'adjectif, le premier figurant un duel, et le second un pluriel.

sont plus exprimés par des terminaisons, mais par des mots indépendants; pour les cas il a les prépositions, pour les genres les pronoms personnels (*a beggar* and *a she-beggar*), pour le subjonctif les verbes auxiliaires, *may*, *can*, etc. Si l'on considère en même temps que des formes telles que *I'm coming, we've told* pourraient plus tard fournir les éléments d'une nouvelle conjugaison synthétique analogue à celle des anciens, dont nous avons peine à découvrir la forme et la valeur primordiale; on ne peut s'empêcher de supposer que la flexion en grec, en latin et en sanscrit, a été aussi précédée d'une époque où les mots ne recevaient leur signification que de l'ordre dans lequel ils se suivaient, ne se sont réunis et n'ont pris des formes organiques que dans un temps relativement postérieur. Alors on pourrait dire que la marche des langues tourne dans un cercle et que leur étude philosophique ne sert qu'à nous montrer comment le développement logique de l'esprit dans sa forme extérieure, la parole, aboutit juste au point d'où était parti, guidé par un instinct vague et sûr à la fois, le langage humain à son origine.

Les langues méridionales modernes ont-elles gardé quelque chose de la liberté de la construction des langues anciennes?

Nous pourrions terminer ici cet examen, si nous croyions avoir suffisamment justifié le principe de l'ordre syntaxique, dans lequel nous avons reconnu la marche de la pensée même.

Il est incontestable que si ce principe était absolu, le même ordre syntaxique devrait prévaloir dans toutes les langues; mais heureusement il n'en est pas ainsi, et si toutes en sont dominées, toutes aussi en dévient plus ou moins, suivant les influences rhythmiques si diverses qu'elles n'ont pas cessé de subir. Le français, qui certainement nous représente l'expression la plus fidèle de l'ordre syntaxique, conserve cependant, dans la manière dont il traite les pronoms personnels *atona*, et par la place qu'il leur assigne à cause de leur exiguité même [1], des traces de l'ordre ascendant, ou plutôt du nombre oratoire, qui régnait encore en latin. Dans la place qu'occupe l'adjectif épithète, on reconnait les mêmes traces. Il est évident, malgré la différence de signification amenée par une différence d'ordre syntaxique dans quelques adjectifs (par exemple : *un homme honnête, un honnête homme ; un grand homme, un homme grand; une chose certaine, une certaine chose*), que, dans des cas très-nombreux, les influences rhythmiques, qui veulent que le mot plus court soit suivi du mot plus long, prédominent ; par exemple : *une horrible catastrophe, un mal horrible*. Mais comme, de l'autre côté, l'inversion est permise, il est difficile de décider s'il vaut mieux dire *une émotion douce*, ou *une douce émotion*, et en italien : *vergogna eterna*, ou *eterna vergogna*. Les langues néo-latines ont ici comme un reste de la liberté de construction des langues anciennes. L'italien, surtout, s'est tenu le plus près de son modèle, le latin [2]. On dit dans cette langue, sans que le sens en soit le moins du monde affecté [3] : *i primi dieci libri*, ou *i dieci primi libri; la donna che veduta aveva*, ou *aveva veduta; poichè arrivato era*, ou *era arrivato; udire non volle* et *non volle udire; tu convin-*

---

[1] L'allemand ne distingue les pronoms personnels *atona* et ὀρθοτονούμενα que par l'accent, à la seule exception du neutre *es*, qui, quand on veut le faire ressortir davantage, devient : *dies*.

[2] Les poëtes italiens du xiiie siècle ont été le plus loin dans cette imitation du latin. C'est ainsi que Pannuccio dit : *Non manca a di si gran valenza signoria provvedenza*, pour : *Non manca provvedenza a signoria di si gran valenza*. Diez, *Grammatik der romanischen Sprachen*, III, p. 411.

[3] Diez, *Grammat. der roman. Spr.*, III, p. 415.

cer dei et *tu dei convincer.* De même : *bello assai* et *assai bello, presto molto* et *molto presto, lo vedo* ou *vedolo*, *narrò loro* et *loro narrò, l'amico mio* et *il mio amico.* La plupart de ces libertés se reproduisent en espagnol, en portugais, en valaque, et le provençal en a conservé de nombreuses traces[1]. Ce n'est pas que nous prétendions soutenir que des tournures comme *l'amico mio* et *il mio amico* soient absolument identiques et ne puissent exprimer dans certains cas une légère nuance, non de la pensée même, mais de la forme de la pensée. Mais qui oserait dire que si les langues modernes, dont l'ordre syntaxique est d'une nature si stable, peuvent placer leurs mots quelquefois presque arbitrairement, qui oserait dire que les langues anciennes aient toujours voulu exprimer des nuances de la pensée, et non pas souvent produire des effets simplement rhythmiques, par tel ou tel arrangement de leurs phrases?

CONSTRUCTION ALLEMANDE.

§ 94. Si, pour produire ces effets, les langues modernes se sont souvent réservé une certaine liberté, d'autres ont tout sacrifié pour les atteindre, même la clarté et la précision de la pensée. Nous citerons la langue allemande, qui au fond a adopté l'ordre syntaxique si prédominant en français; et dans cette phrase : *Die Romer überwanden den Pyrrhus mit Mühe* (les Romains vainquirent Pyrrhus avec peine), l'ordre des mots est aussi logique qu'il pourrait l'être. Mais c'est déjà bien autre chose dans ces formes de la conjugaison : *geschlagen werden* (être battu), *geschlagen worden sein* (avoir été battu), *ich bin gelobt worden* (j'ai été loué), qui répondent bien moins au français : *être battu, avoir été battu, j'ai été loué,* qu'au latin : *amatum esse, ama-*

---

[1] Diez, *ib.*, III, p. 418, 421.

tum iri, amatus sum, amatus eram, etc. Le verbe auxiliaire n'a plus que la valeur d'une terminaison ; l'expression en est devenue plus synthétique, plus conforme aux lois du rhythme, mais aussi moins claire. Les élèves éprouvent une aussi grande difficulté à apprendre et surtout à comprendre les temps composés : *ich würde gelobt worden sein* (j'aurais été loué), *ich würde gesagt haben* (j'aurais dit), que les flexions si variées des langues anciennes. C'est bien autre chose dans la construction de la phrase : elle est analytique, comme nous venons de voir, lorsque le verbe est simple ; elle l'est déjà bien moins lorsque le verbe est composé. On sait que, dans ce cas, la partie attributive du verbe est rejetée à la fin de la phrase, tandis que la copule suit immédiatement le sujet : *Die Athener haben die Perser zu wiederholten Malen geschlagen* (les Athéniens ont battu les Perses à plusieurs reprises). C'est, en vérité, cette place de la copule qui maintient en équilibre les deux grandes parties de la proposition directe, qu'on a peut-être mal à propos comparée à une équation algébrique. Mais il faut considérer en même temps que si, dans les langues anciennes, où les désinences existent dans leur plénitude, il était permis de reléguer le verbe à la fin de la phrase, quoiqu'il en constitue pour ainsi dire le centre, il n'en est pas de même dans les langues modernes. où nous ne pouvons rendre notre pensée qu'au moyen de l'ordre syntaxique. Ne pas mettre le verbe, ou au moins sa partie caractéristique, celle qui exprime l'idée de l'action, du mouvement même, *la copule,* immédiatement après le sujet, c'est détruire la phrase, c'est proférer des mots incohérents qui manquent de leur lien naturel, le verbe. Dans ce besoin de réunir par une synthèse de la pensée certains des membres de la phrase morcelés par l'analyse, la langue allemande est plus rigoureuse que la française, dont elle ne pourrait rendre le mouvement dans ces mots : *Du haut de ces pyramides quarante siècles vous contemplent!* Cette loi est si absolue, que si tout autre mot que le sujet, par exemple, un adverbe, se place en tête de la phrase, le sujet, au lieu de précéder le verbe, le suit, afin que la liaison syntaxique, qui unit le verbe et l'adverbe, ne soit pas troublée. Le français suit cette loi, moins souvent que le provençal ; mais enfin il la suit, après *peut-être, à peine, au moins, toujours, en vain*, et d'autres adverbes : *peut-être viendra-t-il, aussi le veut-il*[1], etc. En italien et surtout en espagnol, le besoin de rejeter le sujet après le verbe se fait sentir plus vivement; ainsi : *Una noche sentió Anselmo*, etc. ; *con gran deseo quedó el caballero*, etc.

Mais si l'allemand reconnaît la nécessité de donner à la *copule* le second rang de la phrase, il ne la fait pas suivre de la partie attributive du verbe, quand il y a un ou plusieurs compléments, comme font le français et d'autres langues modernes ; alors il préfère l'enclavement[2], pour produire l'unité rhythmique de la phrase entière, c'est-à-dire qu'il place tous les compléments entre la copule d'un côté, et la partie attributive du verbe, de l'autre. Ce serait évidemment un grand avantage pour l'allemand, que de réunir à l'analyse des modernes la faculté des combinaisons synthétiques permises aux langues anciennes, si ces combinaisons n'étaient pas devenues *stables*. Mais quoiqu'il en soit, la phrase allemande ayant une partie du verbe au commencement et une autre à la fin, forme plutôt un cercle (*orbis*, περίοδος), tandis que dans les autres langues modernes, le français notamment, la pensée suit comme une ligne directe. La phrase allemande commence de la même manière, mais vers sa fin

---

[1] Diez, *Grammat. d. roman. Sprachen*, III, p. 428.
[2] Voyez sur le sens de ce mot Weil, *Ordre des mots*, p. 81.

elle se recourbe un peu, et, sans devenir tout à fait un cercle, tâche de rejoindre son point de départ.

Sur la place de la copule en allemand.

§ 95. On a vu que la place de la copule après le sujet, sans exprimer l'égalité des deux membres de la phrase, les tient néanmoins en équilibre, si celle-ci est *directe,* c'est-à-dire si elle énonce purement et simplement. Or il est évident que cet équilibre est rompu dès que la phrase, de directe, devient, soit *inverse,* soit interrogative ou impérative[1]. Si la copule, tout insignifiante qu'elle paraisse, contient l'essence du verbe même, et que ce soit elle qui anime et fasse vivre la phrase entière, plus elle ressortira, plus la phrase sera énergique; plus sa position sera effacée, plus la phrase sera faible. Or, *la phrase directe tient le milieu entre la phrase inverse, d'un côté, et les phrases interrogative et impérative, de l'autre.* La place de la copule variera donc dans les trois. Dans la phrase inverse, comme elle ne constitue qu'une partie de la phrase directe, et qu'en prenant un développement trop large et trop analytique, l'unité de la phrase péricliterait, la langue allemande, pour lui imprimer le caractère de la dépendance, a imaginé de lui donner la forme la plus rapide, la plus serrée, la plus succincte, en plaçant le verbe à la fin et la copule après le verbe. La pensée arrive ainsi d'un seul bond au point principal, au complément ou à la partie attributive du verbe. En effet : *ein Feind, welcher gänzlich besiegt ist* (un ennemi qui est entièrement vaincu) ne dit pas beaucoup plus que : *ein gänzlich besiegter Feind* (un ennemi entièrement vaincu). La copule n'y a donc plus que la valeur d'une terminaison (comparez plus haut *geschlagen worden sein*), et comme telle, elle

---

[1] Becker, *Organism der Sprache;* Frankfurt, 1827, p. 323.

17

est souvent retranchée ; par exemple : *Nachdem wir die Feinde besiegt*, sous-entendu *hatten*, etc.

Dans les phrases impératives et interrogatives, au contraire, l'importance de la copule grandit, et elle se place en tête, dans les premières, pour marquer la nécessité ; dans les secondes, pour exprimer une réalité encore problématique. Il est vrai que, lorsque le verbe n'est pas composé, cette importance de la copule peut paraître douteuse, et on peut s'imaginer alors que l'interrogation est de force à renverser entièrement l'harmonie de la phrase en n'en présentant plus qu'un seul membre au lieu de deux, le second étant contenu dans la réponse qu'on attend ou qu'on n'attend pas. Mais la syntaxe de la langue anglaise ne permet pas ce subterfuge, et si, en allemand, l'impératif ne se décompose jamais et revêt toujours la forme la plus simple et la plus courte du verbe, il n'en est pas de même en anglais, langue qui peut toujours résoudre le verbe en sa partie attributive et sa partie fondamentale ou absolue, celle de l'existence ou du mouvement, exprimée par le verbe auxiliaire ou la copule (*I do write, I am writing ; I do sleep, I am sleeping ; I do do, I am doing*). Cette analyse est de rigueur lorsque le verbe, et, par conséquent aussi, lorsque l'impératif est accompagné d'une négation, ainsi : *Do not write, do not sleep.*

JUGEMENT SUR LA LANGUE ALLEMANDE.

En quoi elle diffère de la langue française.

§ 96. Nous avons vu que la langue allemande, entre toutes les langues indo-germaniques, était celle qui restait le plus au-dessous du type d'analyse moderne si complétement réalisé en français. C'est qu'en effet elle occupe une position intermédiaire entre les langues analytiques et les langues synthétiques. Aux premières, elle emprunte la décomposition du verbe dans la conjugai-

son, les conjonctions de tout genre au lieu des cas abso-
lus, l'accent oratoire, qui tantôt accompagne, tantôt
remplace l'inversion; elle va même plus loin que ces
langues en substituant à toutes les constructions partici-
pales des phrases incidentes, etc. Elle se rapproche, de
l'autre côté, des langues anciennes par les nombreuses
désinences de la conjugaison, et surtout de la déclinaison, peu euphoniques, à la vérité, mais qui lui permettent d'user fréquemment de l'inversion, par sa construction plus rapide et ascendante, par la fermeté de
son accent syllabique, que rehausse encore la faiblesse
des terminaisons, et qui est comme un simulacre de
quantité prosodique, par une grande richesse d'affixes
et de suffixes formatifs, etc., etc. Le caractère de la langue allemande est le besoin de se rapprocher des nouvelles tendances de l'esprit humain sans jamais pouvoir
s'arracher aux anciennes habitudes, aux anciennes traditions; elle est ainsi devenue plus propre qu'aucune
autre langue à comprendre, à sentir les qualités distinc-
tives, la fibre intime de chacun de ces deux mondes,
dont elle est, pour ainsi dire, le lien. La littérature allemande est moins productive que reproductive; elle a
fourni les meilleures traductions de tous les chefs-d'œuvres prosaïques et poétiques; ces traductions sont si fidèles, et à la fois si conformes au génie allemand, génie
très-flexible et un peu indécis, qu'elles pourraient nous
donner la mesure des ouvrages originaux s'ils venaient
à se perdre. Grâce à sa condition presque flottante, elle
est arrivée à une espèce d'universalité pour ainsi dire
subjective; en s'appropriant le génie de toutes les langues, l'allemand se venge du peu de faveur qu'il trouve
jusqu'à présent dans les pays étrangers. Le français jouit
au contraire d'une universalité *objective*; peu propre, à
cause de sa fixité et de sa précision extrême, à traduire
les autres langues, ou, en les traduisant, à en reproduire

plutôt la forme que la pensée, il est redevable surtout
à la logique imperturbable de son ordre syntaxique,
d'être devenu la langue de tous les peuples. Les Allemands, en revanche, sont le peuple à toute langue. C'est
encore là une opposition curieuse et frappante entre la
langue française et une de ses sœurs modernes.

CHAPITRE III.

LA *THESIS* CHEZ LES ANCIENS ET CHEZ LES MODERNES.

Sur la *thesis* dans la poésie des anciens.

§ 97. Dans la poésie des anciens, où la quantité prosodique dominait si exclusivement, la *thesis* devait chercher dans celle-ci son principal appui ; la *thesis* était la
longue, l'*arsis* la brève. Pourtant cela n'est pas absolu ;
ces rapports sont souvent ou paraissent renversés : par
exemple, lorsqu'un système d'anapestes est coupé par
des dactyles. Mais ces exceptions ne font pas la règle ;
elles ne servent qu'à animer le rhythme, dont une régularité monotone fatiguerait l'oreille. Mais pour qu'on
n'allât pas jusqu'à identifier la *thesis* métrique avec la
quantité prosodique, nous sommes convenus que le
signe extérieur, auquel on la reconnaissait, était ce
coup, cet effort de la voix, qu'aujourd'hui nous remar-
quons dans nos accents. Chaque fois que la *thesis*
coïncide avec une longue, ce coup de la voix se fond
presque avec la durée de la syllabe ; mais lorsque c'est
une brève qui se présente inopinément, la voix, qui
s'était baissée dans l'*arsis*, s'élève comme si elle allait
s'appuyer sur une longue, et ne la trouvant pas, lui
donne au moins, comme signe de son passage, une prononciation plus énergique.

C'est ce qui nous explique pourquoi, à une époque

où la langue abondait encore en brèves, le cadre de
l'hexamètre étant donné, l'art, à son berceau, se servait souvent de la *thesis* pour compléter des dactyles,
qui, sans elle, restaient des ïambes ou des tribraques,
comme dans les exemples assez fréquents d'Homère :
Ἐπειδὴ τὸ πρῶτον, φίλε κασίγνητε, et surtout dans les mots
qui commencent par trois brèves : ἀθάνατος, ἀπάλαμος,
ἀπονέεσθαι[1]. Les consonnes liquides par l'effet de cette
prononciation plus énergique se redoublaient et allon-
geaient ainsi artificiellement des syllabes brèves de nature : ἀγκῶνι νύξας, ἄνδρας δὲ λίσσεσθαι, πεδία λωτεῦντα.
La ponctuation et la césure, en amenant un repos de
voix, permettaient aussi quelquefois à des trochées de
passer pour des dactyles. Mais en admettant que, dans
tous ces cas, la *thesis* puisse excuser le défaut du vers,
il restera toujours un certain nombre d'exemples dans
lesquels son influence ne saurait être pour rien ; ceux,
par exemple, où il manque la seconde brève de l'*arsis*,
ce qui arrive surtout très-fréquemment lorsque la première a pour voyelle un ἰῶτα : par exemple, ὑποδεξίη,
ἰστίη, Ἰφίτου, μάντιος ἀλαοῦ, etc., etc.[2]. Il ne faut pas
essayer de corriger ces passages trop nombreux ; il faut
y reconnaître des imperfections qu'un art plus moderne
a évitées, sans pouvoir atteindre à la gloire du plus
grand des poëtes.

Il est vrai que des hellénistes mal inspirés ont voulu
attribuer une partie de ces libertés poétiques à l'influence de l'accent. Ils pensent que si, dans ἄληκτος,
ἔλαβεν, l'antépénultième était quelquefois longue, c'est
parce que ces mots sont proparoxytons. M. Spitzner[3]
leur répond fort bien qu'il sera toujours préférable de

---

[1] Thiersch, *Griechische Schulgrammatik*, p. 129.
[2] *Id., ibid.*, p. 130.
[3] *Griech. Prosodik*, p. 11.

redoubler la liquide (ἄλληκτος, ἔλλαϐεν), tant qu'on n'aura
pas trouvé des formes comme ἔδακεν, ἄκαιρος, ayant leur
première syllabe longue par l'effet de l'accent.

Les anciens grecs connaissaient fort bien les faiblesses
de leur poëte favori ; Eustathe, un de ses critiques les
plus récents, en est encore choqué, lorsqu'il arrive à ce
vers :

Βῆν εἰς Αἰόλου κλυτὰ δώματα · τὸν δ' ἐκίχανον.

Il l'appelle πρόκλαστος et σφηκώδης, il lui reproche une
λαγαρότης, un relâchement, auquel l'accent aigu serait
destiné en partie à remédier (θεραπεία). Il faut entendre
cette expression d'Eustathe dans ce sens que l'accent en
rendant le son de la liquide plus perçant, la redouble
presque, et cache ainsi *en partie* la défectuosité du vers.
C'est ainsi que dans ce vers de l'*Iliade* (π[1], v. 145)[2] :

Ἵππους δ' Αὐτομέδοντα θοῶς ζευγνυμεν ἄνωγεν,

il faut lire ζευγνύμμεν. La finale αἰόλον ὄφιν, si ὄφιν ne se
prononçait pas anciennement ὄπφιν, ce qui serait fort
possible (ὄφις de ὄπτω, comme δράκων de δέρκω ; cp. du reste
Ἀτθίς pour Ἀττίς, et ἀπφῦς pour ἀππῦς), doit être regar-
dée comme nous fournissant un des rares exemples
d'un hexamètre μείουρος [3].

Si la *thesis* supplée ainsi par sa force virtuelle à
l'insuffisance des valeurs prosodiques, sa faiblesse permet quelquefois à ces dernières d'occuper une plus
grande place que la nature du mètre ne le comportait.
Nous voulons parler des spondées irrationnels dans les
dispodies ïambiques et trochaïques (voyez l'Introduction). C'est le principe d'une unité supérieure, à laquelle la rhythmique sacrifie ici l'exactitude du détail,

---

[1] Foster, *An essay on accent and quantity*, p. 266.
[2] Hermann , *Elem. doctrinæ metricæ* , p. 57.
[3] *Id., ibid.*, p 354.

chez les Romains surtout, qui n'avaient plus au même
degré le sentiment de la quantité prosodique. Ils ne re-
connaissaient plus dans un *senarius* ou *trochaicus quadratus*, les petites unités, les dipodies, mais seulement
la grande, le vers entier, l'hexapodie ou l'octapodie,
et n'exigeaient rigoureusement le trochée qu'au septième pied, et l'ïambe qu'au cinquième. Il ne faudrait
pas croire qu'ils se fussent permis pour cela de remplacer par des spondées tous les autres pieds du vers à
la fois (ils pouvaient en remplacer la plupart); seulement le rang des pieds de *supplément*, comme diraient
le père Sacchi et Scoppa, était devenu indifférent.

CHAPITRE IV.

LA *THESIS* MODERNE.

Origine.

§ 98. En cherchant une unité qui ramasse et concentre
fortement les parties d'un vers, les langues oublièrent
de plus en plus d'en soigner les détails. Elles s'efforçaient d'en reproduire plus ou moins vaguement l'*ensemble,* et c'est cette tendance, qui nous conduit insen-
siblement du principe ancien au principe moderne
Dans les vers grecs, ce n'était pas le tout qui détermi
nait les parties; c'étaient les parties, qui comme elles
avaient une valeur absolue par leur quantité prosodique, se combinaient à un tout harmonieux. Le rhythme
du vers n'étant autre chose que cette combinaison, terminer le vers c'était interrompre le fil des syllabes à
valeurs prosodiques absolues, pour donner à la dernière une valeur relative (*syllaba anceps, hiatus*). Dans
les langues modernes, où les syllabes qui composent le
vers ont presque toutes une valeur relative et variable,
terminer le vers c'est donner à sa dernière syllabe une

valeur absolue et invariable. Nous voulons parler de la *rime*, véritable *thesis*, rendue plus sensible par l'identité du son matériel. Le vers des anciens est composé d'éléments matériellement appréciables, qui portent leur harmonie en eux-mêmes ; cette harmonie est partout, dans chaque point, dans chaque détail du vers. Le mètre s'est *organisé* et s'est *spiritualisé* dans le *rhythme*. Chez les modernes le vers est composé d'éléments appréciables seulement par l'idée et dépourvus de toute harmonie qui leur soit inhérente : il cherche donc et il trouve son unité dans la rime ; elle est le moyen *matériel*, par lequel les mots, ces valeurs toutes *logiques*, arrivent à l'harmonie. Nous voilà encore une fois arrivés à ce résultat si remarquable, que la marche des langues est circulaire, et qu'après avoir atteint à un certain point de leur développement, elles retournent fatalement à leur point de départ.

Tâchons d'expliquer par quelques détails, ce qu'il pourrait y avoir d'obscur dans cette théorie. Le *senarius*, le *trochaicus quadratus*, qui ne formaient plus qu'une seule unité, admettaient le spondée irrationnel[1] dans tous les pieds. C'est beaucoup déjà. Mais c'est bien peu à côté des libertés que se permettent les langues modernes. Dans celles-ci le trochée, par exemple, remplace l'ïambe, surtout aux pieds impairs[2] ; bien plus, ce pied de supplément repoussé d'une commune voix par tous les anciens (ὁ τροχαῖος ἀντιπαθεῖ τῷ ἰάμϐῳ) donne un charme particulier à notre vers moderne, en lui imprimant un mouvement plus vigoureux :

Dīe ŏf a rose in aromatic pain. (Pope.)

Ce trochée, il est vrai, n'en est un qu'à demi ; car il a sa

---

[1] Le spondée s'appelle *irrationnel* parce que, avec ses quatre temps, il remplace un ïambe, qui n'en contient que trois.

[2] Foster, *An essay on accent and quantity*, p. 30.

thesis sur la brève et se figure ainsi ‑ύ. Une longue légèrement déprimée par cette *thesis* et une brève, qu'elle rélève avec discrétion, voilà ce qui fait la beauté du vers. Les anciens, nous le savons déjà, n'admettaient pas une *thesis* tout à fait indépendante des valeurs prosodiques, et l'ïambe ‑ύ ou bien le trochée ύ répugnaient au génie de leurs langues, où dominait le principe plus matériel de la quantité. Il est vrai, qu'ils admettaient le dactyle pour l'anapeste avec la *thesis* sur la seconde brève ; mais il ne faut pas oublier que la voix commence déjà à monter sur la première, que par conséquent ce sont ainsi deux brèves qui sont opposées à une longue. Aller dans le même vers du trochée à l'ïambe, de l'ïambe au trochée, c'est en effet renverser tout rhythme, tel que les anciens le concevaient ; c'est renverser le pied métrique, c'est ne laisser debout qu'un ensemble vague, une sorte de *mouvement ïambique* ou *trochaïque*[1].

Mais avant d'en arriver là, il a fallu que dans les langues il ne fût plus resté trace de l'ancienne quantité. A l'époque où les premiers signes de décadence se manifestèrent sans que l'accent eût pris entièrement le dessus, un poëte latin, Commodianus[2], que quelques-uns mettent dans le iiie, d'autres dans le ve siècle, pouvait faire ces vers :

> *Sāturnusque senex, sĭ dĕus, quando senescit ?*

ou bien :

> *Nec dĭvinus erat, sed dĕum sēsĕ dĭcēbat.*

---

[1] Pour les anciens, qui saisissaient si bien les nuances de quantité, remplacer l'iambe par le spondée, c'était donner au vers une très-grande force ; pour nos sens plus émoussés, il faut un effet plus violent ; car la différence entre l'ïambe et le spondée ne frapperaient pas suffisamment notre oreille.

[2] James Harris, *Philological inquiries*, p. 75.

Voici surtout un distique, qui est très-curieux :

> *Tot reum criminibus parricidam quóque futurum*
> *Ex aŭctŏrĭtātē vestra cŏntŭlistis in altum.*

Un pas plus loin, et l'oreille offensée de ce chaos de syllabes, qui finissent par avoir pour elle une même valeur prosodique, cherche et trouve un appui plus sûr dans la rime :

> *Si sol splendescat Maria purificante,*
> *Major erit glacies post festum, quam fuit ante.*

Cette rime, on la trouve surtout au milieu des vers :

> Corpora *sanctorum* recubant hic terna *magorum*
> Ex his *sublatum* nihil est alibive *locatum*.
>
> (Épitaphe des trois mages de Cologne.)

Ces rimes ont cependant des précédents dans les meilleurs auteurs classiques [1], par exemple dans l'*Énéide* :

> *Trajicit : i*, verbis *virtutem* illude superbis.

dans Homère :

> Ἐκ γὰρ Κρητάων γένος εὔχομαι εὐρειάων.

Mais il faut hésiter d'autant plus à n'y voir que des effets prémédités, que dans les temps classiques on n'accordait pas assez d'influence à l'accent dans la lecture des vers, pour que la rime ait pu être complète ; la *thesis* dans le vers latin tombant la première fois sur la dernière syllabe (*verbis*) et la seconde fois sur l'avant-dernière (*supérbis*). Il en est de même du vers d'Homère.

La langue grecque perdit bien plus tard le sentiment de sa quantité prosodique. Tzetzès, l'auteur des *Chiliades*, qui sont écrites en vers *politiques*, était le premier à déplorer cet envahissement de la langue par la bar-

---

[1] Munk, *Metrik*, p. 18.

barie; car il appréciait et au besoin maniait avec un certain talent la langue classique[1]. Seulement, comme il était arrivé aux poëtes latins de la décadence, tels que Prudence et Ausone, de laisser échapper des fautes de quantité, comme *īdŏlum* et *ērĕmus*[2], de même Tzetzès dans un de ses meilleurs poëmes se sert du monosyllabe τί comme d'une longue :

(μούσης ἀγυρτίδος),
Ἢ τὴν ποδῶν εὔρυθμον οὐ τηρεῖ βάσιν.
Καὶ τί γὰρ ἄν τις τεχνικῷ γράφοι μέτρῳ ;

L'accent oratoire, qui donne toujours une force particulière à ce pronom interrogatif, l'a trompé, et Foster a tort de vouloir corriger cette erreur. La quantité est entièrement remplacée par l'accent dans ces trochées, qui sont une véritable parodie des beaux hexamètres d'Homère :

Τὴν ὀργὴν ἆδε καὶ λέγε,
Ὦ Θεά μου, Καλλιόπη,
Τοῦ Πηλείδου Ἀχιλλέως,
Πῶς ἐγένετ' ὀλεθρία, etc.

Nous voyons que des syllabes fortes et des syllabes faibles ont remplacé les longues et les brèves ; nous voyons aussi dans le premier vers un trochée remplacé (ἆδε καί) par un ïambe. Chose singulière, la distance qui sépare les longues des brèves, parait moindre que celle qui existe entre les syllabes fortes et les syllabes faibles ; car ordinairement dans les syllabes fortes l'accent se réunit à la longueur, et écrase ainsi d'un double poids le reste du mot dépourvu d'accent et, jusqu'à un certain point, de quantité.

---

[1] Foster, p. 113 sqq.

[2] Diez, 1, p. 122.

Syllabes fortes et syllabes faibles.

§ 99. A quoi attribuer ce résultat ? Évidemment à l.
valeur relative des syllabes fortes et des syllabes faibles.
L'accent et la *thesis* peuvent donner à la syllabe qu'ils
frappent, une force qui dépasse de plus du double celle
de la syllabe voisine non accentuée. Dans *pâtre, faible,
père,* dans *schlafen,* dormir, *sagen,* dire, il y a une plus
grande inégalité de rapports prosodiques entre les deux
syllabes qui composent le mot, que dans πόντος, *cānus, mā-
trem,* etc. Mais cette inégalité n'a rien d'absolu. La *thesis*
qui tomberait sur une syllabe faible de nature, la relèverait
un peu en déprimant imperceptiblement la syllabe forte
voisine, comme cela aurait lieu dans un vers ïambique
qui commencerait par un trochée ; l'équilibre se réta-
blirait d'autant plus facilement que la *thesis* et l'accent
se révèlent dans les langues modernes de la même manière, par un coup, une tension de la voix. Une autre
circonstance contribue à rendre encore moins précise
la distinction entre les syllabes fortes et faibles. Il y a
dans nos idiomes une foule de mots qui sans être dépourvus de toute valeur intrinsèque , ne renferment
pas une idée principale : ces mots pourront être considérés comme syllabes faibles (ils sont surtout monosyllabes), si un mot qui renferme une idée plus forte
se trouve à côté ; comme syllabes fortes, si le mot voisin contient une idée plus faible. La force et la faiblesse
des syllabes résidant ainsi dans la force et la faiblesse
des idées, le même mot peut subir dans son accentuation des modifications importantes, suivant que la pensée appuie davantage sur tel ou tel de ses membres. En
allemand, par exemple, *erhóeren* (exaucer) et *verhóeren*
(interroger) ont tous les deux l'accent sur la pénultième. Mais si le sens venait à exiger qu'on mît en
opposition les préfixes, ce serait eux qui auraient l'ac-

cent le plus fort, par exemple : *ERrhòeren*, *nicht VERhòeren sollt ihr uns.* (Exaucez-nous, ne nous interrogez pas).

POÉSIE DES LANGUES MÉRIDIONALES.

Italien.

§ 100. Encore parlons-nous ici des langues du nord, où l'accent est resté attaché au radical. Elles sont naturellement plus capables d'avoir une poésie expressive, que les langues méridionales, qui ont un sentiment bien plus vif du nombre des syllabes et de l'arrangement harmonieux des sons : une ou deux *thesis* bien fortes qui s'accordent avec les accents y suffisent pour rétablir l'équilibre interrompu par des accents syllabiques, contraires au mouvement métrique du vers. Qui contesterait par exemple à l'italien un accent assez incisif; accent qu'il doit à la conservation de ses désinences? *Canto*, *l'armi* sont des trochées très-prononcés. Eh bien, le Tasse qui a écrit toute sa *Gierusalemme liberata*, en stances de huit vers (*verso endecasillabo*), au mouvement ïambique, mouvement suffisamment dessiné dans ce vers :

> *Che' l gran sepólcro liberó di Christo,*

la commence par ces deux trochées, que je viens de citer :

> *Canto l' armi pietóse e' l capitáno.*

Le mouvement est même dactylique dans ce vers :

> *Succhi amari ingannáto intanto ei béve.*

Mais qu'importe à la langue italienne? pourvu que le vers compte ses onze syllabes, et qu'une *thesis* forte se trouve sur la sixième en dehors de la *thesis* de la rime, tout est pour le mieux :

> *Cosa bella e mortál, passa e non dura.*

Pétrarque paraît même avoir ôté tout accord entre les accents et les *thesis* dans ce vers :

Nemico naturalmente di pace.

Les langues méridionales ont hérité de leurs aînées, les langues classiques, cette grande préoccupation de la partie matérielle de leurs mots ; car, la quantité détruite, restait toujours pour régler le vers le nombre des syllabes qui toutes avaient leur valeur, qui toutes voulaient être prononcées clairement, distinctement. Elles étaient toutes également nécessaires à l'intelligence du mot, dont la valeur logique ne s'était pas encore, comme dans les langues du nord, retirée dans une seule syllabe, la syllabe radicale. Le second rôle dans la facture du vers, qui consiste à diversifier, à varier son cadre fixe et immobile, est réservé à *l'accent*. L'accent doit être d'autant plus mobile, que le nombre des syllabes est immuable. Dans de pareilles circonstances une coïncidence perpétuelle des *thesis* et des *accents* aurait fatigué l'oreille par sa monotonie.

Considérations sur la versification française.

Thesis et accent.

§ 101. Ce que nous venons de prouver pour l'italien est à plus forte raison applicable au français, dont l'accentuation est plus faible encore. Dans son vers alexandrin, dont le mouvement est ïambique, on trouve des trochées, des anapestes, des dactyles même, variations toutes métriques, amenées par la place mobile des accents qui précèdent l'accent fixe de l'hémistiche, et l'accent de la rime. Le nombre de ces accents varie ; il y en a au moins *un* ; et alors le mouvement de l'hémistiche est anapestique, par exemple :

Cĕs năvĭrĕs vĭvánts, dont la vapeur est l'âme. (Lamartine.)

Mais, dès qu'il y a plus de deux syllabes faibles qui

se suivent, on est amené forcément à reconnaître un
second accent mobile plus faible avant l'accent fixe
de l'hémistiche ; par exemple :

Je chánte cé herós qui regna sur la France.

Dans la première moitié du vers, l'oreille est frappée
d'abord de deux accents principaux, *chánte* et *herós* ;
mais, entre les deux, il y en a évidemment un troisième
plus effacé sur *cé*; car ce mot a un son relativement
plus fort que la dernière syllabe de *chante*, et que la
première de *héros*. De même dans ce vers :

Cieúx, ecoutéz ma voíx, térre, préte l'oreílle,

on trouve entre *cieux* et *voix* l'accent plus faible,
ecoutéz, entre *térre* et *oreílle*, l'accent *préte*.

Si nous parlons, dans le vers alexandrin, d'anapestes
et de dactyles, il va sans dire qu'il ne s'agit ni du véritable anapeste, ni du véritable dactyle, mais de l'anapeste et du dactyle métriques avec le rhythme de
l'ïambe. C'est ainsi que dans ce vers de Pope :

Die óf a rose in aromatic pain,

les deux premières syllabes sont considérées par nous
comme un ïambe rhythmique (-ύ), quoiqu'elles figurent
un trochée métrique (-υ). Si l'on pouvait comparer ces
anapestes, ces dactyles français à des dactyles et anapestes grecs pour la durée, ou à des dactyles et anapestes
allemands pour la force, on dirait peut-être qu'ils sont
plus étendus que ceux-là, moins énergiques, mais plus
massifs que ceux-ci. Voici comment : si l'on peut identifier l'hémistiche de l'alexandrin avec une tripodie
ïambique (υ-υ-υ-), il faut admettre qu'il puisse contenir
neuf temps ; et comme la tripodie ïambique peut être
remplacée par une dipodie anapestique (*cĕs năvĭrĕs
vĭvánts*), celle-ci équivaudra à neuf temps, quoique au
fond elle n'en renferme que huit (υυ-υυ-). Il s'ensuit

que les rapports de longue et de brève, ou plutôt de
syllabe forte et de syllabe faible, ne sont pas comme
2:1, mais, dans notre cas spécial, au moins comme
2:1 $\frac{1}{4}$, ou bien comme $1\frac{4}{8}$: $\frac{11}{8}$. Car prétendre que toutes
les syllabes ont la même mesure, c'est nier toute diffé-
rence entre les syllabes fortes et les syllabes faibles, ce
qui est absurde; soutenir qu'en matière de versification
les syllabes fortes et les syllabes faibles répondent exactement aux longues et brèves des anciens, et constituent
le rhythme à elles seules, c'est soutenir en même temps
que le nombre de syllabes d'un vers n'a pas besoin
d'être fixé d'une manière absolue, ce qui paraît également inadmissible. Nous venons de toucher le point
difficile de la versification française; nous y reviendrons
tout à l'heure.

Pour concilier la *thesis* avec l'accent grammatical, il
faut savoir bien dire les vers, c'est-à-dire ne pas trop
insister sur les accents mobiles et faire ressortir avec
discrétion les syllabes faibles qui sont frappées par la
thesis. Dans ce vers de Béranger, dont le mouvement
ïambique est manifeste :

> Voŭs vieíllĭrēz, ŏ mā bēllĕ́ maîtrésse,

il faudra glisser rapidement sur la première de *belle*,
et faire entendre un peu plus qu'à l'ordinaire l'*e* muet
qui forme la seconde. C'est ainsi que rhythme et
mètre seront saufs tous deux

Ce trochée (par exemple *bēllĕ*), qui sert de pied de
supplément, est surtout d'un effet charmant lorsqu'il
forme les deux premières syllabes d'un mot trisylla-
bique; de cette nature sont la plupart des futurs :
chĕrchĕront, jaîllĭra, etc. La *thesis* donne à ces formes
une valeur presque opposée à celle qu'elles auraient en
prose. La syllabe au milieu, la plus faible, se relève un
peu; la troisième syllabe, qui a l'accent grammatical,

devient brève; la première seule reste longue, mais
d'une longueur pour ainsi dire contenue ou déprimée,
parce que la voix glisse sur elle, pour se reporter sur
la brève qui suit. Ces mots deviennent ainsi des dactyles
avec la *thesis* sur la première brève. Ajoutons quelques
exemples :

> Lorsqué les yeux *cherchéront* sous vos rides.
>
> (Béranger.)

Et dans le même poëme :

> Objét cheri, quand món renóm futile
> De tés vieux áns *charmera* les douleurs.

On sent que la première de *charmera* doit être prononcée d'autant plus légèrement, que la voix vient de
tomber avec énergie sur *ans*. Il en est de même dans
Lamartine :

> L'écume à coups pressés *jaillira* sous la rame,
> La fumée en courant *lechéra* ton ciel bleu, etc.
> (*Marseillaise de la Paix.*)

Peut-on, en français, imiter les mètres des anciens et faire des vers
blancs?

§ 102. Je sais qu'il y a bien des littérateurs qui es-
timent peu de pareilles recherches. Suivant eux, la
poésie française n'a ni quantité, ni accent, ni *thesis*, et,
quoiqu'ils n'aillent pas jusqu'à déclarer qu'elle est entièrement dépourvue de rhythme, le nombre des syllabes
est, à leurs yeux, le seul point important de la versification. Cette assertion superficielle a été combattue
énergiquement par Scoppa et Mablin. Ils ont reconnu
que la quantité proprement dite, qui avait été tout dans
les langues anciennes, n'était *presque plus rien dans le
vers français*. Mais ils ont soutenu que celui-ci reposait
surtout sur l'accentuation, sur une succession de syllabes fortes et de syllabes faibles. Ils ont été même plus
loin : ils ont avancé que la langue française se prêtait

aussi bien que toute autre langue moderne, à l'imitation des mètres anciens; qu'on pouvait y faire des vers blancs, et que si cela ne s'était pas fait encore, il fallait s'en prendre évidemment, soit à l'inintelligence des poëtes, soit à leur paresse, qui reculait devant quelques difficultés à vaincre. J'avoue que ces deux opinions me paraissent également entachées d'exagération; il m'est difficile de croire que tout un peuple, qui possède autant qu'un autre le sentiment du beau, se soit trompé pendant des siècles sur le génie de sa langue; et s'il m'était permis de porter un jugement sur de telles autorités, je dirais que Scoppa et Mablin ont voulu fonder une théorie, sans s'occuper de la pratique, et que leurs adversaires n'ont vu que la pratique, sans rechercher la théorie.

On n'a pas osé revendiquer, pour la poésie française, la strophe grecque, telle que nous la trouvons dans les odes de Pindare ou dans les chœurs des tragiques; on a soutenu seulement qu'à l'aide des temps forts et des temps faibles, on pouvait y former des anapestes, des dactyles, et faire des poëmes composés de ces mètres. Que cela soit vrai au fond, nous ne le nierons pas; ce que nous nions, c'est que la langue et la poésie aient pu y gagner. En effet, le vers :

Je te suis, fugitive espérance,

a une allure anapestique, et cet autre vers :

Quánd le plaisír à grands coúps m'abreuvánt,

paraît être un tétramètre dactylique.

Il est incontestable aussi qu'on pourrait faire sur ces modèles autant de vers rimés qu'on voudrait, à la condition cependant de conserver toujours le même nombre de syllabes, c'est-à-dire de ne pas admettre la *permutation* de l'anapeste avec le spondée ou le *proce-*

leusmatique (◡◡◡◡). Mais ces vers ne seraient-ils pas trop uniformes, trop monotones, trop sautillants? Seraient-ils préférables à ceux où la *thesis* et l'accent sont en lutte et s'équilibrent, tout en variant le rhythme?

Mais un scrupule bien plus grave encore m'arrête. Qu'on fasse lire de tels vers à un Allemand, et, conformément au génie de sa propre langue, il appuyera sur les *thesis*, en glissant rapidement sur les *arsis*, dont il obscurcirait ainsi un peu le son, et dont le grand nombre sera suffisamment balancé par la force des *thesis*. Ce n'est pas ainsi que lira le Français; chaque mot, chaque son pour lui a sa valeur : il prononcera avec une clarté distincte et presque égale toutes les syllabes; et, malgré son mètre anapestique, le premier vers sera à ses yeux un vers de neuf syllabes à marche trochaïque; malgré son mètre dactylique, le second un vers ïambique de dix. C'est qu'en français la syllabe forte n'est pas assez forte, la syllabe faible n'est pas assez faible pour que des dactyles, des anapestes deviennent possibles. Car ces mètres exigent que la syllabe forte soit égale à deux syllabes faibles au moins, et la syllabe forte n'a pas cette valeur en français. Le peuple, dans ses poésies simples et naïves, se permet, il est vrai, de considérer comme monosyllabes des mots comme *voilà* (*v'là*), *comment* (*c'ment*); et dans le discours familier, la seconde syllabe de *père*, *mère*, *frère*, est entièrement muette. Mais dans la poésie élevée, elle compte presque autant que la syllabe forte, parce que, si celle-ci valait le double, il serait possible de remplacer l'ïambe ou le trochée par trois brèves, et le vers, au lieu d'être fixé par le nombre des syllabes, l'aurait toujours été par l'accentuation. La faiblesse relative de la syllabe forte, la force de résistance de la syllabe faible sont donc les véritables raisons pour lesquelles la langue a repoussé la versification du nord, et a renoncé à imiter des mètres trop compliqués pour elle. Elle a dû se contenter, dans le vers, de l'ïambe et du trochée, d'un mouvement ascendant et d'un mouvement descendant dans leur expression la plus simple. En effet, comment pourrais-je m'accommoder d'un dactyle comme celui-ci : *tĕrre, oŭvrĕ*-toi, ou : *plaīsīr, ă grănds coŭps*[1], où les mots *ouvre* et *grands* doivent faire des brèves? Telle, en effet, est l'incertitude de la prosodie française, qu'il n'y a peut-être pas de syllabe forte qui, dans un cas donné, ne puisse devenir faible, pas de syllabe faible qui ne puisse devenir forte.

Il y a surtout bon nombre de mots polysyllabiques, comme *espérance, entretien*, etc., dont la prosodie est très-vague. Dans ces mots, toutes les syllabes qui précèdent la syllabe accentuée peuvent être considérées comme brèves; car la voix, qui tend vers la fin, ne s'arrête sensiblement sur aucune; *esperánce* sera ainsi un *pean tertius* ($\smile\smile - \smile$), et *entretién* ($\smile\smile -$) un anapeste. Mais dès qu'ils entrent dans le vers et qu'ils sont mesurés par la *thesis*, il n'y a plus que la syllabe qui précède ou qui suit immédiatement la syllabe accentuée, qui soit nécessairement brève; alors *éntretién* peut recevoir deux accents, ainsi qu'*ésperánce*, et le premier devenir un *crétique*, le second un *ditrochée*. Il s'ensuit nécessairement qu'autant de fois le mot renfermera deux syllabes, autant d'accents il pourra recevoir. *Désolátión* n'a pas deux accents, comme paraît le croire M. Quicherat, mais trois; *epoúvantáblemént* de même; *incompátibilité* peut en avoir quatre. Il n'y a donc pas de mot français qui puisse fournir un spondée, ce pied de supplément si nécessaire dans la facture des vers anapestiques et dactyliques. Pour en créer, il faut choisir des noms, substantifs ou adjectifs, monosyllabiques

---

[1] Quicherat, *Traité de versif.*, p. 389.

qui suivent d'autres noms monosyllabiques ou polysyllabiques accentués sur la dernière. S'ils ont l'accent sur la pénultième, il faut, en outre, que le monosyllabe qui suit commence par une voyelle; cela serait une petite difficulté de plus si l'on persistait à vouloir imiter les mètres anciens.

Mais il reste un dernier refuge aux amateurs de la versification accentuée. Il y a dans la langue française un certain nombre de mots d'une valeur intrinsèque très-faible, tels que la plupart des pronoms et des particules : *me, te, le, se, ne, de, mais, car,* etc. Ces mots, diront-ils peut-être, ne peuvent être envisagés comme équivalant à plus de la moitié d'une syllabe forte, la voix ne saurait s'y arrêter, et en les ménageant bien, nous arriverions enfin, par leur aide, à faire des anapestes et des dactyles. Je ne sais si cette objection serait juste, je ne sais surtout, le fût-elle, si la monotonie du rhythme pourrait être évitée dans ces vers singuliers ; mais, en tout cas, il paraîtrait oiseux d'y répondre. Le simple bon sens répondrait pour nous.

L'abbé d'Olivet a voulu fonder le vers français sur la quantité prosodique des mots, sans tenir compte de l'accent, et il a échoué. Car il n'avait pas compris que la quantité n'existe plus en français que comme barrière, comme limite de l'accent. MM. Scoppa et Mablin signalèrent la grave erreur de leur prédécesseur ; mais ils oublièrent d'examiner la nature de la syllabe forte comme *arsis*, et de la syllabe faible comme *thesis*, ou plutôt ils ne virent pas que la prosodie française, déjà si incertaine, le devenait encore davantage par l'intervention de la *thesis*. En effet, nulle part cet oubli de la *thesis* n'était plus excusable qu'en français. Les langues anciennes, dont le vers était fondé sur des valeurs prosodiques, sentaient facilement l'action de la *thesis* chaque fois qu'elles opposaient deux brèves *in thesi* à une

longue *in arsi*, ou qu'il était besoin d'allonger une
syllabe naturellement brève, ou d'abréger une longue.
Puis la nature de la *thesis*, sa manière de se révéler
différait encore essentiellement de celle de l'accent et
de la quantité. Dans les langues du nord, en allemand,
par exemple, où règne une accentuation énergique,
les effets de la *thesis* ne pouvaient échapper à personne,
lorsqu'elle se trouvait en opposition avec cette accentuation. En français, où la quantité a presque disparu,
et où cependant l'accent est resté relativement faible,
cette lutte ne fut pas sentie. Un Anglais ou un Allemand qui lisent pour la première fois un poëte français
doivent être choqués, je crois, et non sans quelque
raison, de voir, par exemple, succéder à ces vers, dont
le rhythme est évidemment trochaïque :

> Quē nĕ suīs-jĕ lē zĕphīrĕ
> Quī răfraīchĭt sēs ăppās?

ces deux autres vers, qui ne ressemblent aux précédents
que par le nombre des syllabes, et où le rhythme, sans
aucun motif imaginable, est entièrement changé :

> L'aīr que să boŭchĕ rĕspīrĕ , (tétramètre dactyl.)
> Lă fleūr quĭ naīt soŭs sĕs pās ? (deux ïambes avec un anapeste.)

C'est qu'ici on n'a pas tenu compte de la *thesis métrique*. Elle est, au contraire, le seul moyen de reconnaître et de lire comme hexamètres ces vers du célèbre
Turgot (Didon), où l'accentuation grammaticale est
entièrement sacrifiée :

> Déjà Didón , la supérbe Didón brûle ēn sĕcrĕt. Són cœur
> Noúrrit le poíson lént qui la cónsume et coúrt de veĭne én veine ;
> L'índōmptáble valeúr, l'origíne īllústre , la beaúté,
> L'aír, le regárd , la demárche , la voíx du herós qui l'a chármée.

La vraie, la bonne poésie se tiendra également éloignée des deux extrêmes. Comment, en effet, pourrait-on faire des vers hexamètres en français? Le

dernier pied ($\_'\smile$) serait nécessairement un mot qui se terminerait par un *e* muet, comme *aimáble, prêtre,* ce qui deviendrait très-monotone dans une suite de plusieurs hexamètres. Aussi, ceux de Turgot péchent-ils surtout par la finale ; car *charmée, beauté, son coeur, en peine* sont des pieds ïambiques, puisque l'accent est sur la dernière syllabe. On pourrait, au besoin, tolérer des spondées comme *origine illustre,* mais où prendre les dactyles et les trochées qui doivent commencer le vers? Pour y suppléer, il faut encore avoir recours à des mots comme *prêtre, noble,* qui ont l'accent sur la pénultième, ou à des monosyllabes à forte valeur intrinsèque, comme : *roi, grand, l'air.* Car déjà *nourrit, l'indomptáble* sont des trochées et des dactyles plus que suspects. Qui ne voit que cette circonstance complique encore davantage la difficulté d'imiter les hexamètres des anciens? En tout cas, si elle était possible, cette imitation, nous le répétons, deviendrait bien fade et bien monotone.

Les langues espagnole et italienne fournissent des exemples d'essais semblables, et également malheureux. Seulement l'italien, qui grâce au contraste du radical et des désinences, a fini par avoir une accentuation un peu plus prononcée, est capable de faire des vers ïambiques de cinq pieds dans le genre de ceux dont Shakspeare s'est servi dans ses drames. Ces vers, dont les tragédies d'Alfieri offrent le modèle, sont assez durs, et ne paraissent être devenus possibles, qu'à force de synizèses violentes. Ils sont en outre fort irréguliers et se rapprochent beaucoup de la prose. Ce qui leur donne un certain rhythme, c'est qu'ils se terminent assez régulièrement en $\smile\!-\!\smile$ ou même $-\!\smile\!-\!\smile$; par exemple :

> *Sottó si dólce máestóso ăspĕttŏ*
> *Credérō qué nemíca anima ălbĕrghi*
> *Tu di pietáde,* etc.   (Alfieri, *Filippo.*)

Ceci ne rappelle-t-il pas le *slōka* sanscrit au mouvement si irrégulier, dont les deux derniers pieds seulement devaient être des ïambes? Et ne pourrait-on pas dire que la poésie finit, comme elle a commencé, par le vague du rhythme?

Du mouvement ascendant et du mouvement descendant du rhythme français.

§ 103. De ce que la langue française ne peut avoir de vrais anapestes et de vrais dactyles, nous avons conclu, qu'elle ne devait connaître qu'un mouvement ascendant et un mouvement descendant assez vagues l'un et l'autre. Refuser au vers toute espèce d'ïambes et de trochées, c'est-à-dire toute espèce de mètre, ce serait effacer non-seulement toute accentuation, mais détruire encore tout rhythme, toute poésie. Mais comment reconnaître la nature du mètre, comment savoir, si le vers est composé d'ïambes ou de trochées? Allons du connu à l'inconnu. Dans chaque vers il nous est donné le nombre des syllabes, plus la rime, c'est-à-dire la syllabe dans laquelle l'accent grammatical et la *thesis métrique* concordent nécessairement. Voici maintenant notre raisonnement : comme la *thesis* ïambique tombe toujours sur une syllabe de nombre pair, que la dernière *thesis* du vers doit toujours coïncider avec l'accent grammatical, et que celui-ci atteint toujours la dernière syllabe des mots, ou l'avant-dernière, s'ils se terminent par un *e* muet, les vers qui renferment un nombre de syllabes pair, ont un mouvement ïambique. Le mouvement trochaïque prédominera au contraire dans les vers qui renferment un nombre de syllabes impair, c'est-à-dire dans les vers de neuf, de sept et de cinq syllabes, du reste bien moins en usage que les vers à mouvement ïambique, plus conformes au génie de la langue française. Choisissons pour exemple [1] un vers de neuf pieds :

> Bélle Irís, malgré votré courroúx.

Lisez ce vers avec des *thesis* ïambiques :

> Belle Íris, málgre vótre coúrronx,

et la dernière *thesis* tombe sur la pénultième de courroux, ce qui est absurde, parce qu'il n'y aurait plus de rime, et par conséquent de vers possible. Mais au lieu de *courroux*, mettez *cruauté*, nous aurons un rhythme ïambique :

> Belle Íris, málgre vótre crúauté.

On peut faire le même essai sur ce poëme de Voltaire :

> Dés destíns la chaíne rédoutáble
> Noús entraíne à d'éternéls malheúrs, etc.

On ne réussira pas non plus à lire comme trochées ces vers de Chaulieu au mouvement ïambique :

> Pour voús, succésseur dé Villón,
> Dont lá muse toujoúrs aimáble, etc.

Des limites que la thesis apporte à l'accentuation.

§ 104. On voit que dans ces vers, qui sans être des ïambes ou des trochées, s'en rapprochent cependant un peu, la liberté de l'accentuation est immense. C'est au poëte judicieux d'éviter une opposition trop fréquente entre elle et la *thesis* métrique. Quant à des règles, il est difficile d'en donner de bien précises. Quelques-unes cependant découlent de la nature même des choses.

Il ne faut pas que les accents mobiles frappent la syl-

---

[1] La plupart des exemples cités par nous dans ce chapitre et dans le chapitre suivant, sont tirés du Traité de versification française de M. Quicherat.

labe qui précède immédiatement les accents fixes. La *thesis*, pour rétablir le rhythme, est alors forcée de supprimer entièrement l'accent mobile pour relever fortement quelque syllabe faible qui n'a pas d'accent; ce qui est du plus mauvais effet, par exemple :

> Ainsi que la naissance, ils ont les és*prits bás*. (Corn.)

ou bien

> Mêler mon sang aux pleurs de mon malheú*reux* fils. (Rac.)

ou encore

> Je suis Romaine, hélas ! puisque mon *époux* l'ést.

De même dans le premier hémistiche :

> Un fat quelqué*fois* oúvre, un avis important. (Boil.)
> Grands mots que Prá*don* cróit, des termes de chimie. (Boil.)

Il ne faut pas non plus que quatre ou cinq syllabes, faibles et dépourvues d'accents, se suivent; car la *thesis*, dans l'intérêt du rhythme, au lieu d'équilibrer l'accent, doit en tenir lieu et donner à une ou deux de ces syllabes une valeur qu'elles n'ont pas par elles-mêmes, par exemple :

> Ce que je vais vous être, et *cé* que *jé* vous suís.
> Vous le mieux révéler, qu'il né me lé révèle.

Ces deux fautes, dont l'une consiste à trop accumuler les brèves et l'autre à ne pas éviter des accents qui s'entrechoquent immédiatement avant les rimes, se trouvent réunies dans ce vers de Béranger :

> Vous vieillirez, et jé ne sé*rai* plus.

La *thesis*, pour maintenir le vers, est forcée d'appuyer fortement sur la première syllabe de *serai* en effaçant la seconde.

Le vers devient trop faible aussi quand il renferme des mots qui ont quatre syllabes ou plus. Ces mots,

il est vrai, ont plusieurs accents ; mais ces accents sont
si faibles, qu'ils ont besoin d'être soutenus et pour ainsi
dire ranimés par la *thesis*.

> Avec Británnicús , je me récóncilíe. (Rac.)
> Imáginátións , celéstes vérités. (Corn.)
> Se peut-il qu'en ce temps de désolátión. (Volt.)

Le vers, au contraire, est dur et rocailleux, lorsqu'il
renferme plus d'accents que son mètre ne comporte de
thesis, c'est-à-dire plus de trois. La *thesis* est forcée,
dans ce cas, de réprimer et presque d'effacer l'énergie
d'un de ces accents :

> *Bois,* prés , fontaínes , fleúrs , qui voyez móu teint blême.

Mais trois accents seulement sont inadmissibles, lorsque les mots qui constituent l'hémistiche sont autant
de pieds métriques (ïambes ou trochées), par exemple :

> Calchás, | dĭt-ón , | prépáre | un pompeux sacrifice. (Rac.)
>
> Moi-même , | Arnaúld , | icí , | qui te prêche en ces rimes. (Boil.)

Quelquefois cependant ils donnent au vers un mouvement saccadé qui répond à la pensée et qui alors
paraît avoir été recherché à dessein par le poëte :

> Défaít , refaít , augménte , ôte , enléve , détruít. (Boil.)

Le second hémistiche, surtout, est tout à fait irréprochable, malgré les trois accents énergiques qu'il
renferme. On pourra peut-être se montrer satisfait de
celui-ci :

> Sublíme , fámiliér , solíde , énjoúé , téndre.

Si des accents trop forts et trop nombreux surchar-
gent le vers, des accents trop faibles lui impriment un
caractère de langueur et ne le nourrissent pas assez.
Dans celui-ci :

> Ne saít pas même encór si noús avóns un roi (Rac.),

nous trouvons le nombre voulu de syllabes et d'accents ; mais ceux-ci frappent des mots tellement dépourvus de valeur intrinsèque, que le vers tombe pour ainsi dire de faiblesse.

La versification des langues du nord.

Prosodie.

§ 105. Le vague du rhythme semble être le partage de toute poésie moderne ; nous le rencontrons aussi dans les langues du nord, dans l'allemand et dans l'anglais. Cependant, comme dans ces langues l'accent marque toujours la place de l'idée principale, le rhythme peut se dessiner d'une manière plus ferme, et l'action de la *thesis* devient moins nécessaire. Les vers offrent une suite régulière de syllabes logiques, d'après l'expression de M. Becker. Mais comme c'est la valeur de l'idée qui détermine l'accent, et que cette valeur dépend souvent de la pensée de celui qui l'exprime et de la place qu'elle occupe dans le vers, il ne saurait y avoir la même précision dans les vers allemands que dans les vers grecs ou latins. Ainsi tous les pronoms, verbes auxiliaires, conjonctions, certaines terminaisons qui contiennent une racine dont le sens est encore sensible (*schaft, thum, haft, bar, sam,* etc.), peuvent être longues ou brèves, suivant le besoin du rhythme, et suivant qu'ils sont entourés de longues plus fortes qui les rejettent dans l'ombre, ou de véritables brèves qui les font paraître longues[1]. Les conjonctions et prépositions bisyllabiques même peuvent devenir quelquefois pyrrhiques :

Wer wägt es, Rittersmánn ŏdĕr Knapp. (Schiller.)

---

[1] Heyse, *Deutsche Grammatik*, p. 320 sqq. — On peut dire aussi que toutes les conjonctions sont longues comparées à la conjonction *dass* (que), comme le sont tous les pronoms comparés au pronom personnel neutre *es*.

Les prépositions : *über, hinter, unter, wider,* qui, lorsqu'elles gardent, en composition avec des verbes, leur sens local, ont l'accent tonique principal, reçoivent un accent subordonné dès qu'elles prennent un sens plus vague et plus métaphorique, en se réunissant au verbe plus étroitement. Il en résulte, pour la prosodie, que des formes telles que *hinterbracht, übersetzt, unternahm,* peuvent servir à la fois de *crétiques* (-ᴗ-) et d'anapestes (ᴗᴗ-). L'allemand, moyennant des accents toniques et des accents secondaires qui se trouvent souvent côte à côte dans le même mot, a voulu et a pu, jusqu'à un certain point, reproduire dans le même mot l'ancien spondée : *stráfbàre, lángsàmer.* Mais à y regarder de plus près, ces formes ne sauraient être comparées à αἰῶνος, αὔστηρος, mots dont la *thesis,* si faible chez les anciens, ne change ni la quantité ni l'accent. Il n'en est pas de même des mots allemands : en prose, il n'y a qu'une syllabe vraiment longue dans les mots *stráfbàre, lángsàmer,* la première, qui contient l'idée principale ; qu'une syllabe vraiment brève, la dernière ; celle du milieu n'est, à proprement dire, ni longue ni brève, ou plutôt, elle est plus brève que la première et plus longue que la seconde, et il en résulte qu'on peut s'en servir au même titre pour remplir la place d'une longue ou d'une brève. Si le rhythme nous force de la considérer comme longue, nous affaiblirons, bon gré mal gré, en partie l'accent de la première syllabe pour renforcer la seconde. Il n'y a donc pas de *mots spondées* proprements dits en allemand ; mais, qui pis est, il n'y a pas même de *mots anapestes.* En effet, comme, dans la construction allemande, le verbe doit suivre immédiatement le premier membre de la phrase, de même l'accent, c'est-à-dire la syllabe accentuée, ne peut se faire précéder que d'*une* brève, c'est-à-dire que d'*une syllabe* non accentuée. La langue allemande aime le rhythme trochaïque et dactylique. Est-ce une propriété instinctive de cette langue, est-ce besoin de clarté? Nous ne le déciderons pas; mais le fait est d'autant plus constant, qu'on ne saurait expliquer autrement pourquoi les verbes composés avec des préfixes et des prépositions inséparables, de même que les verbes d'origine étrangère en *iren* (par exemple : *rĕgīrĕn*), ne peuvent prendre l'augment *ge* au participe.

Hexamètres allemands et hexamètres grecs et latins.

§ 106. Maintenant on comprendra aisément la grande infériorité des hexamètres allemands comparés à leurs modèles grecs et latins. Ces derniers sont composés de mots qui représentent les valeurs prosodiques les plus variées, qui s'enchainent et s'entrelacent harmonieusement, tandis que ces vers en allemand se forment pour la plupart de dactyles, quelquefois d'iambes, de trochées, auxquels, pour former un dactyle, s'ajoute un *atonon*.

Que l'on compare :

Nenne den| Mann mir, o| Muse, den| listigen,| welcher so| vielfach Irret' umher nachdem er die| heilige| Troja zerstöret,

et

Ἄνδρα μοι| ἔννεπε,| Μοῦσα, πολύτροπον, ὃς μάλα πολλὰ
πλάγχθη, ἐπεὶ Τροίης ἱερὸν πτολίεθρον ἔπερσεν.

Le second hexamètre grec ne présente pas un seul mot dactylique, et ce contraste de mots ïambiques et anapestiques, qui concourent à former un vers dactylique en rehausse la beauté. Un autre contraste qui ajoutait au charme de cette belle poésie des anciens, est celui de la quantité prosodique et de l'accentuation. Ce sont comme des ressorts, dont la tension produit cet heureux équilibre auquel l'hexamètre des anciens devait le caractère de dignité et de grandeur qui le distinguait; c'est l'absence de ces contrastes qui donne au nôtre une marche brisée et sautillante. Mais nous ne sommes pas encore au bout de la critique. La langue allemande abonde en mots formant des trochées ou des crétiques, pour lesquels il est souvent difficile de trouver des synonymes et des équivalents. Il faut donc les faire entrer tant bien que mal dans l'hexamètre. Grâce au vague du rhythme, qui ne regarde que l'ensemble, Voss a souvent réussi à donner le change sur ces dactyles de mauvais aloi :

Eīnēs Mŭrmŭrs Schwere mit grosser Gewalt forthebend
Āngēstrengt arbeitet er, etc. [1].

Il ne faut pas considérer ces brèves comme longues par position ; car l'accumulation des consonnes n'a pas d'ordinaire cette influence dans les langues modernes. Il faut plutôt arrêter la voix un instant, après avoir prononcé la brève. En faisant une pause de la durée d'un huitième de mesure (demi-soupir), le rhythme se rétablira [2]. Il y a une infinité d'hexamètres allemands qui pour être complets auraient besoin de placer quelque brève, quelque *atonon* dans les interstices du rhythme, par exemple :

Jĕdĕ Wiĕsĕ sprosste von Blumen in duftenden Gründen
Fēstlĭch hēitĕr glanzte der Himmel und farbig die Erde [3].
(Gœthe , *Reineke Fuchs.*)

Ces vers tout défectueux qu'ils sont nous montrent clairement la différence entre le vers ancien et le vers moderne des peuples du nord. Dans l'un et dans l'autre les *thesis* sont à la même place ; mais si dans le pre-

---

[1] « Roulant d'une main puissante le poids d'un bloc de marbre, etc. »

[2] Aussi le trochée est-il surtout permis lorsqu'il se compose de deux mots différents.

[3] « Chaque prairie était émaillée de fleurs qui exhalaient de doux parfums ; le ciel était d'un azur sans nuages ; la terre brillait de ses plus vives couleurs. »

mier les valeurs prosodiques prédominent, et produisent la *thesis*, dans le second ce sont au contraire les *thesis*, les accents, qui produisent jusqu'à un certain point les valeurs prosodiques, c'est-à-dire, que la force et la faiblesse des syllabes sont quelque chose de relatif : un trochée prononcé avec une certaine énergie, dont la première syllabe équivaudrait à une longue plus un tiers, et dont la seconde au lieu de représenter la moitié d'une longue en contiendrait les deux tiers, pourrait remplacer au besoin un dactyle ($\_\smile\smile$) où longue et brèves garderaient leur rapport ordinaire (2 : 1) ; car tous les deux, dactyle et trochée, ont maintenant la même durée (quatre temps ou *moræ*). L'hexamètre des Russes est fondé tout entier sur ce système ; il admet le trochée à tous les pieds, excepté au cinquième.

On a entrepris de traduire en vers allemands jusqu'aux chœurs des tragiques, et même jusqu'aux odes de Pindare. Quoique cette langue soit plus apte qu'aucune autre langue moderne à accomplir cette tâche, pour comprendre la mesure on est trop souvent forcé de recourir à l'original, comme trop souvent aussi on est forcé d'y recourir pour saisir le sens de la traduction.

Quelques remarques sur l'action de la *thesis* en allemand.

Malgré une assez grande fermeté de l'accentuation allemande, le trochée est permis dans le mètre ïambique, au commencement surtout, mais il est rare de le trouver aux pieds pairs, à moins qu'on n'attende d'une telle *arrhythmie* un effet particulier, par exemple :

Ein Todeshauch, wie aus des Nordpol's Gegend
Durchfrostelt alles Land, Schaüererregend[1].

(Dingelstaedt.)

---

[1] « Une haleine sépulcrale, partie des régions du pôle arctique, glace le pays et donne le frisson. »

Ce qui contribue beaucoup à rendre la prosodie flottante, c'est que l'accentuation moderne ressemble elle-même à une *thesis*, et qu'il est impossible, lorsqu'une syllabe accentuée est suivie de deux autres qui ne le soient pas, que la seconde n'ait pas un peu plus de force que la première. Ceci a lieu dans des vers dactyliques (voy. p. 37), à plus forte raison dans des vers ïambiques comme ceux-ci :

> *Schilt einer Schwester reine Himmelsfreude*
> *Nicht unbesonnené, strafbare Lust* [1] (Göthe),

ou

> *Damit… sie nicht ihr Leben*
> *Zu schwererem Geschick und Leiden fiiste* [2] (Göthe),

ou

> *Der Koenig sperrt die Brücken und die Strassen*
> *Und spricht : der Zehenté ist mein* [3] (Schiller).

Mais il faut toujours avoir soin de dissimuler une *thesis* si faible par la force et l'énergie de celles qui l'entourent [4].

---

[1] « Ne donne pas à la joie céleste et pure d'une sœur le nom d'un désir insensé et coupable. »

[2] « Afin qu'un sort plus dur et des souffrances plus cruelles ne soient pas réservés à une existence inutilement prolongée. »

[3] « Le roi ferme les routes et les ponts, et dit : La dîme est à moi. »

[4] Le besoin d'un rhythme cadencé, où l'*arsis* et les *thesis* soient dans un rapport harmonieux, fait souvent que l'ordre logique des idées est renversé par l'accent dans les *mots composés*. On accentue régulièrement : *únglücklicher* (malheureux) sur la quatrième, mais l'accentuation : *unglücklicher* (sur l'antépénultième) ne serait pas fausse. La longueur du mot et le rapprochement des deux accents (l'accent principal est sur *ún*, l'accent secondaire sur *glück*) rendent sa prosodie un peu incertaine, quoique celle de : *únglücklich*, où il y a une syllabe de moins, ne le soit pas. La langue est heureuse de pouvoir accentuer sur l'antépénultième *allmáchtiger* (tout-

RÉSUMÉ.

§ 107. En général, la langue allemande, quoique moins rigoureuse dans sa prosodie que les langues anciennes, l'est beaucoup dans les vers blancs. Elle se relâche de sa sévérité dans les vers rimés, parce que la rime, dernière et forte *thesis*, rétablit l'équilibre troublé par la disconvenance des *thesis* avec l'accentuation. Le nombre des syllabes la préoccupe moins que le nombre et l'énergie des accents, qui impriment une marche régulière au mètre; et on peut dire que c'est là ce qui constitue le contraste des langues teutoniques et des langues méridionales. Dans celles-ci, le nombre des syllabes et la rime étaient les éléments immuables, l'accent l'élément variable; dans celles-là, c'est le nombre des accents et des *thesis* qui fait le fond du vers; les syllabes non accentuées et les *arsis* ne sont pas fixées d'une manière absolue. On n'a qu'à compter les syllabes des vers dans la première strophe des ballades *der Taucher* (le plongeur) et *die Bürgschaft* (la caution), pour se convaincre que ce nombre est souvent inégal. Le vers :

Wer wägt es Rittersmänn oder Knápp[1],

---

puissant), sous prétexte que *all*, quoique dernier déterminant, n'ajoute pas une idée assez essentielle au mot. Mais dans *Dreieinigkeit* (trinité), *Haúshofmeister* (intendant de la maison), l'accentuation logique a entièrement succombé devant les exigences du rhythme. En effet, en *Hófmeister* (intendant), c'est *Hóf* qui a l'accent principal; la syllabe *meist*, l'accent secondaire; *er* (désinence) n'a pas d'accent. Mais dans *Haúshofmeister*, comme il serait difficile à la voix de descendre graduellement sur trois syllabes, l'accent de *hof* est sacrifié, et celui de *meister* se relève, de sorte que le mot devient presque un *ditrochée*.

[1] « Qui l'ose, chevalier ou page? »

a neuf syllabes; le vers qui lui répond :

Einen göldenen Bécher wérf' ich hinâb[1],

en a onze.

Cette prédominance des *thesis* ou accents dans le vers allemand, et le rôle relativement subordonné qu'y jouent les *arsis*, se retrouvent déjà dans l'ancienne poésie scandinave, dont le mètre favori est le *fornyrdalag*, qui contient quatre syllabes fortes et un nombre indéfini d'*arsis*[2].

Versification anglaise.

§ 108. La langue anglaise diffère peu dans sa prosodie de la langue allemande, si ce n'est qu'ayant perdu ses désinences, elle est bien plus inhabile que celle-ci à exprimer les mètres compliqués des anciens. A cause du grand nombre de ses monosyllabes qui remplissent quelquefois des vers entiers, on est souvent forcé d'asseoir le rhythme sur des *thesis oratoires;* car tout monosyllabe renfermant une idée, il ne s'agit plus que de ranger ces idées suivant leur plus ou moins d'importance. Il peut alors arriver que les mêmes mots, changeant d'importance dans deux vers consécutifs, prennent aussitôt une valeur prosodique différente. Citons un exemple de Shakespeare :

A cömfört
Thät âll bût wē ĕnjoy; for hŏw căn wē
Alas, how căn wé for our country pray.

(*Coriol.*, act. V, sc. III.)

Du reste, le nombre des mots qui sont longs ou brefs,

---

[1] « J'y jette une coupe d'or. »
[2] Bergmann, *Poèmes islandais*, Introduction, p. 122 sqq.

ad libitum, étant de même qu'en allemand, très-grand,
le vers y présente un ensemble encore plus vague que
la *thesis* seule peut arrondir et équilibrer :

> *Consider farther,*
> *That when he speaks not like a citizen,—*
> *But as I say, such as becomes a soldier.—*

Les mots *that*, *when* et *he*, qui sont ici mesurés
comme formant un amphibraque ayant tous la
même valeur intrinsèque, et par conséquent la même
valeur prosodique, auraient pu être considérés aussi
bien comme un dactyle (-∪∪) ou comme un anapeste
(∪∪-) ou même comme un crétique (-∪-). La même remarque est applicable aux mots : *but as I*. Il est inutile
d'ajouter d'autres exemples; chaque page des poëtes
anglais en offre un nombre considérable.

CONCLUSION.

§ 109. Nous terminerons ici ce long examen. Dans
l'organisme si opposé de nos idiomes et de ceux de l'antiquité, la *thesis* métrique nous parait un élément commun
aux uns et aux autres; cela n'a rien qui doive étonner :
car elle n'est pas inhérente aux mots; elle résulte de leur
combinaison rhythmique, du besoin qu'ils éprouvent
de mettre en harmonie leur valeur logique et invariable
avec les exigences si variées de la versification. Les *thesis*
changent dans les mots, dont elles affectent tantôt une
syllabe, tantôt une autre; mais les accents et la
valeur prosodique des syllabes restent les mêmes. Il y
a toutefois cette différence entre la *thesis* des anciens
et celle des modernes, que celle-là en lutte avec la
quantité, qui donne aux mots et aux syllabes une valeur
presque absolue, a une sphère d'action plus bornée, plus
restreinte, une influence moindre que celle-ci, à qui

le caractère vague de l'accentuation moderne, et l'inconstance qui en résulte dans la valeur relative des mots et des syllabes, laissent un rôle plus important dans la facture du vers.

Voici les propositions principales qui ont été soutenues dans ce traité :

1° Dans les langues primitives, ce n'est pas l'accent, c'est la quantité qui domine.

2° La fermeté des valeurs prosodiques dans une langue est en raison inverse de la force de son accentuation.

3ᵉ L'accent se marquait originairement par une élévation musicale, et non par un effort de la voix.

4° Le *circonflexe* n'est pas un accent primitif.

5° La place de l'accent ne dépendait encore ni de la quantité, ni du nombre des syllabes qui le séparaient de la fin du mot. L'accent était fixé par la place du *dernier déterminant*.

6° A côté du principe du dernier déterminant, grandit, mais lentement, à l'origine, le principe *logique*, qui, au lieu d'appeler l'attention sur une partie du mot, en fait ressortir l'ensemble et en exprime l'unité par une accentuation qui s'éloigne des terminaisons pour se reporter autant que possible sur le radical.

7° C'est le besoin de détacher le mot de ceux qui le suivent, de le faire ressortir dans la phrase, qui a donné en grec, à la quantité de la dernière syllabe, la puissance d'attirer l'accent.

8° Parmi les différents dialectes grecs, c'est l'accentuation dorienne qui se rapproche le plus du type primitif, l'accentuation éolienne qui s'en éloigne le plus ; l'accentuation ionienne ou athénienne tient le milieu.

9° Le principe logique s'établit surtout dans les mots dont l'unité est la plus forte et la plus complète, c'est-à-dire dans les verbes ; ce principe soumet entièrement l'accent des enclitiques ; mais il a moins d'empire sur les substantifs, et encore moins sur les adjectifs.

10° L'accent de la langue grecque s'efforce souvent de franchir une pénultième longue, tandis que celui de la langue latine est fatalement attiré par elle.

11° L'enclise en général, et l'enclise grecque en particulier, forme la transition de l'accent syllabique à l'accent oratoire.

12° Les valeurs prosodiques des mots chez les anciens sont les mêmes en prose qu'en poésie : il n'y a pas jusqu'aux enclitiques qui, longues ou contenant une syllabe longue, ne gardent leur quantité intacte.

13° La lutte entre l'accent, la quantité et la *thesis* donnait à la poésie des anciens un grand charme que ne saurait avoir notre poésie moderne, où ces principes se confondent plus souvent.

14° L'accentuation latine se rapproche déjà de l'accentuation moderne des langues du nord, parce qu'elle admet l'accent sur l'antépénultième, même si la dernière est longue : puis aussi parce que la *thesis*, dans certains cas, peut déplacer l'accent.

15° L'accent latin a déjà la puissance de déprimer un très-grand nombre de terminaisons et de les abréger : celles mêmes qui restent longues n'en sont pas moins brèves pour l'accent, puisqu'elles ne peuvent l'empêcher de remonter sur l'antépénultième, si la brièveté de la pénultième le permet.

16° A l'époque où la langue latine commence à être une langue écrite, l'accent avait déjà tellement pris le dessus, que dans les poëtes comiques, dont le langage se rapproche le plus du langage vulgaire, c'est tantôt l'accent, tantôt la quantité qui devient la règle du vers. Les particules et les mots qui ne renferment pas d'idée principale perdent toute valeur prosodique.

17° La langue latine garde cependant quelques traces d'une accentuation plus libre et plus ancienne : comme dans toutes les autres langues, le principe prosodique a été au commencement le principe prépondérant.

18° Dans la poésie primitive des Romains, dans le *versus saturnius*, la langue suit tantôt la loi de l'accent, tantôt et tout aussi fréquemment celle de la quantité : souvent aussi la *thesis* peut seule établir un certain rhythme dans ces essais encore informes.

19° Dans la décadence des anciens idiomes, ce sont surtout les syllabes accentuées du mot, les syllabes *qui marquent proprement la pensée*, qui se maintiennent.

20° Il s'ensuit que, dans cette transition du principe ancien de la quantité au principe moderne de l'accent, les langues les plus fortement accentuées seront celles qui subiront les altérations les moins sensibles.

21° L'*apocope* sera plus fréquente dans les langues du Nord , où l'accent s'attache au radical, et l'*aphérèse* le sera davantage dans les langues méridionales , où l'accent se rapproche plus souvent de la fin du mot.

22° L'ordre des mots qui règne dans les langues anciennes est l'ordre *naturel*, c'est-à-dire l'ordre dans lequel les images des choses se présentent à l'esprit de l'homme.

23° Lorsque cet ordre voudra s'élever jusqu'à l'harmonie, jusqu'à ce rhythme dont on trouve des traces jusque dans la prose même, il sera forcé d'avoir recours aux combinaisons *prosodiques* dont l'oreille des anciens était particulièrement frappée.

24° L'ordre des mots qui règne, ou qui tend de plus en plus à régner dans les langues modernes, est l'ordre que suit la pensée, la raison humaine *a priori*. C'est la marche de la science qui va du connu à l'inconnu , du plus simple au plus compliqué.

25° Les langues modernes joignent à une plus grande clarté dans l'énonciation de la pensée, la faculté de rendre par des effets *virtuels*, c'est-à-dire par des effets d'accent, les effets matériels que produisent les langues anciennes par un ordre de mots plus libre. Car si le nombre oratoire domine dans les langues anciennes, l'accent oratoire domine dans les langues modernes.

26° La construction de la langue française est l'expression la plus logique de la *pensée* humaine.

27° Une analyse trop énergique et une accentuation trop forte poussent la langue anglaise forcément à une nouvelle synthèse, dont sa conjugaison et la construction de ses phrases fournissent des preuves manifestes.

28° La langue allemande paraît , par son génie , tenir le milieu entre les langues anciennes et les langues modernes.

29° Dans les vers des anciens, l'élément prosodique prédomine : l'élément plus immatériel du rhythme, qui devient le principe du vers moderne, lui est subordonné : la *thesis* se confond en général avec la longue.

30° Dans les langues méridionales, le vers est constitué par un élément absolu et invariable, celui du nombre des syllabes , et par un élément variable, celui des accents : c'est la *thesis* qui s'efforce de concilier ces deux éléments avec les exigences du vers.

31° Dans les langues du nord, c'est le nombre des accents qui est l'élément absolu, invariable du vers, c'est le nombre des syllabes, c'est-à-dire des syllabes *non accentuées* , qui est l'élément variable.

32º Ce qui empêchera toujours les langues méridionales et surtout la langue française d'imiter avec avantage les mètres des anciens, c'est leur accent peu marqué, c'est-à-dire la faiblesse de leur temps *fort*, qui n'équivaut jamais à deux temps *faibles*.

33º *L'histoire de l'accentuation n'est autre chose que celle du principe logique qui, parti de bien faibles commencements, finit par envahir toutes les formes, par se soumettre et l'ordre des mots et la versification de toutes les langues.*

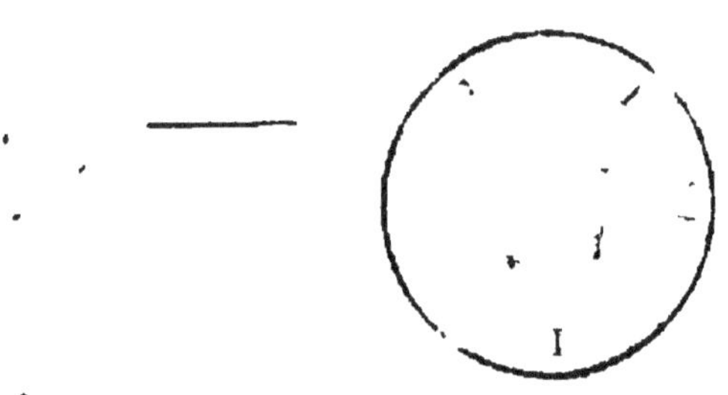

Vu et lu,

A Paris, en Sorbonne, le 6 juin 1847,

Par le doyen de la Faculté des Lettres de Paris,

J.-Vict. LE CLERC.

Permis d'imprimer.

L'inspecteur général de l'Université, vice-recteur de l'Académie de Paris,

ROUSSELLE.